Susanna Kokkonen

Holocaust

www.fontis-verlag.com

Für die Überlebenden der Schoah

Susanna Kokkonen

Holocaust

Die Geschichte von Hass
und Verfolgung
gegen Gottes Volk

fontis

Bibliografische Information der Deutschen Nationalbibliothek
Die Deutsche Nationalbibliothek verzeichnet diese Publikation in der Deutschen Nationalbibliografie; detaillierte bibliografische Daten sind im Internet über www.dnb.de abrufbar.

Der Fontis-Verlag wird von 2021 bis 2024
vom Schweizer Bundesamt für Kultur unterstützt.

Übersetzung aus dem Englischen: Lisa Schmid, inspiredtranslations.de
Umschlag: Daniel Eschner, Spoon Design, Langgöns; Coverbild: TaliV/shutterstock.com; Bild auf U4: David Cohen 156/shutterstock.com
Foto Autorin Klappe: © by STT photography
Satz: Justin Messmer, InnsoSet AG, Basel
Druck: Finidr
Gedruckt in der Tschechischen Republik

ISBN 978-3-03848-246-8

FSC www.fsc.org
MIX
Papier van verantwoorde herkomst
FSC® C014138

Inhalt

Vorwort 7

1. **Am Anfang schuf Gott**
Gottes Plan für die Menschheit 11

2. **Die Geschichte eines Volkes**
Die Väter und Mütter einer Nation 33

3. **Von Galiläa bis Rom**
Aus einer verfolgten Glaubensgemeinschaft wird eine Religion 61

4. **Judenverfolgung im Mittelalter**
Von den Kreuzzügen bis zu den Pestpogromen 93

5. **Von der Aufklärung bis zum Weltkrieg**
Der Einfluss der Aufklärung auf die jüdische Geschichte Europas 115

6. Die «Endlösung» der Nazis
Schritte auf dem Weg zum Völkermord 159

7. Zeitgenossen des Genozids
Wie reagierten die Zuschauer? 203

8. Glaube und Erkenntnis nach dem Holocaust
Lehren aus dem Grauen 265

9. Die Totengebeine werden lebendig
Die Rückkehr 297

10. Holocaustleugnung 319

11. Die atomare Bedrohung 337

12. Jerusalem
Die Offenbarung der Herrlichkeit 353

Anmerkungen 373

Vorwort

Liebe Leserin, lieber Leser,

wir leben in turbulenten Zeiten. Das liegt einerseits an unserer Geschichte. Andererseits ist es, zumindest teilweise, auf Entscheidungen zurückzuführen, welche die Generationen vor uns getroffen haben. Das vorliegende Buch beschäftigt sich mit dem Lauf der Geschichte. Es ist weder rein akademischer Natur, noch hat es einen ausschließlich ideologisch-religiösen Charakter; vielmehr enthält es sowohl biblische Inhalte als auch reine Weltgeschichte, wie sein Titel nahelegt. Mein Ziel ist es, den Zusammenhang aufzuzeigen zwischen der Geschichtsforschung, die wir als wissenschaftlich bezeichnen, und der ewiggültigen Offenbarung der Bibel.

Gott ist unbegrenzt, allmächtig und allgegenwärtig – und doch ist ihm der Mensch so wichtig, dass er in den Lauf der Geschichte eingreift. Da seine Fürsorge in der Vergangenheit sichtbar ist, können wir davon ausgehen, dass er auch die Zukunft kennt. Hat der Gott der Geschichte in der Vergangenheit Einzelpersonen gebraucht, um seine Pläne auszuführen, wird er es auch im Hier und Heute tun. Vor diesem Hintergrund ist kaum zu ermessen, welche Bedeutung ein einzelnes Menschenleben haben kann.

Am klarsten und deutlichsten wird der Zusammenhang zwischen Bibel und Geschichte am Volk Israel. Von Anfang an, seit Gott Abraham berief, sind dieser Volksgruppe Verfolger auf den Fersen gewesen. Allein die traurige Tatsache, dass der Antisemitismus bis heute existiert, beweist auf eigentümliche Weise, dass Gott dieses Volk erwählt hat. Antisemitismus ist im Kern die Rebellion gegen Gottes Auswahl, in welcher Form sie sich auch manifestieren mag. Trotz blutiger Verfolgung aus purem Hass besteht das jüdische Volk weiterhin. In der Menschheitsgeschichte sind ja zahlreiche Volksgruppen entstanden und wieder verschwunden. Viele Sprachen sind verstummt, unzählige Kulturen wurden zerstört. Doch ein Volk hat trotz aller Verfolgung seinen Weg durch die Geschichte fortgesetzt, weil es die Gesetze und Gebote Gottes befolgte. Noch bedeutsamer ist die Tatsache, dass dieses Volk, das Volk Israel, heute in genau dem Land lebt, aus dem es vor Jahrtausenden ins Exil verschleppt wurde.

Jerusalem ist die ewige Stadt Gottes – die Stadt seiner Heiligkeit. Gleichzeitig ist es die umstrittenste Stadt der Welt, und künftig wird sie eine noch zentralere Rolle im Weltgeschehen spielen. Wie Nationen sich Jerusalem gegenüber positionieren, wird von entscheidender Wichtigkeit sein für Gottes Umgang mit diesen Ländern. Für das Christentum gilt: Da sich die Gemeinden grundsätzlich vom Wort Gottes distanzieren, ist zu erwarten, dass sie auch ihre Haltung Israel gegenüber ändern, um sich der allgemeinen Meinung anzupassen. Genau das passierte damals in Nazi-Deutschland. Daher stellt sich die Frage: Wiederholt sich die Geschichte ein weiteres Mal?

In der jüngeren Vergangenheit haben wir in den Nachrichten gehört von Bürgerkriegen, internationalen Konflikten, gewaltigen Stürmen, Erdbeben, Hungersnöten und Pandemien. Wir haben zudem gesehen, wie in aller Welt der Antisemitismus sich in vielen Spielarten zeigt und erstarkt. Am meisten von bewaffneten und gewaltsamen politischen Konflikten betroffen war der Nahe Osten, doch fast die gesamte westliche Welt hat in diesem Jahrzehnt Veränderungen sowohl politischer als auch gesellschaftlicher Art erlebt. Auch wenn manche dieser Umwälzungen im Westen rein rhetorischer Natur sind – dieses Buch unterstreicht, dass große Veränderungen ausnahmslos und insbesondere mit Worten beginnen. Wir können nur dann standhaft bleiben, wenn wir fest auf dem Felsen stehen, den die Bibel uns vor Augen führt. Ich hoffe, dieses Buch wird klar und deutlich zeigen, wie zuverlässig das Wort Gottes ist auch in der Gesamtschau der Geschichte.

Mein besonderer Dank gilt Gottfried Bühler von der ICEJ-Deutschland für die Unterstützung dieses Buchprojekts, dem Fontis-Verlag Basel und meiner Übersetzerin Lisa Schmid.

In großer Erwartung,
Susanna

1. | Am Anfang schuf Gott – Gottes Plan für die Menschheit

«Dann sagte Gott: ‹Jetzt wollen wir den Menschen machen, unser Ebenbild, das uns ähnlich ist …› So schuf Gott den Menschen als sein Abbild, ja, als Gottes Ebenbild; und er schuf sie als Mann und Frau.»[1]

Ich trete meine Fahrt zum Toten Meer an und lasse Jerusalem hinter mir. Ganz unvermittelt, ohne Vorwarnung, wird die goldene Stadt abgelöst von Hügeln, Sand und Wüste. Die unendliche Weite der Wüste ist tröstlich und beängstigend zugleich. Der Gedanke, dass die Geschichte der Menschheit in dieser rauen Umgebung mit ihrem einfachen, harten Leben ihre entscheidende Wendung nahm, dieser Gedanke ist befremdlich. Abraham, der Vater vieler Völker, wanderte auf dieser Route ins verheißene Land. Mir ist bewusst, dass er vor Tausenden von Jahren lebte, doch heute geschieht etwas mit mir: Sobald Jerusalem hinter mir liegt, befinde ich mich in Abrahams Welt. Sie liegt vor mir, genauso, wie er sie damals erblickte.

Hin und wieder sehe ich Hirtenjungen mit ihren Schafen. Ich kann in der Ferne erkennen, wie diese kleinen weißen Punkte ihrem Hirten folgen. Er treibt sie nicht an, sondern sie laufen ihm nach.

Plötzlich wird mir klar, dass alles, was ich aus der Bibel kenne, sich genau hier abspielt, vor meinen Augen. Das Auto nähert sich dem Toten Meer und ich sehe auf beiden Seiten die hohen Hügel aus Kalksandstein mit ihren Höhlen. Hier gibt es viele Festungen und Verstecke. Ich weiß, dass Gott eine Festung für sein Volk ist; er ist ein Zufluchtsort und eine Burg. Hier in Ein Gedi verbarg sich der spätere König David vor Saul. An diesem Ort an ein anderes Buch zu denken ist unmöglich – jetzt existiert für mich nur die Bibel. Sie erscheint mir realer als alles andere.

Ich erblicke eine Gazelle, bevor sie mich entdeckt hat. Einem Künstler wäre es unmöglich, ihre Anmut und ihre sanften Augen nachzubilden. In der Bibel steht die Gazelle für Schnelligkeit. «Gazelle» ist zudem ein Name des Messias, zum Beispiel im Hohenlied, wo die Schönheit dieses Tieres gewürdigt wird: Der Messias wird, wenn er kommt, über die Berge und Hügel springen wie dieses wunderschöne und anmutige Geschöpf. Doch ihren Feinden ist die Gazelle schutzlos ausgeliefert – sie kann sich nur auf ihre Schnelligkeit verlassen und weglaufen. Als würde sie meine Gedanken von ferne verstehen, sucht die Gazelle das Weite. Ich denke daran, dass meine Füße werden können wie die ihren: schnell und sicher auf dem schwankenden Boden dieses Lebens.

Die Zeit steht still. Für mich gibt es nur noch die Gazellen, die Höhlen und die Hügel. Sie sind so greifbar, weil hier die Bibel so greifbar wird. Ich befinde mich dort, wo die Bibel entstanden ist, an dem Ort, wo die heiligen Schriften gefunden wurden. Sie wurden ge-

nau dort entdeckt, wo sie sein sollten, und genau zur richtigen Zeit. Hier sind die Höhlen von Qumran; die Schriftrollen, die man dort ans Tageslicht beförderte, sind tausend Jahre älter als die Ausgaben, die man für die ersten Bibelübersetzungen gebrauchte.

Staunend sehe ich mich um: Genau hier wurden die Schriften entdeckt. Das hätte kein Mensch so einfädeln können! Hier wird das Wort lebendig.

Die Bibel ist Gottes Wort an die Menschheit aller Zeiten und an jedem Ort – und zugleich enthält sie die Geschichte der Menschheit. Sie beginnt mit der Schöpfung, dem Uranfang der Menschheitsgeschichte, und von Anfang an ist schon das Ende des Menschen sichtbar. Die Frage ist ja: Hätte Gott den Menschen «Adam» genannt, wenn er nicht schon von vornherein gewusst hätte, wie dieser sich verhalten würde? Wie alle hebräischen Wörter hat auch «Adam» unterschiedliche Bedeutungen. Grundlegend ist der Begriff *aduma* – «Erdboden», der darauf hinweist, dass der Mensch aus Erde geschaffen wurde, ein Hinweis auf die Zerbrechlichkeit des Menschen sowie auf die Art und Weise, wie er geworden ist und wieder vergeht.

Allerdings enthält der Name des Menschen noch eine zusätzliche Bedeutung: Sie leitet sich ab vom hebräischen Wort *dam* – «Blut». In Levitikus 17 wird klargestellt, dass ohne Blut kein Leben möglich ist. Doch die Bedeutung dieses Begriffs geht noch tiefer: Ohne Blutvergießen gibt es kein ewiges Leben. Daher ist bereits hier, zu Beginn des Buches Genesis, die Bestimmung des Menschen festgeschrieben: geschaffen aus Erde, mit all seinen Schwächen, und gleichzeitig erlöst durch das Vergießen von Blut. Lesen wir die Bibel auf diese Weise, wird uns bewusst, dass ihre Anfangskapitel alles enthalten, was wir wissen müssen.

Kaum hatte Gott den Menschen geschaffen, da wurde bereits der erste Same des Zweifels in das menschliche Denken gesät; und der veränderte die Beziehung zwischen dem Schöpfer und seiner Schöpfung. Man könnte sagen: Alles, was seitdem in der Geschichte passiert ist, hat im Garten Eden seinen Anfang genommen. Der Zweifel des Menschen betraf die einzige Grenze, die Gott seiner Autonomie gesetzt hatte; auf einer tieferen Ebene jedoch ging es eigentlich um die Gültigkeit von Gottes Wort: Hatte Gott wirklich Grenzen gesetzt, an die der Mensch sich halten sollte? Muss das, was Gott sagt, wortwörtlich befolgt werden? Ist es möglich, von Gottes Wort etwas wegzunehmen? Können wir beschließen, Gottes Aussagen abzuändern? Und zu guter Letzt: Kann es sein, dass Gottes Reden missverständlich ist?

Mit diesem ersten Zweifel war es leicht, die falsche Richtung einzuschlagen. Um Geschichte im Licht der Bibel zu verstehen, kommen wir nicht umhin, die Natur des Zweifels und unseren Sündenfall zu begreifen; die Geschichte im Allgemeinen und die Verfolgung der Juden im Besonderen hängen untrennbar damit zusammen. Zweifel und der Sündenfall, diese beiden charakterisieren die Beziehung des Menschen zu Gott und zu seinem Wort.

Wollen wir den Zweiten Weltkrieg mit seinen tragischen Ereignissen richtig einordnen, müssen wir uns unter anderem mit der Reaktion der Christen auf das Geschehen befassen. Eigentlich geht es dabei um die Autorität und Zuverlässigkeit von Gottes Wort.

Die allererste Frage, die in der Bibel vorkommt, stammte von der Schlange, und sie betraf die Autorität der Aussagen Gottes: «Hat Gott wirklich gesagt, dass ihr von keinem Baum die Früchte essen dürft?»[2] Eva antwortete, dass es einen Baum gebe, von dem sie nicht essen dürften, den Baum der Erkenntnis des Guten und Bösen – auf Hebräisch *etz ha-da'at tov ve ra.* Schon viele bekannte Rabbis haben daraufhin die Natur dieses Baumes erörtert und seine Bedeutung für die Menschheitsgeschichte.

Eine der bekanntesten rabbinischen Autoritäten war und ist *Rabbi Schlomo Jizchaki,* kurz *Raschi* genannt. Seine Schriften liest jeder Student, der sich mit rabbinischen Kommentaren beschäftigt. Nach einhelliger Auffassung ist Raschi ein Nachfahre des Königs David; er lebte zur Zeit der Kreuzzüge, etwa 1040–1104 n. Chr. Es ist nicht unwahrscheinlich, dass diese schwierige Zeit sein Werk beeinflusst hat; er soll gestorben sein vor Gram über die Ereignisse in seinem Umfeld. Selbstverständlich kommentierte Raschi auch den Sündenfall. Nach seiner Auffassung bestand die erste Sünde nicht darin, die verbotene Frucht zu essen, sondern in Evas Antwort an die Schlange, da sie nicht korrekt wiedergab, was Gott gesagt hatte; Gott hatte gesagt, sie sollten die Frucht des

Baumes nicht *essen;*[3] Eva hingegen behauptete, Gott hätte ihnen verboten, die Frucht auch nur zu *berühren.*[4]

Im Judentum gilt die unumstößliche Überzeugung, dass Gottes Wort nicht abgeändert werden darf; folglich kam das Böse deshalb in die Welt, weil man diesem Wort nicht genügend Respekt entgegenbrachte. Ja, Gott hatte dem Menschen von Anfang an einen freien Willen geschenkt; doch laut Raschis Interpretation begann dieser erst nach dem Sündenfall, das Böse quasi automatisch, reflexhaft zu wählen. Diese Tendenz hängt direkt zusammen mit der Autorität von Gottes Wort: Verfügen wir über einen freien Willen, dann muss es Regeln geben, die unser Verhalten lenken; die Bibel ist eine solche Richtschnur. Andernfalls, ohne diese Vorgaben, hätten wir kein verlässliches System, um zwischen Gut und Böse zu unterscheiden.

Vom Bezweifeln der Aussagen Gottes bis zur Sünde war es nur ein kurzer Schritt; sobald Eva in das Gespräch mit der Schlange eingestiegen war, fiel es dem heimtückischen Reptil leicht, sie einzuwickeln und davon zu überzeugen, «dass von dem Baum gut zu essen wäre und dass er eine Lust für die Augen wäre und verlockend, weil er klug machte».[5] Zugegeben, die Bibel gebraucht hier nicht das Wort «Sünde»; doch viele Rabbis gehen davon aus, dass die Neigung des Menschen, lieber das Böse zu wählen, genau in diesem Moment ihren Ursprung hat – zutreffender könnte der Ausdruck sein: die Tendenz des Menschen, in die Irre zu gehen. Denn das hebräische Wort *chet,* das üblicherweise mit «Sünde» übersetzt wird, bedeutet eigentlich, sich zu verirren, einen Ball am Tor vorbeizuschießen oder das Ziel zu verfehlen, anders ausgedrückt: das absolut Beste zu verlieren. Interessant: Gott fragte Adam nach dem Sündenfall nicht gleich danach, was er getan hatte.

In der Bibel heißt es: «Aber Gott, der HERR, rief: ‹Adam, wo bist du?›»[6] Der Herr wusste doch, wo Adam war und was er getan hatte; warum stellte er ihm also gerade diese Frage? Das Entscheidende ist meiner Überzeugung nach, ob *Adam* wusste, wo er sich befand, nicht nur im physischen, sondern auch im übertragenen Sinne. Erst ab diesem schicksalsträchtigen Moment wurden sich Adam und Eva der Folgen ihres Handelns wirklich bewusst.

Seit diesem Augenblick im Garten Eden tragen wir alle die Konsequenzen: Trotz unseres freien Willens sind wir schwach und treffen oft die falsche Entscheidung. Das Judentum lehrt, dass ohne Ausnahme jedermann sündigt; dabei kennt Gott die Schwäche des Menschen sehr gut, weshalb er ihm gegenüber Gnade und Recht walten lässt. In der Begegnung zwischen Gott und Mensch treffen vollkommene Gerechtigkeit und vollkommene Gnade aufeinander. Die Option zur Buße besteht immer, doch unseren Worten müssen Taten folgen.

Rabbi Yaakov Meir schreibt in einem Artikel, Buße sei möglich, weil nicht nur der Mensch umdenken könne, sondern weil Gott auf dieses Umdenken mit Erbarmen reagiere; nach dieser Begegnung des Menschen mit Gott sei es der Allmächtige, der sage, dass der Mensch seine Taten bereue und sie nicht wiederholen werde.[7] Ein bekannter Rabbi des Mittelalters ist der Arzt und Philosoph *Rabbi Mosche ben Maimon,* auch *Maimonides* genannt; er lebte von 1135 bis 1204 n. Chr. in Spanien und Ägypten. Maimonides definierte Buße als den Akt des Menschen, sein bisheriges Verhalten zu verwerfen und sich zu verpflichten, es nicht zu wiederholen. Nach dieser Entscheidung kann Gott ihm beipflichten; damit hat der Mensch nicht nur in seinen eigenen Augen Buße getan, sondern auch in Gottes Augen. Der Prophet Jesaja formuliert es so: «Hast du dich gegen Gott aufgelehnt? Bist du eigene Wege gegangen und eigenen Plänen gefolgt? Dann hör auf damit! Kehr deinem alten Leben den Rücken und komm zum HERRN! Er wird sich über dich erbarmen, denn unser Gott ist gern zum Vergeben bereit.»[8] Erst in diesem Moment der beiderseitigen Anerkennung ist der Vorgang der Buße vollständig.

Der nächste Schritt ist schmerzhaft kurz – nach dem Zweifel und dem nachfolgenden Sündenfall kommt es zum ersten Mord. An dieser Stelle wird das Wort «Sünde» erstmals genannt: Gott warnt den Menschen, die Sünde lauere vor der Tür[9] – Gott versuchte *Kain* davon abzuhalten, Sünde zu begehen. Bemerkenswert: Beim nächsten Vorkommen im Buch Genesis – dieses Mal als aktives Verb – steht dieser Begriff im selben Kontext; Gott bewahrte Abimelech davor, sich an Sara zu versündigen: «… deshalb habe ich dich auch davor zurückgehalten, an mir schuldig zu werden …»[10] Bei Kain reichten Gottes Worte nicht aus, um ihn vom Sündigen abzubringen; und die sofortige Folge war schrecklich: Brudermord. Im Anschluss daran stellte Gott erneut eine Frage, doch diesmal betraf sie die zwischenmenschliche Beziehung: «Da sprach der HERR zu Kain: ‹Wo ist dein Bruder Abel?›»[11] Kains Antwort war grausig: «Ich weiß es nicht; soll ich meines Bruders Hüter sein?»[12]

Wäre Kain in der Lage gewesen, weiter in die Zukunft zu blicken, hätte er dann auch so geantwortet? Wie viele Mörder haben diese Worte schon vor Gericht ausgesprochen – und wie haben sie diese Frage beantwortet angesichts der Ewigkeit, als sie im Sterben lagen? Und warum gibt es immer noch Menschen, die diese Frage vollkommen anders beantworten würden? Schließlich hat Gott den Menschen doch als sein Abbild erschaffen – und genau das ist der Wert, der jedem Menschen direkt aus dem Schöpfungsakt zukommt.

Es ist wichtig, die Parallelen zu erkennen zwischen den Ereignissen am Anfang der Bibel und der neueren Geschichte. In den 1930er Jahren mussten deutsche Kirchengemeinden, Einzelpersonen und Regierende genau dieselben Fragen beantworten – diesmal im Hinblick auf die zunehmende Verfolgung und den Mord an ihren jüdischen Mitmenschen. Ganze Nationen hatten jetzt zu entscheiden, ob sie an Gottes Wort als höchste moralische Autorität glaubten; und wenn es eine solche Autorität tatsächlich gab, dann mussten diese Länder in deren Licht einen moralischen Kompass finden und erkennen, was es bedeutete, «meines Bruders Hüter» zu sein.

Dabei wurde deutlich: Jahrhunderte christlicher Tradition hatten die Menschen für den Krisenfall nichts wirklich Bedeutsames gelehrt. Gesellschaft, Kirchen und Einzelpersonen waren angesichts des Bösen orientierungslos; manche entschieden sich sogar bewusst dafür, dem Bösen zu dienen. Es ist leicht erkennbar, dass ganze Länder keine Ahnung hatten von Gottes Wort im Hinblick auf diese drei Fragen: Hat Gott wirklich gesagt ...? Wo bin ich? Wo ist mein Bruder? Man könnte sogar sagen, dass christliche Gemeinden, genau wie Kain, Gott mit einer Gegenfrage antworteten: Soll ich meines Bruders Hüter sein?

Wenn es tatsächlich stimmt, dass die ersten Seiten der Bibel uns unsere Zukunft klar und deutlich offenbaren, einschließlich der Art und Weise, wie Menschen in einer Krise reagieren, dann kann das nur eines bedeuten: Die Bibel ist sowohl unfehlbar als auch vertrauenswürdig, und das Wort Gottes stammt von Gott selbst. Wenn nun die Bibel wirklich Vergangenheit, Gegenwart und Zukunft kennt, dann können wir daraus unzweifelhaft schließen, dass Gott ein Gott der Geschichte ist – und dass er nicht nur außerhalb der menschlichen Realität handelt, sondern auch durch Menschen. Bereits bei der Schöpfung gab Gott uns Zeichen, die uns die Zukunft zeigten; doch in seiner Liebe und Gnade ließ er es zu, dass wir unsere eigenen Wege gehen.

Diese Wahlfreiheit wurde nicht nur Einzelpersonen verliehen, sondern auf Völker und Regierungen ausgeweitet. Die neuere Geschichte gibt uns zahllose Beispiele, wie Politiker entweder im

Einklang mit Gott und seinem Willen handelten oder gegen beides; und sowohl zu biblischen Zeiten als auch in der Moderne waren die Folgen oft dramatisch und folgten auf dem Fuß. Das bedeutet: Die Geschichte, die wir lernen, ist nur zum Teil die Geschichte der Menschheit; einen großen Anteil daran hat Gott – er gebraucht Menschen und ihre Umstände, um seine Ziele zu verfolgen. Ich glaube, dass die Gegenwart Gottes einem Land immer ein gewisses Maß an Sicherheit schenkt; wird Gott jedoch abgewiesen, herrschen Chaos und Unordnung, da seine schützende Hand fehlt.

Die Bibel ist auch eine Liebesgeschichte, von Anfang bis Ende. Sie ist Gottes Liebesbrief an die Welt, die er erschaffen hat. Das wird deutlich an einem sehr praktischen Beispiel: Das Wort «lieben» erscheint zum ersten Mal in einem bemerkenswert prophetischen Kontext. Wohl werden zwischenmenschliche Beziehungen seit der Schöpfung thematisiert; doch «Liebe» in jedweder Form findet zum ersten Mal Erwähnung, als Gott den Abraham auf die Probe stellt: «Geh mit deinem einzigen Sohn Isaak, den du so sehr liebst, in die Gegend von Morija.»[13] Zum allerersten Mal lesen wir von «Liebe» also in der Beziehung eines Vaters zu seinem Sohn, als der ihn zum Opfer bringen soll. Wir neigen dazu, dieses merkwürdige Ereignis hauptsächlich einzuordnen als die Bereitschaft Abrahams, seinen Sohn zu opfern. Isaak war aber kein Kind mehr, sondern ein dreißigjähriger Mann – er musste bereit sein, sich opfern zu lassen. Beide Männer waren also willens, zu opfern und geopfert zu werden. Wie alles auf den ersten Seiten der Bibel ist auch diese Begebenheit ein Schlüssel zu dem, was danach passiert.

Gottes Wort, die Bibel, wurde mit großer Sorgfalt Wort für Wort immer wieder abgeschrieben. Scheinbar zufällig entdeckten Hirtenjungen 1947 Abschriften in den Höhlen von Qumran. Bald darauf fand man in derselben Gegend weitere Kopien, die tausend Jahre älter waren als die ältesten, die man für die Übersetzung der Bibel genutzt hatte. Qumran war eine Siedlung der Essener, einer Art jüdischer Mönchsorden; sie wurde 68 n. Chr. von den Römern zerstört. Die Essener lebten isoliert von der Außenwelt und verbrachten ihre Zeit damit, die Bibel zu studieren und sie sorgfältig abzuschreiben; es ist durchaus möglich, dass Johannes der Täufer zu dieser Gruppierung gehörte. Offensichtlich hatten die Essener ihre Bibelabschriften in Tonkrügen vor dem römischen Heer in Sicherheit gebracht; es ist ja bekannt, dass die Römer den Aufständen in Judäa ein Ende machen wollten, und die Einsiedler von Qumran müssen gewusst haben, dass die feindlichen Truppen näherrückten.

In der sengenden Hitze von Qumran staunt man heute über die Essener und ihre Bemühungen, die Schriftrollen zu verstecken. Tatsächlich gelang es ihnen, diesen Schatz jahrtausendelang zu verbergen, bis 1947 der Stein eines Hirten einen Tonkrug traf. In einer einzigen Höhle wurden daraufhin zahlreiche biblische Bücher gefunden, einschließlich einer vollständigen Abschrift der Jesaja-Rolle. Diese Geschichte ist einzigartig; ich empfehle meinen Lesern, die Höhlen selber zu besuchen.

Essener von Qumran, Jahrtausende nach euch stehe ich hier. Bitte hört mir zu: Ihr sollt wissen, wie wichtig eure Arbeit für die ganze Welt war.

Der Gott der Geschichte

Belege für das Handeln Gottes in der Geschichte sind leicht zu entdecken, in biblischen Zeiten ebenso wie in neuerer Zeit. Beispiele sind unter anderem wichtige historische Persönlichkeiten und ihr Verhalten gegenüber Gottes Volk. In der Bibel nimmt Gott Einfluss auf Könige und Nationen; ihre Gedanken und ihre Taten tragen dazu bei, dass Gott seine Pläne ausführt, auch durch weitere mächtige Leute.

Da ist zum Beispiel *Balak,* der König von Moab, um 1400 v. Chr. Balak hörte, dass die Israeliten auf dem Weg von Ägypten ins verheißene Land durch sein Königreich ziehen würden. Nun hatte der König unterschiedliche Möglichkeiten, eine von ihnen war Krieg; doch Balak tat etwas ganz anderes: Er ließ einen bekannten Seher kommen, einen Propheten, der sollte die Israeliten verfluchen. Gott griff übernatürlich ein und gebrauchte einen Esel, um zu dem Propheten zu sprechen – und das Ende vom Lied war, dass der Prophet die Israeliten segnen musste und sie nicht verfluchen konnte, aus welcher Perspektive er ihr Lager auch betrachtete.[14] «Aber wie kann ich jemanden verfluchen, den Gott nicht verflucht? Wie kann ich jemandem Unheil bringen, dem Gott, der HERR, nichts antun will? … Begreif doch: Ich habe den Auftrag zu segnen. Und wenn Gott jemandem seinen Segen geschenkt hat, kann ich es nicht wieder rückgängig machen.»[15]

Der Name des Propheten *Jeremia,* auf Hebräisch *Jirmejahu,* bedeutet «Gott wird erhöhen». Er wirkte in den Jahren 627–586 v. Chr.; zunehmend sprach er über *König Nebukadnezar* und gebrauchte für ihn den Titel «mein Knecht, der König von Babel»[16]. Mit anderen Worten: Dieser König war Gottes Knecht, da er Gottes Absichten erfüllte; im Übrigen kannte man ihn als grausamen und gnadenlosen Akteur. Nebukadnezar regierte 605–562 v. Chr., und dieser König eroberte Jerusalem und zerstörte den Tempel.

Als Nebukadnezar zum ersten Mal die Stadt einnahm, setzte er lediglich *Jojakim* über Juda als Marionettenkönig ein, der musste ihm Tribut entrichten. Interessant ist die Bedeutung seines hebräischen Namens; *Jojakim* bedeutet tatsächlich fast das Gleiche wie der Name des Propheten Jeremia: «Gott wird aufrichten». Der Prophet hatte Jojakim mehrfach gewarnt; der gottlose Lebensstil dieses Königs und seines Hofes gefährdete sein Königreich und ließ eine Katastrophe über sie hereinbrechen, die hätte verhindert werden können.

Jeremias Worte erfüllten sich: König Nebukadnezar kehrte zurück, um den Aufstand Jojakims gegen ihn niederzuschlagen; anschließend verschleppte er eine große Anzahl Gefangener ins Exil – aber trotz alledem war Nebukadnezar Gottes Knecht; andere jüdische Quellen bezeichnen ihn als eine Waffe Gottes. Es wird also deutlich, dass Gott sich dieses Königs bediente auf eine Art, die für seine Zeitgenossen nachvollziehbar war.

Genau wie Jeremia es prophezeit hatte, erhielten die Juden im Exil schließlich die Erlaubnis, nach Juda zurückzukehren; der vorherbestimmte Zeitpunkt kam siebzig Jahre nach der Wegführung und die Rückkehrer sollten den Tempel wiederaufbauen. Die Propheten *Hesekiel* und *Daniel,* die ebenfalls im Exil waren, verstanden dies. Auch ihre Namen beschreiben ihre besonderen Aufgaben: *Jecheskel* bedeutet «Gott stärkt», *Daniel* «Gott ist mein Richter».

Im Buch *Esra* lesen wir, wie Gott den *König Kyrus* an die Macht brachte, um die Verbannten zu unterstützen, sodass auch er zum Miterbauer des Tempels wurde. Kyrus regierte 559–530 v. Chr. Als er Babylon besiegte, wurden die Juden im Exil zu seinen Untertanen; nun ließ er in seinem Königreich verkünden: «Alle Königreiche der Erde hat Gott, der HERR, der im Himmel regiert, in meine Gewalt gegeben. Er gab mir den Auftrag, ihm zu Ehren in Jerusalem in der Provinz Juda einen Tempel zu bauen.»[17] Aufgrund dieses königlichen Erlasses durften die vertriebenen Juden nach Juda zurückkehren – mehr noch: Sie konnten die jüdischen Kultgegenstände und die Geschenke aus der königlichen Schatzkammer zurückbringen, die die Babylonier bei der Tempelzerstörung aus Jerusalem mitgenommen hatten.

Esra erreichte Jerusalem 458 v. Chr.; von dieser Zeit handelt auch die Geschichte von *Nehemia.* Ursprünglich bildeten die beiden Bücher Esra und Nehemia eine zusammenhängende Einheit; sie beschreiben denselben Zeitraum und die Namen der beiden Männer haben wieder fast die gleiche Bedeutung: *Esra* steht für «Hilfe» und *Nehemia* für «Zuspruch». Nehemia, der Mundschenk des Königs, erhielt die Erlaubnis, nach Juda zu reisen: «Und der König gab sie mir, weil die gute Hand meines Gottes über mir war.»[18]

Im Buch *Esther* wird Gott nicht explizit genannt; doch ist das ganze Buch eine Illustration davon, wie Gott jemandem zu einem bestimmten Zweck Einfluss verschafft. Esthers Bestimmung war es, den Lauf der Geschichte zu verändern, indem sie ihr Volk vor der totalen Vernichtung rettete. Das Buch beginnt wie ein Märchen: Ein reicher und mächtiger König suchte sich eine Frau; wie durch Zufall wurde aus allen schönen Frauen seines Reiches der Waise Esther, einer Jüdin, die Ehre zuteil, Königin zu werden – ihre Herkunft verschwieg sie. Zur selben Zeit zettelte *Haman,* ein mächtiger Beamter am Königshof und Feind der Juden, eine Verschwörung gegen die Juden an; und Esther gelang es gemeinsam mit ihrem weisen Onkel, den König vor Hamans niederträchtigen Plänen zu warnen, und die Juden bekamen das Recht, sich zu verteidigen. Jedes Jahr feiern Juden in aller Welt das Purimfest, um an diese Geschichte zu erinnern und an ihre Folgen für die Zukunft des jüdischen Volkes. Der Name *Purim* ist abgeleitet von dem Wort *pur* – «Los»; er verweist darauf, wie Haman den Tag bestimmte, an dem die Juden vernichtet werden sollten: durchs Los.

Zwei historische Tatsachen machen diese Geschichte sehr interessant.

Erstens: Es ist wichtig, wer der Feind ist. Haman war ein Nachkomme *Agags;* dieser gehörte einem Volk an, das in der Bibel immer ein Feind Israels war – Amalek ist in der Bibel immer negativ konnotiert.[19] Wir erinnern uns: Gott hatte *Saul,* dem ersten König von Israel, aufgetragen, die Amalekiter zu töten; doch Saul widersetzte sich Gottes Befehl, darum verlor er seine Königswürde.[20] Esthers Onkel *Mordechai* war – ein Benjaminiter aus dem Hause Sauls! Damit führt uns die Bibel die Folgen von Sauls Ungehorsam vor Augen: Ein halbes Jahrtausend später sah sich Mordechai demselben Feind gegenüber und das jüdische Volk stand erneut kurz vor der Vernichtung. Am Ende jedoch wurde Haman aufgehängt und zwar an dem Galgen, den er für den Juden Mordechai errichtet hatte.

Machen wir nun einen Zeitsprung nach vorne, in die unmittelbare Nachkriegszeit in Europa. Im Jahr 1947 begegnen wir dort einem Mann namens *Rudolf Höß.* Höß wurde 1901 in der deutschen Stadt Baden-Baden geboren. Er schloss sich der SS an und stieg schließlich auf zum berüchtigten Kommandanten des Konzentrationslagers *Auschwitz-Birkenau.* Zusätzlich zu anderen Grausamkeiten errichtete er dort Galgen für die bedauernswerten Lagerinsassen. Derselbe Rudolf Höß wurde am 16. April 1947 auf Befehl der polnischen Nachkriegsregierung in Auschwitz-Birkenau hingerichtet – durch Erhängen. Das war nicht das erste Mal, dass Nazi-Kriegsverbrecher am Galgen endeten; in den Nürnberger Kriegsverbrecherprozessen 1946 wurden zwölf Angeklagte zum Tod durch den Strang verurteilt. Einer entkam, ein weiterer verübte Selbstmord, doch die anderen zehn hochrangigen Nazis wurden alle gehängt. Auf geheimnisvolle Weise scheint die Geschichte sich zu wiederholen: Auch im Buch Esther wurde nicht nur Haman aufgeknüpft, sondern auch seine zehn Söhne.[21]

Die moderne Geschichte gibt uns unzählige Beispiele dafür, wie sich Gottes Wohlwollen oder seine Enttäuschung über Nationen und Völker auswirken auf deren Schicksal. Vieles spricht dafür, dass Spaniens Goldenes Zeitalter nach der Vertreibung der spanischen Juden 1492 zu verblassen begann bis hin zum Zusammenbruch des spanischen Weltreichs; den Gegenpart dazu bildete der türkische Sultan: Er nahm viele der Vertriebenen auf und damit begann das Osmanische Reich zu erstarken. In Frankreich gipfelte die Verfolgung der *reformierten Christen, der Hugenotten,* in der Bartholomäusnacht 1572 in einem Massenmord, was den Niedergang des blühenden französischen Handels zur Folge hatte; die Niederlande gewährten den hugenottischen Flüchtlingen Zuflucht und begannen nun, ein Handelsimperium zu errichten.

Große Teile Osteuropas, in denen Juden jahrhundertelang verfolgt und ermordet wurden, gerieten unter kommunistische Herrschaft – eine Entwicklung, die manche als Strafe betrachten. Die britische Mandatsherrschaft verwehrte im Zweiten Weltkrieg jüdischen Einwanderern die Einreise nach *Eretz Israel,* und sofort nach Kriegsende büßte Großbritannien seine globale Führungsrolle ein.

Zugegeben: Bei den geschilderten Beispielen handelt es sich um Spekulation; Geschichte ist ja keine exakte Wissenschaft und es ist in vielerlei Hinsicht schwierig, Ursache und Wirkung zu analysieren, wenn der Faktor Mensch ins Spiel kommt. Allerdings gibt es ein weiteres Anschauungsbeispiel – nicht aus der Geschichte, sondern etwas, was vor unseren Augen geschieht: Über ein Jahrhundert lang waren die Vereinigten Staaten von Amerika eine Weltmacht, militärisch, wirtschaftlich und in unzähligen anderen Bereichen. Dieses Land entstand als Zufluchtsort für die Verfolgten; es hat Israel in allen internationalen Foren konsequent und beständig unterstützt. Gott hat die Vereinigten Staaten so lange gesegnet, wie sie Israel beigestanden haben.

Gott handelt in der Geschichte; für mich wird diese Tatsache nirgends deutlicher als an der jüdischen Geschichte. Gott interessiert sich mehr für die Seelen der Menschen als für Ländergrenzen. Er leitet und führt Menschen und Ereignisse; er hat Interesse am Schicksal der Nationen. Vielleicht hat Gott deshalb, als er sich durch die Zehn Gebote offenbarte, zuallererst gesagt: «Ich bin der

Herr, dein Gott; ich habe dich aus der Sklaverei in Ägypten befreit.»[22] Anders ausgedrückt: Gott offenbarte sich als ein Gott, der bereits zugunsten seines Volkes gehandelt hatte.

Schmerzlich und erschreckend – aber das beständige, lautstarke und anhaltende Auftreten von Antisemitismus sowohl in Europa als auch im Nahen Osten kann man deuten als Erweis, dass Gott das jüdische Volk erwählt hat. Der Antisemitismus ist ein weltweites Phänomen, und er tritt heute auch auf in den Ländern, die einst gegen die Nationalsozialisten kämpften, einschließlich der Vereinigten Staaten von Amerika. Er hat zwar seine Verpackung verändert, aber nicht deren Inhalt, und er ist immer nur einen Schritt weit entfernt. Dieser uralte Hass lebt bis heute in allen sozialen Schichten und Ländern.

Wie Gott das jüdische Volk auserwählt hat zu einem ewigen Bund, so haben dessen Verfolger dieses Volk zu ihrem ewigen Hassobjekt auserkoren. Der Holocaust ist, genau wie andere Formen der Judenverfolgung, nicht nur ein Angriff auf das jüdische Volk, sondern muss auch als Angriff auf den Gott der Juden angesehen werden. Das Ziel des Antisemitismus ist es, den Namen Gottes zu vernichten, denn die Juden sind der Beweis dafür, dass Gott existiert.

Die bekannten Holocaustüberlebenden und Autoren *Elie Wiesel* und *Primo Levi* haben beide diesen Aspekt thematisiert. Elie Wiesel wurde 1928 in Rumänien geboren. Gemeinsam mit seiner Familie wurde er deportiert nach Auschwitz-Birkenau, wo seine Eltern und seine Schwester umkamen; Wiesel selbst überlebte und erhielt später als Anerkennung für seine Arbeit als Autor, Menschenrechtsaktivist und Journalist den Friedensnobelpreis. Primo Levi war Chemiker. Er wurde 1919 in Italien geboren und ebenfalls nach Auschwitz-Birkenau gebracht. Als er nach seiner Rückkehr mit dem Schreiben begann, konnte er für seine Geschichte keinen Verlag finden. Beide Männer sind Bestseller-Autoren und Augenzeugen, doch zur damaligen Zeit wollte niemand etwas von den Schrecken des Holocaust hören oder lesen.

Beide Überlebende betrachteten den Holocaust als einen Angriff auf Gott selbst: einen Anschlag auf die Juden und auf den *Namen Gottes.*[23] Was bedeutet «Name Gottes» in diesem Kontext? Im Judentum ist es absolut verboten, den Namen Gottes zu missbrauchen; daher gebraucht man üblicherweise für «Gott» den Begriff *Ha-Schem* – «der Name». Im Holocaust verloren die Juden ihren Namen, sobald sie im Lager eintrafen, und wurden zu reinen Nummern. Ihre Namen wurden ihnen genommen, um Gott zu beleidigen, der durch dieses Volk seinen Namen offenbart hatte.

Unsere Namen sind Gott wichtig; er spricht uns zu: «Fürchte dich nicht, denn ich habe dich erlöst; ich habe dich bei deinem Namen gerufen; du bist mein!»[24] In der Bibel ändert Gott den Namen einer Person, wenn ihre Bestimmung offenbar wird, die Namen der Propheten sind Ausdruck ihres Auftrags – daher kann man sagen, dass es keine rein verwaltungstechnische Maßnahme war, als die Nazis den Opfern ihre Namen raubten; es handelte sich vielmehr um einen Akt geistlicher Gewalttätigkeit gegen den offenbarten Willen Gottes.

Um die Zeiten, in denen wir leben, richtig erkennen und einordnen zu können, müssen wir die Vergangenheit begreifen. Vergangenheit und Zukunft sind wie zwei Seiten derselben Medaille: An einem geschichtsträchtigen Ort lebe ich sowohl in der Vergangenheit als auch in der Gegenwart. Ich bin Teil einer Kette, welche die Vergangenheit einschließt, doch gleichzeitig kann ich die Gegenwart erkennen und die Möglichkeiten der Zukunft.

Die Zukunft ist uns noch unbekannt, doch die Prophetie hat schon etwas über sie offenbart. Angefangen in biblischer Zeit über die Diaspora («Zerstreuung» der Juden) bis hin zur Entstehung des modernen Staates Israel – viele Prophezeiungen sind bereits erfüllt. Selbst heute werden biblische Verheißungen auf geheimnisvolle Weise wahr, vor unseren Augen.

Darum begeben wir uns jetzt auf eine Reise. Wir beginnen am Anfang und bewegen uns in Richtung Zukunft.

2. | Die Geschichte eines Volkes – Die Väter und Mütter einer Nation

✡

«Danach verließen sie Bethel und zogen weiter. Als sie nur noch ein kurzes Stück von Efrata entfernt waren, setzten bei Rahel starke Geburtswehen ein. Sie krümmte sich vor Schmerzen, doch die Hebamme rief ihr zu: ‹Nur Mut, du hast wieder einen Sohn!› Aber Rahel spürte, dass sie sterben musste. Darum nannte sie den Jungen Benoni (‹Schmerzenskind›), Jakob jedoch gab ihm den Namen Benjamin (‹Glückskind›). Rahel starb, und Jakob begrub sie an der Straße nach Efrata, das jetzt Bethlehem heißt.»[25]

Ich bin zu Hause in Jerusalem, als mich im Dezember 2012 ein merkwürdiges Verlangen überkommt: Ich möchte Rahels Grab besuchen. Es zieht mich Richtung Bethlehem zu ihrem Grab. Ob mir das gelingt, das weiß ich nicht; schließlich kenne ich die strengen Sicherheitsvorschriften: Ich kann nicht einfach in mein Auto steigen und hinfahren. Doch in diesem Fall kommt die Idee eindeutig von Gott, denn völlig unerwartet eröffnet er mir einen Weg – ein paar Tage später bin ich in Bethlehem mit einer Besuchergruppe, die von einer

Evangelistin geleitet wird. Den ganzen Tag über zieht es mich an Rahels Grab, es liegt zwischen Bethlehem und Jerusalem. Ich warte darauf, genau dort beten zu können.

Es ist bereits dunkel. Spät am Abend biegt unser Reisebus in die Straße zum Grab ein. Junge Soldaten halten uns an, Sicherheitskontrolle, und schon sind wir da und können aussteigen. Ein geheimnisvolles Gefühl überwältigt mich: Seit vielen Jahrhunderten kommen jüdische Frauen, um genau hier zu beten. Ich kann spüren, dass ich Teil einer Kette werde, zu der schon so viele Frauen vor mir gehören. Selbst jetzt, zu dieser späten Stunde, ist das Grab voll betender Frauen. Über uns eine unglaubliche Anzahl von Sternen – zu viele, um sie zu zählen, genau wie die Bibel es sagt.

Auch Naava ist hier.

Die junge Israelin Naava Appelbaum saß am Vorabend ihrer Hochzeit im September 2003 mit ihrem Vater im Café, es war das Café Hillel an der Emek-Refaim-Straße in Jerusalem. Ihr Vater war gerade aus den USA nach Israel gekommen, an diesem besonderen Tag wollte er bei seiner Tochter sein. Genau an jenem Abend betrat ein Selbstmordattentäter das Café und löschte in einem Augenblick das Leben von Vater und Tochter aus. Jede Hilfe kam zu spät – die Bombe war tödlich. Der «schönste Tag im Leben» von Naava wurde zu ihrem Todestag. Doch Naava lebt weiter, am Grab Rahels. Wo sollte ihr Brautkleid denn hin, das aufgrund eines Verbrechens unge-

tragen blieb? Wo wäre der passende Ort für Naavas Hochzeitskleid nach ihrem Tod? Hier, an Rahels Grab, nirgendwo sonst.

Naavas Kleid hängt an der Wand hinter uns. Wir stehen vor dem Grab und beten. Ich denke an Rahel: Rahel, du geliebte Frau, du starbst auf dem Weg. Jahrtausende später stehe ich vor deinem Grab und bete. Ich bin ein Glied dieser Kette deiner Töchter. Jüdische Frauen kommen hierher, um zu weinen. So wie der Prophet sagte, dass du weinst um deine Kinder, die ins Exil vertrieben und umgebracht wurden, ist dein Grab eine Stätte für verzweifeltes Gebet. Viele kommen hierher mit ihren Hoffnungen, Enttäuschungen und Gebeten. Ich beobachte sie, Jung und Alt, und auch mir kommen die Tränen. Ich bete und weine wie so viele Frauen vor mir.

Rahel, wie gerne würde ich mit dir sprechen! Weine nicht. Wir vergessen dich nicht. Alle deine Töchter sind hier.

Die Geschichte des jüdischen Volkes beginnt mit seinen Patriarchen und Matriarchinnen, den Vätern und Müttern der Nation. Sie nimmt ihren Lauf mit einer Berufung, die Gott selbst vor Jahrtausenden ausgesprochen hat. Ein gründliches Nachdenken über die Bibel zeigt, dass dieses Buch zwei Hauptthemen hat: *Erwählung* und *Bündnisse.* Gott berief einen Mann namens *Abram,* der zeichnete sich aus durch seinen besonderen Glauben. Vor rund 4000 Jahren verließ Abram seine Heimat und seine Verwandtschaft, um in ein unbekanntes Land zu ziehen, das Gott ihm zeigen würde. Abram, der später *Abraham* genannt wurde, trat seine Reise an im Gebiet des heutigen Irak und machte sich auf den Weg in die Gegend, die jetzt als der Staat Israel bekannt ist. Er lebte ursprünglich in der Stadt *Ur* am westlichen Ufer des *Euphrat* im heutigen Süden des Irak.

Interessanterweise liegen die Ruinen von Ur gegenüber der modernen Stadt *Nassirija* am anderen Ufer, wo 2003 amerikanische und britische Truppen Saddam Hussein besiegten. Dort begann Abraham seine Reise. Gott veränderte seine Bestimmung; daher gab er *Abram*, dem «erhabenen Vater», den neuen Namen *Abraham* – «Vater der Völkermenge»; aus Abrahams Frau *Sarai* wurde *Sara*, hebräisch: *Sarah* – «Fürstin». Das Volk, das von diesem Mann und seiner Frau abstammt, nannte Gott seine Ehefrau; dieser seiner Ehefrau schwor er einen Eid und den hat er nie zurückgenommen: «Und ich will dich zum großen Volk machen und will dich segnen und dir einen großen Namen machen, und du sollst ein Segen sein. Ich will segnen, die dich segnen, und verfluchen, die dich verfluchen; und in dir sollen gesegnet werden alle Geschlechter auf Erden.»[26] Auf diese Weise wurden die Nachkommen Abrahams zu genau dem Instrument, durch das Gott die Menschheit zu sich ziehen kann. Wäre dieser eine Mann jedoch ungehorsam gewesen, hätte das nicht geschehen können. Er verließ alles, was ihm vertraut war, und machte sich auf den Weg in eine unbekannte Zukunft.

In Abrahams Geschichte gibt es prophetische Details, die meiner Ansicht nach mit den Erfahrungen des jüdischen Volkes heute zu tun haben, Jahrtausende später. Dazu gehört eine Schlacht, die stattfand, als miteinander verbündete Könige die Herrscher von *Sodom* und *Gomorra* angriffen. Diese Geschichte begann schon früher: Mit Abraham war *Lot,* Abrahams Neffe, aus der Heimat ausgezogen. Nach der Ankunft in Kanaan wählte Lot sich das bessere Gebiet aus; nach dieser ersten falschen Entscheidung beschloss er, im sündigen Sodom zu wohnen und das wurde schließlich zerstört.

Der Angriff auf Sodom geschah, als Lot in Sodom wohnte. Die Verbündeten machten Kriegsgefangene, darunter auch Lot. Als Abraham das erfuhr, eilte er seinem Neffen zur Hilfe und es gelang ihm, alle Besitztümer und Geiseln zurückzuerobern, die beide Städte verloren hatten. Der König von Sodom wollte Abraham für seine Hilfe entlohnen, doch Abraham, der treue Knecht Gottes, wies alles zurück.

Direkt danach kam es zu einem seltsamen, geheimnisvollen Treffen zwischen Abraham und *Melchisedek,* dem König von *Salem.* Der Name Melchisedek ist ein Zusammensetzung aus zwei hebräischen Wörtern, *melech* und *tzedek* – «König» und «Gerechtigkeit». Der Begriff *Salem,* das heißt Jerusalem, ist abgeleitet von dem Wort *schalom* – «Friede», doch steht er auch für «Vollkommenheit» und «Ganzheit». Diesem König der Gerechtigkeit, der auch «Priester des Allerhöchsten» genannt wurde, gab Abraham den Zehnten; der König seinerseits segnete Abraham.[27] Hier haben wir zwei Könige, die sich stark voneinander unterscheiden und denen Abraham sehr unterschiedlich begegnet.

Wer war nun dieser geheimnisvolle Melchisedek? Der Psalmist schreibt über den Messias: «In alle Ewigkeit sollst du ein Priester sein, so wie es Melchisedek war!»[28] Bei der Begegnung Abrahams mit Melchisedek wurden Brot und Wein gesegnet; dieser Akt des *Kiddusch,* der «Heiligung», ereignete sich in Salem. So wird die Stadt Jerusalem bei der Ersterwähnung in der Bibel in einem Atemzug mit Heiligkeit genannt.

Der Herr erklärte Abraham für gerecht aufgrund seines Glaubens. Noch ein weiteres Mal erschien Gott dem Abraham; als dieser begann, ein Opfer für den Herrn vorzubereiten, bot sich ihm ein ganz besonderer Anblick: «… und als Raubvögel sich auf die Tiere stürzten, verscheuchte er sie. Bei Sonnenuntergang fiel Abram in einen tiefen Schlaf. Eine schreckliche Angst überkam ihn, und dunkle Vorahnungen beunruhigten ihn sehr.»[29] Nach Ansicht vieler Rabbis stehen die Raubvögel für feindliche Nationen; in verschiedenen Prophezeiungen werden sie mit diesem Begriff bezeichnet, je nach Übersetzung auch als «Adler» oder «Geier». Diese Völker erschienen nun, um Abrahams Opfer zu rauben, noch bevor der Bund vollzogen wurde – das ist ein prophetischer Hinweis auf die folgenden Jahrhunderte.

Als Abraham schlief, ging Gott zwischen den Opfertieren hindurch. «Als nun die Sonne untergegangen und es finster geworden war, siehe, da war ein rauchender Ofen, und eine brennende Fackel fuhr zwischen den Stücken hin.»[30] Gott hat diesen Bund geschlossen und er lässt ihn weiterbestehen, selbst wenn das jüdische Volk schläft.

Abraham blickte in die Zukunft. Als seine Frau Sara starb, wollte er sie in *Hebron* begraben, wo sie damals wohnten. Er beabsichtigte, die Höhle *Machpela* zu kaufen. Die Hetiter, die in Hebron lebten, boten Abraham die Grabhöhle ohne Bezahlung an, was dieser ablehnte; er zahlte Efron den vollen Kaufpreis dafür, so wurde sie zu Abrahams Familiengrab.[31] Hebron ist daher das erste Gebiet, das Juden im Land Israel käuflich erwarben. An diesem Ort hatte Abraham dem Herrn zudem schon früher einen Altar gebaut[32] und dort verkündeten ihm die himmlischen Boten, er würde Nachkommen haben.[33]

Wie vorausschauend war es doch von Abraham, dass er für das Grab bezahlte, denn heute ist diese Stadt der Väter und Mütter ein im Nahen Osten höchst umstrittenes Gebiet. In gewisser Weise könnte man Hebron sogar bezeichnen als umstrittener als Jerusalem, und es ist bemerkenswert, dass *König David* siebeneinhalb Jahre in Hebron regierte, bevor er in Jerusalem den Thron bestieg.

Das Wort *Machpela* bezeichnet im Hebräischen «Paare» oder «Doppelungen»; seine Bedeutung erfüllte sich also, als die Patriarchen und Matriarchinnen dort paarweise bestattet wurden: Abraham und Sara, *Isaak* und *Rebekka* (19. Jh. v. Chr.) sowie *Jakob* und *Lea* (18. Jh. v. Chr.). Der Name *Hebron* hat im Hebräischen viele Bedeutungen: Ganz grundlegend bedeutet er «Einheit» oder «Vereinigung», er bezeichnet auch einen «Freund». Das ist aus folgendem Grund bemerkenswert: Derselbe Abraham, der den Grundstein für die jüdische Präsenz in Hebron legte, ist der einzige Mann in der Bibel, den Gott seinen Freund nannte.[34] Die Geschichte des jüdischen Volkes hat also, was den Ort angeht, in Hebron ihren Anfang genommen und, was den Menschen angeht, mit Abraham.

Nach Abrahams Tod offenbarte sich Gott erneut und bestätigte seinen ewigen Bund sowohl dem Isaak als auch dem Jakob. Eines Nachts erschien er Isaak in Beerscheba: «In der Nacht nach seiner Ankunft erschien ihm der HERR und sprach: ‹Ich bin der Gott deines Vaters Abraham. Hab keine Angst, denn ich bin bei dir! Ich will dich segnen und dir viele Nachkommen geben, weil ich es meinem Diener Abraham so versprochen habe!› An dieser Stelle baute Isaak aus Steinen einen Altar.»[35]

Gott zeigte sich auch Isaaks Sohn Jakob, und zwar zwischen Beerscheba und Haran in einem Traum, in dem Jakob eine Leiter erblickte, die bis in den Himmel reichte: «Oben auf der Treppe stand der HERR und sagte zu ihm: ‹Ich bin der HERR, der Gott Abrahams und Isaaks. Das Land, auf dem du liegst, werde ich dir und deinen Nachkommen geben! … Und durch dich und deine Nachkommen sollen alle Völker der Erde am Segen teilhaben.›»[36] Jakobs Geschichte ist eigentümlich: Er täuschte andere und wurde selbst getäuscht. Sein Name bedeutet «Fersenhalter» oder auch «Betrüger»; später gab Gott ihm einen neuen Namen: *Israel* –

«der mit Gott kämpft» und «Fürst Gottes». Obwohl Jakob einen neuen Namen bekam, bezeichnete sich der Gott der Bibel weiterhin als der Gott Jakobs, um daran zu erinnern, dass er Jakobs Gott war, auch als dieser sich noch falsch verhielt.

Jakobs Lebensgeschichte mit allen ihren Lügen und Kämpfen manifestiert sich auch in seinem Sohn *Josef.* Zu den sonderbarsten Ereignissen in Jakobs Leben gehört das Schicksal dieses seines zweitjüngsten Sohnes, der von seinen eifersüchtigen Brüdern in die Sklaverei nach Ägypten verkauft wurde. Dieses Geschehen sollte später große Bedeutung bekommen für die Formung und Prägung des Volkes Israel: Um 1700 v. Chr. herrschte in Kanaan und den umliegenden Gebieten eine große Hungersnot; Jakob war gezwungen, seine Söhne nach Ägypten zu schicken, wo es noch Getreide gab. Damals wussten Jakobs Söhne nichts vom Schicksal ihres Bruders, der in Ägypten zu einem mächtigen Herrscher geworden war. Josef erkannte seine Brüder sofort, sie ihn aber nicht. Nachdem er seinen Brüdern vergeben hatte, siedelte die gesamte Familie Jakobs nach Ägypten um.[37] Josef sagte zu seinen Brüdern: «Er [Gott] hat mich vorausgeschickt, um euch zu retten.»[38] Josefs Name bedeutet wörtlich übersetzt «Hinzufügung», was sehr symbolisch ist, da Gott Josef sowohl geistliche als auch materielle Besitztümer hinzufügte. Im Judentum gilt Josef als ein Typus des Messias.

Interessant: *Angelo Roncalli,* ein katholischer Priester, der im Holocaust Juden half, machte sich diese Aussage Josefs zu eigen;

später wurde er *Papst Johannes XXIII.* Seine Amtszeit 1958–1963 war von großer Bedeutung, denn die Erinnerung an die Kriegswirren war noch frisch. Zur Überraschung der ersten jüdischen Delegation, die Roncalli als frischgebackener Papst empfing, sagte er beim Betreten des Raumes: «Ich bin Josef, euer Bruder.» Diese Begegnung wurde im Jahr 2001 verfilmt, wobei der Film nach diesem Bibelvers benannt wurde. Ein weiterer Film über Angelo Roncalli erschien 2003.[39]

Nach dem Tod Josefs war es möglicherweise der Pharao *Ramses II.*, der die Israeliten zur Sklavenarbeit zwang. Er regierte 1290–1224 v. Chr.[40] und ist bekannt für seine Bauwerke. Die Bibel nennt zwar nicht seinen Namen, berichtet aber, dass der Pharao die Hebräer versklavte, um eine Stadt namens Ramses in Ägypten zu bauen. Sie wurden als Zwangsarbeiter eingesetzt und in ihrer Verzweiflung schrien sie zu Gott. Die biblische Beschreibung ihrer Sklaverei unterscheidet sich nicht von Schilderungen der Zwangsarbeit von Sklaven oder Gefangenen aus anderen Epochen. Höchst interessant ist, dass, als sich ihre Arbeitsbedingungen verschlechterten, Gott für das Volk bereits einen Retter auserwählt hatte, der sie in ihre Heimat zurückführen würde; für die Kinder Israel jedoch war es der Moment größter Verzweiflung. Gott hörte ihr Schreien und gedachte an seinen Bund mit seinem Volk: «Er hörte ihr Klagen und dachte an den Bund, den er einst mit Abraham, Isaak und Jakob geschlossen hatte. Ja, Gott hatte die Israeliten nicht vergessen; er wusste, was zu tun war.»[41] Mose wurde um 1300 v. Chr. geboren, rund 350 Jahre, nachdem Jakob mit seiner Familie nach Ägypten gekommen war. Mose wurde zunächst der Prinz von Ägypten und später Gottes auserwähltes Werkzeug, um das Volk Israel aus der Sklaverei herauszuführen.

Die Sklaverei wandelte sich schließlich zu einem Weg in die Freiheit. Wie viele andere Begebenheiten, so begann auch diese mit dem Gehorsam einer Person: Als Mose geboren wurde, hatte der Pharao gerade befohlen, alle männlichen Säuglinge der Hebräer umbringen zu lassen. Auch Mose hätte aufgrund dieses Befehls sterben sollen; doch seine Mutter verbarg ihn in einem Schilfkorb, den sie auf dem Nil aussetzte – und der Korb geriet direkt vor die Augen der Tochter Pharaos! «Irgendwann kam die Tochter des Pharaos zum Baden an den Fluss. Ihre Dienerinnen gingen am Ufer hin und her und warteten. Plötzlich entdeckte die Tochter des Pharaos den Korb im Schilf. Sie schickte eine Dienerin hin und ließ ihn holen. Als sie den Korb öffnete, sah sie den weinenden Jungen darin liegen. Sie bekam Mitleid und sagte: ‹Das ist bestimmt eins von den hebräischen Kindern.›»[42] Das mutige Handeln von Pharaos Tochter, diese gute Tat einer einzelnen Frau, brachte dem jüdischen Volk die Freiheit. Vermutlich gab es in ganz Ägypten sonst niemanden, der sich dem Befehl des Pharaos hätte widersetzen können; auch das hatte Gott schon vorausbedacht.

Warum musste der Befreier des jüdischen Volkes die ägyptische Weisheit erlernen? Das ist eine interessante Frage. Gott bereitete Mose in vieler Hinsicht auf seinen Auftrag vor; diesen Aspekt und das Eingreifen von Pharaos Tochter erwähnt *Stephanus* in seiner Verteidigungsrede vor dem *Sanhedrin*, dem Hohen Rat.[43] Der einstige israelische Oberrabbiner *Israel Meir Lau* hat als Kind den Holocaust überlebt, was höchst selten war; er blieb am Leben, weil im KZ ein russischer Kriegsgefangener ihm half. Am Holocaustgedenktag (*Jom HaSchoah*) 2009 bezeichnete der Würdenträger die Tochter Pharaos als die erste «Gerechte unter den Völkern» überhaupt; diesen Titel verleiht *Yad Vashem* an Nichtjuden, die ein hohes Risiko eingingen, um im Holocaust Juden zu retten.

Während des jüdischen Pessach, des Passahfests, das an den Auszug aus Ägypten erinnert, gedenkt man der vier Verheißungen Gottes,[44] die er erfüllte, als das Volk Ägypten verließ: sein Volk von seiner schweren Arbeit zu erlösen, es aus der Unterdrückung durch die Ägypter zu befreien, es zu retten und sein Gott zu sein. Auf dem Höhepunkt ihres Leidens hatte Gott bereits Mose als ihren Befreier vorbereitet. Das Volk hatte seinen Glauben schon fast verloren, dabei war die Befreiung so nahe! Die Freiheit kam schließlich dank Gottes (Gerichts-)Wunder und seinem Diener Mose, der das jüdische Volk durch die Wüste ins verheißene Land führte. Auf diesem Marsch (zirka 1280–1240 v. Chr) wurde aus den Israeliten eine Nation, geprägt sowohl von der Sklaverei als auch von der Wüstenzeit, in der sie Gottes Führung und Versorgung erlebte.

Ein Meilenstein in diesem Prozess war, als Gott ihnen am Berg Sinai die Thora gab; hier bekamen sie einen König und ein Gesetz: Der Herr selbst war Israels König, und er selbst gab ihnen das Gesetz. Diese gottgegebenen Gesetze sind sowohl der einende Faktor für das jüdische Volk als auch die Grundlage des westlichen Rechtssystems. Solange Gottes Gesetz das Fundament einer Gesellschaft bildet, genießt diese Ordnung und Stabilität; wird es verworfen, sind die Folgen erschreckend und unvorhersehbar.

Am Ende der Wüstenwanderung wurde schließlich *Jericho* erobert, seine Mauern stürzten ein. Für Juden und Christen veranschaulicht die Eroberung Jerichos den Mut und Glauben von *Josua* und *Kaleb.* 40 Jahre zuvor, als das Volk sich erstmals dem verheißenen Land näherte, hatte Gott Mose beauftragt, zwölf Kundschafter auszusenden, jeweils einen für jeden der zwölf Stämme, um das Land zu erkunden. Sie kehrten mit schlechten Nachrichten zurück: Natürlich sei das Land fruchtbar und wunderschön, doch die Israeliten würden niemals in der Lage sein, es zu erobern. Nur Josua und Kaleb glaubten, dass es möglich war; Kaleb sagte: «Wir sind stark genug, das Land zu erobern. Wir müssen nur losziehen und es in Besitz nehmen!»[45] Doch wegen seines Unglaubens zog das Volk damals nicht in das verheißene Land ein; stattdessen setzte es seine Reise vierzig nutzlose Jahre lang fort, bis das Land zwischen 1240 und 1220 v. Chr. doch noch erobert wurde. Nun ließen die Israeliten sich in verschiedenen Teilen des Landes nieder, gemäß den Grenzen, die jedem Stamm gesetzt wurden.

Aus der Generation, die Ägypten verlassen hatte, waren nur Josua und Kaleb übriggeblieben. Sie zeichneten sich aus durch Treue und Mut und waren unter denen, die nun das verheißene Land betraten, die Einzigen, die Ägypten als Erwachsene verlassen hatten. Über Kaleb sagte Gott: «Ganz anders dagegen mein Diener Kaleb: Er ließ sich nicht beirren und ist mir immer treu gefolgt. Darum werde ich ihn in das Land bringen, das er bereits gesehen hat. Seine Nachkommen sollen es besitzen.»[46]

Doch warum war ausgerechnet Jericho die erste Stadt, die von den Israeliten erobert wurde? Jericho lag etwa zehn Kilometer vom Jordan entfernt, an einer bereits ausgebauten Route. Wer also diese Stadt eroberte, kontrollierte den Zugang zum gesamten Land. Das ist die strategische Erklärung; allerdings ist auch von Interesse, dass Jericho unseres Wissens die älteste menschliche Siedlung der Erde war und ist; man datiert ihren Anfang auf siebentausend Jahre vor Josua. Als wollte Gott zeigen, dass alles Land ihm gehört! Selbst die älteste Siedlung der Welt untersteht seiner Macht.

Josuas hebräischer Name *Jehoschua* bedeutet «Gott ist Rettung». Josua respektierte Gottes Eigentumsanspruch auf diese Stadt, indem er aus dem eroberten Jericho nichts mitnahm – so haben Archäologen in den Ruinen Jerichos sogar jahrtausendealtes Getreide entdeckt; üblicherweise findet man das in eroberten und geplünderten Städten nicht. Eine weitere Stadt, die Josua eroberte, *Tel Hazor,* wurde nach ihrer Entdeckung (Grabungen seit 1928) im Jahr 2005 von der UNESCO zum Weltkulturerbe erklärt.[47]

«Danach fragte David den HERRN: ‹Soll ich nach Juda zurückkehren?› ‹Ja›, sagte der HERR, ‹geh wieder dorthin.› ‹In welcher Stadt soll ich mich niederlassen?›, fragte David weiter. ‹In Hebron›, bekam er zur Antwort … David war 30 Jahre alt, als er König wurde; er regierte insgesamt 40 Jahre lang: zunächst siebeneinhalb Jahre in Hebron als König über Juda und dann 33 Jahre in Jerusalem als König über Israel und Juda. Nachdem David König geworden war, unternahm er mit seinen Soldaten einen Feldzug gegen die Stadt Jerusalem … Doch David und seine Truppen eroberten die Festung Zion, die später ‹Stadt Davids› genannt wurde … So wurde Davids Macht immer größer, denn der HERR, der allmächtige Gott, stand ihm bei.»[48]

Seit Jahren wohne ich in Jerusalem, bin aber noch nie in der Davidsstadt gewesen. Vielleicht fragen sich meine Leser: Aber ist Jerusalem denn nicht als Ganzes die Stadt Davids? Doch, das ist es. Schon der Name «Jerusalem» hat tiefere Bedeutung, denn «Jeruschalajim» bedeutet nicht nur «Stadt des Friedens»; es bedeutet auch «vollkommen und ganz» und sogar «Erbe» oder «Vermächtnis». Schließlich ist Jerusalem Gottes vollkommenes Erbteil und auch das Vermächtnis, das David hinterließ. Der Ort, an dem David sich ursprünglich nieder-

gelassen hatte, ist jetzt eine Ausgrabungsstätte, die Aufschluss gibt über sein Leben und das der Könige nach ihm. – Ich schicke zwar Besucher dorthin, aber ich habe keine Ahnung, was ich selbst verpasse.

Im Januar 2013 bittet mich ein Rabbi, in der Davidsstadt einige Pastoren aus dem Ausland zu treffen. Ein Gefühl der Erwartung überkommt mich. Die Sonne scheint an diesem wunderschönen Wintermorgen, als wir seine Stadt betreten – die Stadt eines Harfenspielers, Kriegers und Poeten. Wundersame Klänge liegen in der Luft, als wir unsere Besichtigungstour beginnen, als würde der berühmte König selbst die Saiten zupfen. Sie berühren uns zutiefst, da wir die Bedeutung dieses Ortes kennen. Wir haben das Gefühl, seine Gegenwart zu spüren – die Gegenwart eines Königs, der Gott fragte, wohin er gehen und was er tun sollte, und der immer eine Antwort erhielt. Wir sehen Palastruinen, Wohngebäude, eingravierte Namen und königliche Siegel. Wir sind in der Vergangenheit.

Ich denke an König David.

Ich bin hier, wo du als König gelebt hast. Mein Bruder David, was machte dich zu einem Krieger nach Gottes Herzen? War es deine Demut? Immer warst du bereit, Buße zu tun. Mein Bruder, weißt du, dass wir jetzt hier sind? Hast du eine Ahnung davon, wie Gott durch dein Leben zu uns redet, Jahrtausende nach deinem Tod? Vor 3000 Jahren bist du hierhergekommen, doch deine Stadt beweist noch immer, dass dein Gott existiert.

Mein Bruder David, weißt du, dass deine Stadt die Stadt des großen Königs ist?

Die Stämme im Land Israel wurden um 1040 v. Chr. zu einem Königtum, so sagt es auch die Bibel. Etwa hundert Jahre zuvor, zwischen 1100 und 1220 v. Chr., begegneten sich in *Bethlehem Noomi, Boas* und *Ruth.* Die Jüdin Noomi und ihre Familie waren vor der Hungersnot ins Nachbarland Moab geflohen; nachdem Noomi dort ihre Familie verloren hatte, kehrte sie nur mit ihrer Schwiegertochter, der loyalen Moabiterin Ruth, nach Bethlehem zurück. Ruths vorbildliche Treue wurde belohnt: Nach ihrer Heirat mit Boas wurde sie Teil der Herkunftsfamilie von König David und reihte sich damit ein in den Stammbaum des Messias.

Im Buch Ruth findet man das Wort *Erlöser* bzw. *Erlösung* öfter als in jedem anderen Buch der Bibel. Bethlehem, die Stadt, aus der der Messias kommen sollte, bot den Ereignissen, die seinem Kommen vorausgingen, die angemessene Bühne.

Auch sonst deutet die Wortwahl im Buch Ruth auf eine weit entfernte Zukunft hin: Als die Leute von Bethlehem den Boas segneten, wünschten sie ihm, seine Frau möge werden «wie Rahel und Lea».[49] Warum wurden gerade diese beiden genannt und nicht Sara und Rebekka, die ihnen als Mütter Israels vorangegangen waren? Das hat zu tun mit Ruths besonderer Rolle in der Heilsgeschichte und damit, wie das Judentum das Kommen des Messias versteht: Rahel war die Mutter Josefs; für die Juden ist Josef ein Vorbild auf den Messias, weil er so gerecht war; Lea war die Mutter von Juda und der Messias muss aus dem Stamm Juda kommen, er ist der *Löwe aus dem Stamme Juda.* Ruths Zeitgenossen erlebten nicht mehr mit, was wir mittlerweile wissen: König David, aus dessen Dynastie und Familie der Messias abstammen sollte, war ein Nachkomme Ruths.

Die Bücher Josua und Richter erwähnen *Silo.* Silo war die religiöse Hauptstadt der Israeliten, 300 Jahre bevor Jerusalem diese Funktion erhielt. Dort in Silo versammelten sie sich, um die biblischen Feste zu feiern. Das hebräische Wort *Silo* ist einer der Titel des Messias, daher handelt es sich um einen prophetischen Namen; es kommt von dem Wort *schalva* – «Friede»: Der Messias wird der Friedefürst sein.

Der Prophet *Samuel* – «*Gott* erhört» (seine Mutter konnte nicht schwanger werden, doch Gott erhörte ihr Gebet und schenkte ihr Samuel) – wurde um 1110 v. Chr. geboren und wuchs im Heiligtum in Silo auf, betreut vom Priester *Eli.*

Auch der Name von König *David* – «Liebling» hat prophetische Bedeutung. David regierte Israel zirka 1010–970 v. Chr. Er war der bedeutendste Regent in der Geschichte des Volkes Israel; ihm gelang es, die Stämme zu einen, und sein Reich erstreckte sich von Syrien bis nach Ägypten und weit nach Jordanien hinein. In den 1990er Jahren fing man an, archäologische Beweise für das Königreich und die Herrschaft Davids im heutigen Israel und Jordanien zu entdecken. Man fand seinen Namen in Stein gegraben, wobei er als König bezeichnet wurde und als Haupt einer Familiendynastie; 1993 machten Archäologen in den Ruinen von *Tel Dan* in Nordisrael die Entdeckung einer Siegesstele, die ein Jahrhundert nach Davids Tod mit entsprechenden Gravierungen versehen worden war. Ähnliche Inschriften fand man in Moab (dem heutigen Jordanien), und eine dritte Bestätigung sind die Hieroglyphen auf den Mauern des großen Tempels von Karnak in Ägypten.[50]

Die Davidsstadt in Jerusalem geht zurück bis auf die Zeit Abrahams, der gesegnet wurde von Melchisedek, dem König von Salem. Sie befindet sich südlich des Tempelbergs, direkt außerhalb der Altstadtmauern des heutigen Jerusalem. In der Bibel ist das Wort «Zion» (hebräisch *Tzion*) ein Synonym für Jerusalem, auch wenn es später als Begriff für das gesamte Land Israel verwendet wird. *Zion* bedeutet «Kennzeichen» oder «Zeichen»; in diesem Fall hatte Gott Jerusalem gekennzeichnet als Wohnort für sich selbst. Die Stadt wird in der Bibel auch *Ariel* genannt – «Löwe»; und das ist eine Bezeichnung für den *Messias,* er ist der *Löwe von Juda.*

Höchstwahrscheinlich war für David ein sehr wichtiger praktischer Aspekt wichtig: Hier gab es ein Trinkwasserreservoir, das auch unter Belagerung gesichert werden konnte. Ein Besuch der Davidsstadt ist enorm eindrücklich; die archäologischen Funde zeugen von der Geschichte und der Realität der Bibel. Auch die geistliche Bedeutung ist offenkundig, befinden wir uns doch dort, «wo alles begann»: Auf dem Berg Moria war Abraham bereit, seinen einzigen Sohn zu opfern, und Jahrhunderte später starb Jesus, der Sohn Gottes, ganz in der Nähe, in Jerusalem.

Sein ganzes Leben lang war David dem Herzen Gottes nahe, und von allen Städten erwählte er sich Jerusalem zur Residenz. Jerusalem war von Anfang an Bestandteil von Gottes Plänen; als die Nation sich in zwei Königreiche spaltete, blieb Jerusalem die Hauptstadt von Juda, und wir wissen, dass David «in der Stadt Davids begraben wurde».[51]

Nachfolger Davids wurde 970 v. Chr. sein Sohn Salomo, er regierte 40 Jahre lang. Die Bibel berichtet uns, dass während seiner Regierungszeit Friede herrschte – was sehr treffend ist; sein Name *Schlomo* ist abgeleitet von dem Wort *schalom* – «Friede». Nach seinem Tod trennten sich die Stämme im Norden vom Königreich ab, wodurch die Nation in zwei Reiche gespalten wurde: Israel im Norden und Juda im Süden; Letzteres bestand aus den beiden Stämmen Juda und Benjamin. (Diese Namen sind von großer Bedeutung: *Juda* steht für «Lobpreis» und *Benjamin* für «Sohn meiner rechten Hand», d. h. Sohn der rechten Hand Gottes).

Die Bibel berichtet detailliert über die Geschichte dieser beiden Königreiche. Sie wurden von Monarchen regiert, von denen einige «taten, was dem HERRN gefiel»[52], während andere «taten, was dem HERRN missfiel»[53]. Trotz dieser größtenteils sehr traurigen Geschichte blieb Gott seinen Bündnissen treu; obwohl er alle Abscheulichkeiten sah, die im Land begangen wurden, war er sehr geduldig. Die Bibel berichtet uns sehr häufig, dass Gottes Geduld zusammenhing mit den Verheißungen, die er David gegeben hatte: «Doch Davids wegen gab ihm der HERR, sein Gott, eine Leuchte in Jerusalem … weil David getan hatte, was recht war in den Augen des HERRN …»[54]

Allerdings hatte es schwerwiegende Konsequenzen, wenn die Gebote Gottes gebrochen wurden. In seiner Barmherzigkeit sandte Gott Propheten zu den Königen von Israel und Juda; sie sollten sie warnen vor den sehr ernsten Folgen, die ihr Lebensstil mit sich bringen würde – und zwar nicht nur für die Könige, sondern auch für ihre Untertanen. Der Name des Propheten *Elia* bedeutet «mein Gott ist der Herr». Elia wirkte im Umfeld des korrupten Königs Ahab und seiner Königin Isebel, die zwischen 875 und 854 v. Chr. regierten. Er warnte sie, dass wegen ihrer Sünden kein Tropfen Regen fallen würde. Elia sollte sogar Feuer vom Himmel herabrufen, um die Propheten *Baals*, eines kanaanitischen Götzen, umzubringen, damit das Land wieder beregnet würde. Auch nach diesem Vorfall musste er mit seinen Warnungen erneut zum Königshaus gehen.[55] Seine Warnung wurde nicht hinreichend ernst genommen; die Bibel schildert die Konsequenzen: «Zur selben Zeit fing der HERR an, Stücke von Israel abzutrennen; denn Hasaël schlug sie im ganzen Gebiet Israels.»[56]

Den Propheten war vollkommen klar, dass Gott die Heere anderer Länder gebrauchen würde, um ihren prophetischen Aussprüchen Nachdruck zu verleihen. Bereits um 722 v. Chr. zerstörten die Assyrer Israel, und die zehn Stämme Israels wurden unter die Nationen zerstreut.[57] Besonders unverblümt sprach Jeremia das Wort des Herrn aus, das er empfangen hatte: «Wenn … dieses Volk sich aber von seiner Bosheit abwendet, dann werde ich meinen Entschluss ändern – ich lasse das angedrohte Unheil nicht über sie hereinbrechen.»[58] Die Propheten kamen niemals nur mit einer Gerichtsbotschaft, sondern sie überbrachten immer eine Botschaft Gottes, die die Möglichkeit zur Umkehr betonte; sie forderten die Israeliten auf, ihre Götzen aufzugeben, Gerechtigkeit zu üben und den Armen zu helfen; und sie verwiesen auf eine ferne Zukunft und die letzten Tage, die sich Jahrhunderte später ereignen sollen.

Da die Botschaft der Propheten nicht beherzigt wurde, kam es schließlich zur Vertreibung und Zerstreuung. Viele Propheten wirkten zwischen 700 und 400 v. Chr.; um 710 v. Chr. wurde Jerusalem mehrfach belagert, die ersten Deportationen begannen um 600 v. Chr. Bis heute kennt man im Judentum das Konzept des *churban* – «Zerstörung», «Katastrophe». Die Zerstörung des ersten Tempels war *der erste Churban.*

Gottes Bund mit seinem Volk galt aber weiterhin. Zur Bestätigung dieser Tatsache begann mit der Rückkehr der Juden aus dem Exil eine vollkommen neue Ära, genau wie die Propheten es vorausgesagt hatten: «Der Meder Darius, der Sohn von Xerxes, war König von Babylonien geworden. In seinem 1. Regierungsjahr forschte ich, Daniel, in den heiligen Schriften. Ich las dort, wie der HERR dem Propheten Jeremia ankündigte, dass Jerusalem siebzig Jahre in Trümmern liegen würde.»[59]

Kyrus, der nächste König von Persien, erklärte schließlich: «Wer von euch zu seinem Volk gehört, soll nun nach Jerusalem ziehen und beim Wiederaufbau des Tempels mithelfen, in dem der HERR angebetet wird. Denn er ist der Gott Israels, der in Jerusalem wohnt. Sein Segen möge euch begleiten!»[60] Die Bücher Esra und Nehemia beschreiben detailliert die Querelen um den Wiederaufbau von Tempel und Stadtmauer; er geschah unter den Drohungen der Feinde Israels, daher hielten manche auf den Mauern Wache, während andere am Bau mitwirkten – und so, wie Nehemia das beschreibt, wurde auch der moderne Staat Israel aufgebaut: «Allerdings baute von diesem Tag an nur noch die Hälfte der Männer an der Mauer weiter, die anderen hielten in ihren Rüstungen Wache und waren mit Lanzen, Schilden und Bogen bewaffnet. Sie standen mit ihren Offizieren hinter den Männern, die an der Mauer arbeiteten. Die Lastträger trugen mit der einen Hand das Baumaterial, in der anderen hielten sie eine Waffe.»[61] Aller Gefahr zum Trotz wurde der Wiederaufbau um 515 v. Chr. abgeschlossen. Das jüdische Volk lebte erneut im eigenen Land.

Und wieder erstarkte ein Reich – dieses Mal war es Griechenland. *Alexander der Große* ließ im 4. Jahrhundert v. Chr. die griechische Sprache und Kultur im gesamten Nahen Osten verbreiten. Mit der griechischen Kultur propagierte er den Glauben an viele Götter – mit der Lehre des Judentums unvereinbar; die Juden glaubten an einen einzigen Gott, und der hatte allen Götzendienst verboten. Im Jahr 167 v. Chr. wurde der Tempel in Jerusalem entweiht und damit erreichten die Spannungen ihren Höhepunkt. Alexander der Große war bereits verstorben; er hatte keinen Erben bestimmt, so wurde sein Königreich in drei Herrschaftsbereiche aufgeteilt und einer davon unterstand den Seleukiden.[62] Sie waren die Eroberer jener Zeit und kamen aus den Nationen griechischen Ursprungs.

Viele haben angenommen, dass der seleukidische Herrscher *Antiochus Epiphanes* (zirka 215–164 v. Chr.), der den Tempel entweihte, der Antichrist war, den Daniel prophezeit hatte.[63] Bei den griechisch-gesinnten Juden, die nicht länger Gottes Gesetzen folgen wollten, kam Antiochus Epiphanes gut an. In vielerlei Hinsicht handelte er also so, wie der Prophet es vorausgesehen hatte. Allerdings ist offensichtlich, dass Daniel das Ende der Zeit sah, genau wie Johannes es ausdrückte: «Schon jetzt sind viele Antichristen aufgetreten. Daran können wir erkennen, dass die Welt ihrem Ende entgegengeht.»[64] Antiochus war gewissermaßen ein Repräsentant der «aufkommenden Antichristen», die den einen Gott des Judentums verachteten. Zwar gelang es ihm, die griechisch-gesinnten Juden zu verführen; doch schaffte er es nicht, alle Juden zu überzeugen, ihren Glauben aufzugeben.

Für die gläubigen Juden war die Entweihung des Tempels der letzte Tropfen, der das Fass zum Überlaufen brachte; sie führte zu einem Aufstand um 167–160 v. Chr. unter der Führung von *Judas Makkabäus*. Man geht davon aus, dass diese Rebellion sowohl ein Krieg zwischen weltlich gesinnten Juden und ihren frommen Brüdern war wie ein Konflikt mit ausländischen Herrschern. Jedenfalls war sein Endergebnis die erneute Weihung des Tempels in Jerusalem im Jahr 165 v. Chr. Die Juden waren nun wieder ihre eigenen Herren im eigenen Land.

Allerdings stand schon ein neuer Herrscher bereit, um die Weltbühne zu betreten; daher war es nur eine Frage der Zeit, bis die Unabhängigkeit der Juden enden sollte. Um 750 v. Chr. wurde Rom gegründet an einem strategisch wichtigen Ort am Ufer des Tiber auf dem Apennin. In dem Jahrhundert, das der Geburt Jesu vorausging, beherrschte Rom bereits ein ständig wachsendes Imperium. Nach ihrem Sieg über Antiochus Epiphanes regierten die Makkabäer in Jerusalem autonom, doch bald kam es zwischen ihnen zu Streitigkeiten und Querelen; und diese Bürgerkriege waren der Grund, dass *Pompeius (der Große)* 63 v. Chr. Jerusalem eroberte. Erneut lebten die Juden nun unter Fremdherrschaft; genau in diese Situation wurde Jesus 6 v. Chr. hineingeboren, während der Herrschaft von *Kaiser Augustus,* der von zirka 27 v. Chr. bis 12 n. Chr. regierte.

«Zur selben Zeit brachte man einen Mann, der von Geburt an gelähmt war … Als Petrus und Johannes den Tempel betreten wollten, bat er auch sie um Geld. Sie blieben stehen, richteten den Blick auf ihn, und Petrus sagte: ‹Schau uns an!› Erwartungsvoll sah der Mann auf: Würde er etwas von ihnen bekommen? Doch Petrus sagte: ‹Geld habe ich nicht. Aber was ich habe, will ich dir geben. Im Namen von Jesus Christus aus Nazareth: Steh auf und geh!›»[65]

Im Sommer 2011 kommt meine Schwester aus Finnland nach Israel, um mich zu besuchen. Obwohl ich schon seit Jahren im Land lebe, habe ich seit langem Gottes Gegenwart nicht mehr so intensiv gespürt, nicht einmal an den heiligen Stätten. Wir fahren um den See Genezareth, und ich bin ständig den Tränen nahe. Überall kann ich die Nähe Jesu spüren. Alles in Galiläa erinnert mich an Jesus und seine Jünger.

Wenige Wochen zuvor hat Gott mir deutlich gesagt, ich solle mich im Jordan taufen lassen. Ich, die ich immer über diese Praxis geschmunzelt habe, beschließe zu gehorchen. Was für ein Wunder! Ich habe keine Ahnung, wer mich taufen wird; für diesen Auftrag schickt Gott seine Dienerin Carrie aus den Vereinigten Staaten. An diesem Morgen ist es am Wasser absolut still, niemand sonst ist am Strand. Ich weine, als Carrie mich im Wasser untertaucht, so wie es in einer Mikwe geschieht, dem jüdischen Tauchbad. Hat so auch Johannes der Täufer getauft? Von Kapernaum, der Stadt Jesu, nehmen wir zu Fuß den kurzen Weg über die Straße, und ich versuche, mich zusammenzureißen.

Wir erreichen den Ort, an dem Jesus seinen Jüngern nach seinem Tod und seiner Auferstehung begegnet sein soll. Damals brach gerade der Morgen an, die Jünger kehrten von einem erfolglosen nächtlichen Fischzug zurück. Petrus war, nachdem er Jesus verleugnet hatte, in seinen alten Beruf als Fischer zurückgekehrt – ein sehr passender Schritt! Er dachte, er müsste seinen alten Lebensstil wiederaufnehmen. Er wusste noch nicht, dass am anderen Ufer der Herr auf sie wartete. Petrus' Leben sollte sich kurz darauf für immer verändern – und damit der Lauf der ganzen Welt.

Am Strand dort gibt es herzförmige Steine; sie erinnern mich an die Liebe und Gnade, die Petrus veränderten. Erneut muss ich weinen: Die Realität dieser großen Liebe überwältigt mich. Sie ist so real, dass die Menschen kurz danach hofften, Petrus' Schatten würde auf sie fallen und sie heilen, wenn er in Jerusalem umherging – derselbe Petrus, der Jesus verleugnet hatte.

Diese herzförmigen Steine gibt es wirklich.

Im Frühjahr 2013 kehre ich nach Galiläa zurück. Ich will mir das Jesusboot anschauen, dessen antike Nägel bezeugen, dass es aus der Zeit Jesu stammt. Handelt es sich um genau das Boot, mit dem Jesus und die Jünger unterwegs waren? Wie erstaunlich, dass es die Zeit überdauert hat! Was für ein wundervoller Gedanke, dass ein Boot aus der Zeit Jesu gefunden worden ist. Ich denke an die Fischer, die Jesus erwählt hatte, um sein Leben mit ihnen zu teilen, und daran, wie diese ungebildeten Männer zu Männern Gottes wurden und seine Botschaft auf der ganzen Welt ausbreiteten.

Ich spüre eine so tiefe Verbundenheit mit ihnen, dass mir die Tränen kommen. Hier bin ich, an dem Ort, an dem auch sie waren.

3. | Von Galiläa bis Rom – Aus einer verfolgten Glaubensgemeinschaft wird eine Religion

✡

«Auch alle anderen Christen hier grüßen euch, besonders die im kaiserlichen Dienst.»[66]

Rom ist eine ewige Stadt, doch an Jerusalem wird sie niemals heranreichen. Wie oft habe ich Rom schon durchstreift, umgeben von seiner prächtigen Kunst, seinem herrlichen Stil und seiner beeindruckenden Geschichte. Es ist ein merkwürdiges Gefühl, durch seine Straßen zu wandern, inmitten der Zeitzeugen der Vergangenheit; man fühlt sich wie in einem großen Museum oder einer Archäologie-Ausstellung. Ich liebe den Zauber dieser Stadt, aber er symbolisiert nichts Himmlisches.

Rom erzählt uns von der Macht irdischer Herrscher. Der Titusbogen ruft einen zerstörten jüdischen Tempel in Erinnerung; doch inzwischen sind die Juden in ihr Ursprungsland zurückgekehrt, während das Rom aus Titus' Zeit nicht mehr existiert. Rom und seine Ruinen berichten von Gewaltherrschaft, lodernden Flammen, unterirdischen Gräbern und verfolgten Christen. Diese Stadt erzählt von einem Reich, das an seinen eigenen Lastern zugrunde ging; am Ende waren die römischen Legionen nicht mehr imstande, seine Grenzen zu verteidigen. Rom ist keine ewige Stadt, sondern ein Menschenwerk, das durch seine Trägheit zerstört wurde. Und dennoch gibt es Anklänge an die Bibel: Ich gehe auf der Via Appia, derselben Straße, die Paulus nach Rom nahm. Diese Straße gibt es immer noch.

Am meisten bewegt mich eine kleine Straße auf den Hügeln Roms; dort gibt es einen Punkt, der «Quo Vadis» heißt. Das ist eigentlich eine Frage: «Wohin gehst du?» In der Zeit der Christenverfolgung wurden Gläubige als menschliche Fackeln verbrannt; laut der Legende soll Petrus in einer dieser Nächte auf dem Absatz kehrtgemacht und voll Furcht die Flucht aus Rom angetreten haben. Genau in diesem Moment befand sich Jesus auf dem Weg in die Stadt, wo er Petrus begegnete. «Quo vadis Domine?» – «Wohin gehst du, Herr?», fragte Petrus, als er Jesus erkannte. «Ich gehe nach Rom, um mich dort erneut kreuzigen zu lassen, an deiner Stelle.» Als er diese Antwort hörte, kehrte Petrus um und ging nach Rom zurück. Er wurde kopfüber gekreuzigt, weil er sich nicht für würdig hielt, so zu sterben wie Jesus.

Es ist ein heißer, sonniger Tag, doch über dem Kolosseum, das immer im Schatten liegt, schwebt der Geist des Todes. Dieser Ort ist mit Blut besudelt. Nur weg von diesem Ort des Terrors, heraus aus den Schatten! Ich liebe dich, wunderschönes Rom, aber du machst mich auch traurig. Rom ist auf befremdliche und erschreckende Weise in die Kirchengeschichte eingegangen.

Um das Jahr 66 n. Chr. gelang es den Juden, Jerusalem aus der Hand der Römer zurückzuerobern; doch bereits 70 hatten die Römer wieder die Oberhand über die Stadt – dieses Mal zerstörten sie den zweiten Tempel. Alle Tempelschätze wurden geraubt, sie sind bis heute verschollen. Die letzte Befestigungsanlage, die die jüdischen Kämpfer halten konnten, war die Festung *Masada* hoch über dem Toten Meer – dank ihrer schwer zugänglichen Lage, wie jeder Besucher Masadas leicht feststellen kann. Die Römer konnten es sich nicht leisten, die Rebellen siegen zu lassen, daher nahmen sie die Festung ein. Als sie das Gipfelplateau erklommen hatten, empfing sie eine grässliche Stille; alles, was sie dort fanden, waren die Leichen von fast tausend Personen: Die Menschen hatten den Freitod vorgezogen, statt sich den Römern zu ergeben.

Dieses Szenario war Teil der Zerstörung des zweiten Tempels, Teil des *zweiten Churban,* des gewaltsamen Endes des Opferwesens im Judentum; nun musste sich dieses verändern: Es gab keinen Tempel mehr, deshalb konnten keine Opfer mehr dargebracht werden. Laut dem Talmud wurden sie nun ersetzt durch das Opfer des Herzens, das Gebet.[67]

132–135 führte *Simon Bar Kochba* eine Revolte gegen die Römer an; im Jahr 135 machten die Römer aus Jerusalem eine typisch römische Stadt und benannten Juda bzw. Judäa um in *Palästina.* Vergessen wir nicht, dass Gott dieses Land nach der Landnahme nie anders bezeichnet hat als «Israel» und «Juda». Da die Römer vom hartnäckigen Widerstand der Israeliten mehr als genug hatten, benannten sie das Gebiet absichtlich nach den historischen Feinden der Juden, den Philistern.

Nun begann die jüdische *Diaspora,* die Zerstreuung: Die Juden wurden gewaltsam über die ganze Welt verstreut. Die meisten brachte man als Sklaven nach Rom und in die umliegenden Gegenden, was Rom vermutlich zur ältesten fortbestehenden jüdischen Gemeinde in Europa macht. Erstaunlich, aber wahr: Römische Juden leben immer noch in Rom, das Römische Reich aber ist untergegangen. Aus der Geschichte wissen wir, dass sich Völker bei ähnlichen Zerstreuungen derart in die umliegenden Nationen assimiliert haben, dass sie nicht länger als eigenständige Volksgruppe erkennbar sind. Den Juden ist das jedoch nie passiert, trotz der andauernden Versuche, sie auszulöschen. Die Römer waren schon längst fortgerissen worden von den Strömen der Migration und ihrer eigenen Verdorbenheit, während selbst Zeiten der Verfolgung es nicht schafften, ein Volk zu zerstören, dessen Bund mit Gott Bestand hatte.

Seitdem ist die jüdische Geschichte weitergeschrieben worden in Quellen wie dem *Talmud* und dem *Midrasch.* Das Wort «Talmud» kommt aus dem Hebräischen und bezeichnet das *Lernen.* Der Talmud ist ein rabbinischer Kommentar zu zahlreichen Aspekten des jüdischen Gesetzes und seiner Anwendung auf verschiedene Situationen. Er schließt die *Mischna* ein, eine Sammlung aus dem 2. Jahrhundert nach Christus, die ihrerseits die *mündliche Thora* enthält. Ein weiterer Bestandteil des Talmuds ist die *Gemara*. Sie stammt aus dem 5. Jahrhundert und schließt sich an die Mischna und die Bibel an. Das Wort *Midrasch* ist ebenfalls hebräischen Ursprungs und bedeutet «suchen» oder «erforschen». Der Midrasch enthält detailliertere Interpretationen ausgesuchter biblischer Geschichten.

Eines muss uns von Anfang an bewusst sein: Als sich das Christentum entwickelte, wurde es zum Hauptakteur im jüdischen Drama. Nachdem Jesus und die Apostel gestorben waren, scheint ein wichtiges Ziel der christlichen Gemeinde die Abwendung von ihren jüdischen Wurzeln gewesen zu sein. Sollten wir eine einzige historische Entwicklung nennen, die mehr als alle anderen den Judenhass und die Judenverfolgung beförderte, dann müsste es die des Christentums sein. Diese historische Hauptfigur hasste die Juden – und gleichzeitig bekannte sie den Glauben an den jüdischen Gott.

Ihr starkes Zeugnis, das begann als eine Botschaft über Sünde, Buße und Vergebung – eine Botschaft, die auf der ganzen Welt verkündet werden sollte –, verkam zu einer religiösen Doktrin. Wenn man das Kolosseum besucht, muss man unausweichlich an den Tod der christlichen Märtyrer denken; doch in der römischen Arena wurde ihr Blut nicht wegen einer neuen Religion vergossen, dieser Gedanke wäre schrecklich. Ihr Opfer war zu groß, um tote Kathedralen und neue Lehrmeinungen hervorzubringen; doch genau das geschah: Sehr bald war das Christentum, wenn man es mit der Apostelgeschichte vergleicht, bis zur Unkenntlichkeit entstellt. Das Christentum wuchs in Zeiten der Verfolgung und breitete sich auf der ganzen Welt aus, aber viel zu schnell wurden die Verfolgten leider zu Verfolgern.

Die Christenverfolgung in Rom geschah unter der Herrschaft mehrerer Kaiser, wobei die Schärfe der Verfolgung vom jeweiligen Machthaber abhing. Die Anbetung von Kaiser Augustus begann erst nach seinem Tod, doch sie entwickelte sich zu einer Tradition: Soweit wir wissen, wurden alle Kaiser nach ihm als Götter verehrt. Die Christen litten damals also nicht primär wegen ihres Glaubens an Jesus unter Verfolgung, sondern weil sie sich weigerten, jemand anderen anzubeten; in ihrer Kompromisslosigkeit passte diese neue monotheistische Religion weder in die Tradition der Kaiserverehrung noch in eine polytheistische Gesellschaft. Wir wissen von Christenverfolgungen unter den Kaisern *Nero* im Jahr 64, *Trajan* 113, *Mark Aurel* 160–170, *Septimius Severus* 202–203, *Maximian* 235–236, *Decius* 250–251, *Valerian* 253–260 und *Diokletian* 303–312.[68] Trotz der Verfolgung – oder *wegen ihr,* was wahrscheinlich zutreffender ist – verbreitete sich das Christentum im gesamten Römischen Reich.

Nach rund 300 Jahren der Feindseligkeiten endete die Verfolgung mit der Anerkennung des Christentums als rechtmäßiger Religion. *Kaiser Konstantin der Große,* der von 306–337 regierte, führte diese Anerkennung ein und erklärte sich aus politischen Gründen zum Oberhaupt der Kirche. Im Jahr 380 machte *Flavius Theodosius* das Christentum zur Staatsreligion des Römischen Reiches und erklärte gleichzeitig andere Religionen für unrechtmäßig; bis Ende des 4. Jahrhunderts waren die meisten römischen Bürger zum Christentum konvertiert.[69] Die Christenverfolgung schien schnell vergessen; dabei sollte man doch meinen, sie hätte in der Seele des Christentums eine tief klaffende Wunde hinterlassen.

Als der christliche Glaube zur Staatsreligion wurde, veränderte sich das Gesicht der Verfolgung: Die ehemals Verfolgten wurden zu einer mächtigen Gruppe im Römischen Reich, was die Tür zum Machtmissbrauch weit aufstieß. Nun wurden die Grundprinzipien und Praktiken des Christentums ausgeformt, Ehrentitel und Positionen verdrängten Demut und Bescheidenheit. Die Kirchenväter begannen, biblische Prinzipien abzuwandeln und zu verändern hin zu einem System, das seine Wurzeln verleugnete und das Judentum verachtete; dieser Systemwechsel geschah zeitgleich mit dem Absturz Europas in das gewalttätige und finstere Mittelalter. Der Einfluss der Kirchenväter war so tiefgreifend und dauerhaft, dass wir bis heute den Zustand der Christenheit weltweit nicht begreifen können, ohne zuerst sie in den Blick zu nehmen. Denn auch wir sind Gefangene ihres Denkens.

Wie begann nun diese Entwicklung? Jesus und seine Jünger feierten die biblischen Feste und den von Gott bestimmten Ruhetag, den Sabbat. Wir wissen, dass *Kaiser Hadrian* während des *Bar-Kochba-Aufstandes* das Lesen der Bibel, die Beschneidung und das Halten des Sabbats verbot; dessen ungeachtet führte die Urgemeinde diese Praktiken weiter fort. Am Konzil von Nizäa im Jahr

325, dem ersten Konzil, einberufen von Kaiser Konstantin dem Großen, sehen wir, wie man mit voller Absicht begann, den christlichen Glauben vom Judentum zu distanzieren. Kaiser Konstantin verfolgte mit dem Konzil seine eigenen – politischen – Ziele; doch das nizänische Glaubensbekenntnis, das damals verabschiedet wurde, ist bis heute in fast allen Konfessionen und Denominationen im Gebrauch. Konstantin war in erster Linie Römer und als solcher ein Verächter des Judentums.

Der Kaiser war ein Kind seiner Zeit und damit stark von der griechischen Philosophie beeinflusst. Die griechische Denkweise begann schon bald, die Gemeinde zu prägen, trotzdem das griechische Denken dem jüdischen Verständnis diametral entgegengesetzt war und folglich das Gegenteil der Gedankenwelt von Jesus und seinen Jüngern. Konstantin begann als erster Kaiser, die Rechte der Juden zu beschneiden;[70] damals wurde beschlossen, Ostern zu feiern am ersten Sonntag nach dem Frühlingsvollmond – und damit nicht mehr zeitgleich mit dem Passahfest, das Jesus doch gemäß dem jüdischen Kalender begangen hatte. Konstantin der Große erklärte, die Hände der Juden seien mit Blut besudelt; daher könnte es nicht sein, dass ein christliches Fest sich mit ihren Feiertagen decke. So kann man mit Fug und Recht behaupten, unterstützt von den Kirchenvätern habe das Heidentum zur Zeit Konstantins Eingang in das Christentum gefunden.

Zudem wurde infolge des ersten Konzils von Nizäa das Kreuz zum Symbol des Christentums. Für uns Christen wurde es zwar zum Symbol der Liebe; doch für viele Millionen anderer Menschen stand es für Hass und Gewalt und in den Jahrhunderten nach dem ersten nizänischen Konzil wurden im Schatten des Kreuzes Juden ermordet. Im Jahr 364 beschloss das Konzil von Laodicea ein Gesetz zur Bestrafung sogenannter Judenchristen, die weiterhin zum Beispiel den Sabbat hielten.[71]

Zeitgleich mit der Distanzierung des Christentums von seinen Wurzeln wurde das Römische Reich immer stärker von anderen Ländern bedrängt und unter Druck gesetzt. Diese Veränderung geschah so allmählich, dass man nicht immer einen klaren Zusammenhang herstellen kann; doch ich bin fest davon überzeugt, dass langfristig gesehen das Ende Roms bereits im Jahr 70 seinen Anfang nahm, als die Römer den zweiten Tempel zerstörten.

Viele unmoralische Praktiken schwächten das Reich von innen. Wenn zum Beispiel Familien nur eine einzige Tochter haben wollten, wurden weibliche Neugeborene ausgesetzt und so auf Gedeih und Verderb den Menschen auf der Straße ausgeliefert – es versteht sich von selbst, dass viele das nicht überlebten; ein Vergleich mit der heutigen Abtreibungspraxis in der westlichen Welt ist nicht abwegig.

Ende des 4. Jahrhunderts war das geschwächte Römische Reich keine militärische Bedrohung mehr für die barbarischen Stämme, die gegen seine Grenzen anstürmten; Kaiser Konstantin hatte die Hauptstadt nach Byzanz verlegt und dieses «Konstantinopel» genannt (heute: Istanbul), wohl wissend, dass Rom schon damals nur noch im Osten stark war.

Auf den Untergang des Römischen Reiches folgte das Ende der gesamten klassischen Zivilisation; die Menschen fanden sich im Mittelalter wieder, das von Unsicherheit geprägt war. Damals gehörte die Kirche zu den wenigen Kräften, die es vermochte, Menschen um sich zu scharen. Erst *Karl der Große* entsprach wieder der Tradition der mächtigen römischen Kaiser, so wurde er im Jahr 800 vom Papst zum Herrscher des Römischen Reiches gekrönt. Karl versprach in seinem Amtseid, Kirche und Papst zu schützen, was ihn zu Kriegen bewegte und zu Massenexekutionen; er meinte wohl, so würden die Heiden die Botschaft des Christentums am ehesten begreifen – ein Beispiel, das die gesamte Geschichte durchzieht. Dieses Heilige Römische Reich, das mit Karl dem Großen seinen Anfang nahm, blieb im Mittelalter eine starke politische Kraft, konnte in turbulenten Zeiten aber nicht für wahre Stabilität sorgen.

Das Fundament der Kirche

> «Das ist die Botschaft, die wir von Christus gehört haben und die wir euch weitersagen: Gott ist Licht. In ihm gibt es keine Finsternis.»[72]

In der Zeit der Kirchenväter begann die Christenheit, Juden als weniger wert zu betrachten, als verdammt und der Gnade unwürdig – sowohl der Gnade Gottes als auch der Gnade der Menschen. Unter «Kirchenväter» versteht man Theologen und Lehrer bis 700, die kirchliche Dogmen festlegten; nach ihrem Verständnis waren Juden schlimmer als Heiden, aus dem einfachen Grund, dass sie der Wahrheit zwar begegnet waren, sie aber nicht angenommen hatten.

Diese Theologie nennt man die *Lehre der Verachtung*, sie ist der absolute Gegensatz zur *Theologie des Kreuzes.* Das Lehrkonzept der Verachtung wurde von dem jüdisch-französischen Historiker *Jules Isaac* (1877–1963) benannt und herausgestellt;[73] diese Lehre existiert immer noch und beeinflusst bis heute viele theologische Fakultäten und Kirchen. Eine der Konsequenzen ist das Bestreben, die Bibel «griechisch zu machen» – nicht im Sinne einer Übersetzung, sondern der Herabsetzung der Glaubwürdigkeit der Bibel sowie der Leugnung und Beraubung ihrer hebräischen Wurzeln.

Diese Tendenz stand nicht nur am Anfang eines Weges, sie ist bis heute in Bibelübersetzungen erkennbar, besteht doch ein (vielleicht unausgesprochenes) Übersetzungsziel häufig darin, das Judentum aus der Heiligen Schrift zu entfernen. Ein großer Bibellehrer unserer Zeit, *Derek Prince* (1915–2003), schreibt, viele Übersetzer, deren Werke noch heute im Gebrauch seien, hätten von den üblichen Übersetzungsprinzipien abweichen müssen, um die Bibel der herrschenden theologischen Meinung anzupassen (statt die Theologie an die Bibel anzugleichen).[74]

Die gesamte Doktrin des Christentums gründet sich auf den Glauben an den Tod Jesu, und für den machte man die Juden verantwortlich; das wurde im Europa des Mittelalters von den Kanzeln gepredigt, man sprach vom «Gottesmord» – *Deizid.*

Betrachten wir nun, was Jesus selbst über seinen Tod sagte, als er zu seinen Jüngern sprach: «Wie sollte sich aber dann erfüllen, was in der Heiligen Schrift vorausgesagt ist? Es muss alles so geschehen! ... Aber auch dies geschieht, damit sich die Vorhersagen der Propheten erfüllen.»[75] Bei der Kreuzigung Jesu waren sowohl Juden als auch Nichtjuden anwesend, wobei Letztere repräsentiert wurden durch Rom, das einen großen Teil der damals bekannten Welt beherrschte. Wie Jesus es in Matthäus 20 vorausgesagt hatte, wurde er an die Heiden überantwortet, «um ihn zu verspotten und zu geißeln und zu kreuzigen»[76]. Bei der Kreuzigung war durch die Römer quasi die ganze Welt präsent; folglich bekam die ganze Welt auch die Möglichkeit, die Auferstehung Jesu mitzuerleben, und die hat der ganzen Erde Hoffnung gebracht.

Eine weitere Lehre, welche die Gottesmord-Anklage untermauerte, war der *Mythos des Supersessionismus.* Er besagte, Israel habe seine Rolle in Gottes Plänen verspielt, die Christen seien nun das neue Israel Gottes. Einfach ausgedrückt: Die Juden hätten sich als auserwähltes Volk nicht bewährt, weshalb Gott zum Ersatz ein besseres brauchte; darum wird dieser Mythos in neuerer Zeit auch *Ersatztheologie* genannt. Je mehr die Juden zu leiden hatten, desto stärker glaubte man an diesen Mythos; die Kirchenväter waren überzeugt, dass die Juden ihre Strafe verdient hätten, ob vollständige Vernichtung oder endloses Umherwandern und Leiden – beides hielt man für eine angemessene Bestrafung.

Betrachten wir die Lage aus Sicht einer jüdischen Einzelperson, so verstehen wir, dass ein Jude nie wirklich als Individuum galt; er repräsentierte einfach sein Volk, das generell für «anders» gehalten wurde, und das löste Ängste aus. Daher wurde ein jüdischer Mensch als unmoralischer und gieriger Dämon angesehen und nicht als «Nächster» oder Mitmensch. Die damalige Gesellschaft gestand einem Juden weder einen eigenen Charakter zu noch irgendwelche Errungenschaften.

Die antisemitische Interpretation der Evangelien kam in allen Kirchenströmungen und bei allen Kirchenführern vor, sie erfasste sowohl die katholischen als auch die orthodoxen und protestantischen Kirchen. Die Kirchenväter während und nach dem Konzil von Nizäa verleugneten systematisch den Bund zwischen Gott und den Juden. Zu ihnen gehörten *Johannes Chrysostomos* (307–407), der die griechisch-katholische Kirche prägte; *Augustinus,* Bischof von Hippo (354–430), der oft als Vater der katholischen Kirche bezeichnet wird; *Eusebius* (263–339), Verfasser der «Kirchengeschichte» von Jesus bis ins Jahr 325; *Hieronymus* (347–420), der das griechische Neue Testament ins Lateinische übersetzte; *Cyrill von Alexandrien* (um 380–444) und *Ambrosius von Mailand* (330–397).

Was verband diese Gelehrten? Sie alle glaubten, Gott hätte seinen Bund mit den Juden aufgehoben. *Justinian* (100–165) veröffentlichte schon sehr früh die erste bekannte Darlegung dieser Doktrin; er vertrat die Auffassung, die Juden hätten ihr Recht auf die Bibel und die Propheten verloren, die gehörten nun der Kirche.[77] Laut dieser theologischen Sicht hatten die Juden weder das Recht auf eine unabhängige Position oder Existenz vor Gott noch auf eine Gottesbeziehung.

Möglicherweise waren die Kirchenväter sich nicht im Klaren über die weitreichenden Folgen ihrer Ansichten; vermutlich legten sie die Bibel falsch aus, indem sie Verheißungen, die eigentlich wortwörtlich zu nehmen waren, geistlich deuteten. Sie erfassten den hebräischen Hintergrund der biblischen Autoren nicht; und der unterscheidet sich stark von der griechischen Mentalität. Sie versinnbildlichten und interpretierten die Texte, dabei entspricht ein solches Vorgehen so gut wie nie dem Sinn und Zweck der Heiligen Schrift – denn die Bibel ist so konzipiert, dass jeder Mensch sie verstehen kann, aus welcher Kultur oder welchem Bildungsstand er auch kommen mag. Sie ist unzweideutig und bedarf keiner allegorischen Interpretation, worauf sich ausschließlich Theologen verstünden.

Leider zeitigte diese vergeistigte Theologie schon bald praktische Konsequenzen, da sie zum Gesetz der mittelalterlichen Gesellschaft wurde. Während des Mittelalters nahm die Macht der Kirche zu, nicht nur als religiöser Institution, sondern insbesondere als politischer Kraft. Sie beherrschte sowohl den europäischen Teil des früheren Römischen Reiches als auch einen Teil des heutigen Russlands. Den Menschen im Mittelalter war bewusst, dass sie in gewisser Hinsicht eine doppelte Identität hatten: Einerseits waren sie Untertanen und Eigentum des Königs, gleichzeitig gehörten sie der Kirche. Das mag erklären, wie der Antisemitismus der Kirchenkunst und Liturgie auch in soziale Strukturen Eingang finden konnte – und damit auch in die Sozialgesetzgebung der Fürstentümer und Städte: Die Juden konnten sich nicht auf Recht und Gesetz oder dessen Repräsentanten berufen, daher mussten sie abgesondert leben; das machte sie zu einem leichten Ziel von Gewalt, ein Zustand, der weit über das Mittelalter hinaus anhielt.

Eine schwere Anschuldigung war die *Blutanklage,* auch *Blutlüge* oder *Ritualmordlegende* genannt; sie tauchte 1144 in England auf und ist in verschiedenen Ausprägungen bis heute im Umlauf: Juden würden Christenkinder ermorden, deren Blut bräuchten sie für ihr Passahfest-Ritual.[78] Diese Anschuldigung führte zu vielen gewaltsamen antijüdischen Pogromen. *Papst Innozenz IV.* veröffentlichte 1247 eine päpstliche Bulle: «Juden dürfen nicht beschuldigt werden, in ihren Ritualen Blut zu nutzen …»[79] Dieser Satz wird in jüdischen Museen auf der ganzen Welt wiedergegeben, weil er treffend beschreibt, dass die oberste Kirchenleitung sehr wohl wusste, dass diese Behauptung nicht der Wahrheit entsprach.

Als sich das Christentum weiter ausbreitete, eignete sich die Kirche ausgedehnte Ländereien an und überall in Europa entstanden neue Kirchengebäude. Ein beliebtes Thema in der christlichen Kunst war der Vergleich zwischen zwei Religionen: der «Ecclesia» und der «Synagoge». Ein klassisches Beispiel dafür ist das Straßburger Münster, das um 1230 in dieser wunderschönen Stadt errichtet wurde: An der Fassade dieser Kathedrale begibt sich das Judentum in Gestalt einer Frau beschämt auf die Flucht, während das Christentum als triumphierende Heldin dargestellt wird. Die Skulpturen aus Holz und Stein am *Erfurter Dom* in Thüringen und das Taufbecken in der *St. Mary's Church* im englischen Prestbury sind weitere bekannte Beispiele für diese Art antisemitischer Kunst. Die europäische Kunst zu betrachten, ist ein wahrer Augenöffner.

Jahrhunderte später sieht man die Geschichte in einem anderen Licht. Das Kirchenrecht, das darauf abzielte, Juden vom Rest der Gesellschaft zu isolieren, ist ein Paradebeispiel für die weitreichenden Folgen des Antisemitismus; seine Auswirkungen auf spätere Zeiten sind offensichtlich: Das Vierte Laterankonzil von 1215, eine Bischofssynode, erließ einen europaweiten Beschluss, dessen Umsetzung wurde in den Ländern unterschiedlich gehandhabt; er sah vor, dass Juden sich mit einem gelben Stück Stoff kenntlich machen mussten – 1941 wurden sie mit einem gelben Stern markiert. 1267 wurden die Juden genötigt, in Ghettos zu leben («Judenviertel», «Judengasse») – 1939 erließ *Reinhard Heydrich* genau denselben Befehl. Heydrich war jedoch kein Kirchenführer, sondern ein SS-Obergruppenführer der Nationalsozialisten und Chef der Sicherheitspolizei; als solcher war er für die Planung und Umsetzung der «Endlösung der Judenfrage» zuständig. Heydrich wurde 1904 geboren in Halle an der Saale. Er gehört zu den berühmtesten Nazi-Größen, was zum Teil daran liegt, dass der tschechoslowakische Widerstand ihn 1942 ermordete.

Die entscheidende Frage ist jedoch: Warum ist es so schwierig, einen Unterschied zu erkennen zwischen Heydrich und den Bischöfen, die das Kirchenrecht erließen? Der bloße Gedanke lässt einen erschauern.

Einer der glühendsten antisemitischen Theologen war *Johannes Chrysostomos*, Erzbischof von Konstantinopel und Kirchenvater, als Heiliger verehrt sowohl von der russisch-orthodoxen als auch der römisch-katholischen Kirche.[80] Tatsächlich nannte man ihn wegen seiner begnadeten Redekunst *Goldmund*. Über die Gnade Gottes sagte er: «Gott wird ein Gott des Trostes und der Gnade genannt. Denn er ist unermüdlich damit beschäftigt, die Bekümmerten und Niedergeschlagenen zu ermutigen und zu trösten, selbst wenn diese zehntausendmal gesündigt haben sollten.»[81]

Allerdings beschuldigte derselbe sanftmütige Mann die Juden, dem Teufel in ihren Synagogen eine Heimstatt gegeben zu haben und Götzen anzubeten, was natürlich im Judentum eine der schrecklichsten Sünden darstellt. Chrysostomos bezeichnete Juden als «Hunde», als «halsstarrig» und warf ihnen «Fressen und

Saufen» vor. Als «unvernünftige Tiere» eigneten sie sich nur noch zur Schlachtung.[82] «Nicht nur ein Hurenhaus und ein Theater ist die Synagoge, sondern eine Räuberhöhle und ein Unterschlupf für wilde Tiere», schreibt der Kirchenvater, der das jüdische Gotteshaus auch «die Höhle eines unreinen Tieres» und «eine Behausung für Dämonen» nannte, einen Versammlungsort derer, die Christus gekreuzigt hätten.[83] «Deswegen hasse auch ich die Juden, weil sie im Besitz des Gesetzes gegen das Gesetz freveln ...»[84] Da Gott die Juden hasse, sei es die Pflicht aller Christen, dasselbe zu tun.[85] Er erklärte auch: «Du siehst, dass Dämonen in ihren Seelen wohnen, und schlimmer als die früheren sind die jetzigen. Dies ist auch ganz verständlich. Damals nämlich waren sie gegenüber den Propheten nicht fromm, jetzt freveln sie gegen den Herrn der Propheten selbst ... Muss man sie denn grüßen und ganz normal mit ihnen reden, muss man nicht vielmehr sich von ihnen abwenden als von einer gemeinen Schande und Krankheit für die ganze Welt? Haben sie nicht jede Art von Schlechtigkeit verübt?»[86] Es ist mir unmöglich, weitere seiner Gedanken zu zitieren; doch wir erhalten einen Einblick in seine Sicht auf die Juden.

Augustinus, dessen Ansichten später zu den Maßnahmen der Kirche gegen die Juden in ihrem Hoheitsbereich führten, dieser Kirchenvater also vertrat folgende Meinung: Die Juden sollten nicht umgebracht werden, doch solle man dafür sorgen, dass sie ein erbärmliches Dasein fristen müssten. Als Grundlage zog er hauptsächlich die Bibel heran und zwar das Schicksal Kains: «In der Bibel heißt es nicht: ‹Verflucht sei der Ackerboden›, sondern vielmehr: ‹Verflucht seist du [Kain] vom Ackerboden hinweg, der seinen Mund aufgerissen hat, das Blut deines Bruders von deiner Hand zu empfangen!› Das ungläubige Volk der Juden wird also vom Ackerboden hinweg verflucht, das heißt, von der Kirche hinweg, die im Sündenbekenntnis ihren Mund aufgerissen hat, um das Blut zu empfangen, das für die Sündenvergebung durch die Hand des Volkes vergossen wurde, das beschlossen hat, sich nicht der Gnade zu unterstellen [d. h. der Errettung durch Jesus Christus], sondern unter dem Gesetz zu leben [d. h. das jüdische Gesetz anzunehmen].» Weiter schreibt er: «Und dieser Mörder wird von der Kirche verflucht, das bedeutet: Die Kirche bekräftigt und bekennt den Fluch, den der Apostel ausgesprochen hat: ‹Denn alle, die aus Gesetzeswerken sind, die sind unter dem Fluch …›»[87]

Paulus hingegen schreibt klar und deutlich: «Damit ihr das nicht falsch versteht und auf die Juden herabseht, liebe Brüder und Schwestern, möchte ich euch ein Geheimnis anvertrauen: Ein Teil des jüdischen Volkes ist verhärtet und verschlossen für die rettende Botschaft. Aber das wird nur so lange dauern, bis die volle Anzahl von Menschen aus den anderen Völkern den Weg zu Christus gefunden hat. Wenn das geschehen ist, wird ganz Israel gerettet … Denn Gott fordert weder seine Gaben zurück, noch widerruft er die Zusage, dass er jemanden auserwählt hat.»[88]

Die Reformation im 16. Jahrhundert war eine Gegenreaktion auf die schlimmsten Exzesse der katholischen Kirche; sie spaltete das Christentum im Westen in zwei Lager und stellte Männer wie *Jan (Johannes) Hus* (um 1369–1415), *Martin Luther* (1483–1546) und *Johannes Calvin* (1509–1564) ins Rampenlicht der Geschichte. Gnade rückte in den Mittelpunkt des Christentums, und die Bibel wurde übersetzt, sodass jedermann das Wort Gottes selbst lesen konnte. Zwar lehnte die Reformation die katholische Kirchentradition weithin hab, doch deren Antisemitismus behielt sie in vielerlei Hinsicht bei; Jahrhunderte später hatte sich nichts geändert. Die großen deutschsprachigen Reformatoren des 16. Jahrhunderts, die den Protestantismus begründeten, setzten die schrecklichen, gewaltverherrlichenden Reden der Kirchenväter fort.

Luther begann seinen Kampf gegen den Ablasshandel, indem er am 31. Oktober 1517 seine 95 Thesen an die Tür der Schlosskirche von Wittenberg nagelte. Schnell fanden seine Thesen und andere Schriften weitläufige Verbreitung; für die katholische Kirche war er eine so große Bedrohung, dass sie ihn 1521 exkommunizierte. Zu dieser Zeit genoss Luther bereits große Unterstützung vonseiten der deutschen Bauern; später schlossen sich viele Landesfürsten, die verschiedene Teile Deutschlands beherrschten, der Reformation an (und beteiligten sich an den darauffolgenden Kämpfen) mit der Folge, dass viele andere Reformatoren Luthers Lehren übernahmen. So konnte Luther ganz Europa in die Reformation und die Entstehung des protestantischen Christentums einbeziehen.

Offensichtlich war Luther weder von Anfang an Antisemit noch wandte er sich vorrangig gegen die Juden, ganz im Gegenteil: In seinem 1523 veröffentlichten Buch *Dass Jesus Christus ein geborener Jude sei* betont er insbesondere die jüdischen Wurzeln und den jüdischen Hintergrund des Christentums. Luther glaubte, der Katholizismus und seine Glaubenslehre hätten die Juden abgestoßen; dem protestantischen Christentum, das er nun vorlegte, würden sie sich aber anschließen. Anders ausgedrückt: Juden würden in großer Zahl begreifen, dass seine Ideen richtig waren, und sich daraufhin zum Christentum bekehren.

Doch die Jahre vergingen, der Reformator wurde älter und die Juden traten noch immer nicht zum protestantischen christlichen Glauben über; so wurde Luther zum verbitterten und enttäuschten Judenfeind. Er verfasste stark polemische Streitschriften gegen die Juden, die gipfelten in dem Werk *Von den Juden und ihren Lügen,* das 1543 erschien. Zusätzlich zu seiner Enttäuschung über die angebliche Blindheit der Juden können wir natürlich auch seinen persönlichen Hintergrund nicht außer Acht lassen; Luther war ein Reformator, doch er kam aus der alten katholischen Tradition. Als Kind seiner Zeit, Mönch und Professor der Theologie war er mit antisemitischem Gedankengut sehr vertraut.

Luthers antisemitische Erklärungen und Schriften wurden oft als Basis für späteren Antisemitismus herangezogen; viele Jahrhunderte später wiederholte man sie in absolut weltlichem antisemitischen Kontext.[89] Er stellte die Juden dar als gierige Gottesläterer und Mörder; als Pfeiler seiner Verachtung gebrauchte er das Wort *Verjudung* für eine Art elementares Judentum – dieses befleckte seiner Ansicht nach auch die Juden, die zum Christentum konvertiert waren.

Auf die rhetorische Frage: «Was wollen wir Christen nun mit diesem verworfenen, verdammten Volk der Juden tun?», antwortete er: «Erstlich, dass man ihre Synagogen oder Schulen mit Feuer anstecke und, was nicht verbrennen will, mit Erde überhäufe und beschütte, dass kein Mensch einen Stein oder Schlacke sehe ewiglich ... Zum zweiten: dass man ihre Häuser desgleichen zerbreche und zerstöre ... Zum dritten: dass man ihnen alle Betbüchlein und Talmudisten nehme, worin solche Abgötterei, Lügen, Fluch und Lästerung gelehrt wird ... so möge man sie, wie gesagt, zum Lande austreiben.»[90] Genau wie viele seiner Vorgänger betrachtete Luther das Leiden der Juden als Bestätigung, dass Gott sie verstoßen hätte.

Diese Gesinnung ist eine Tatsache, und je intensiver wir uns damit befassen, desto besser verstehen wir, wie die Kirchenväter noch Jahrhunderte später als Inspiration für antisemitisches Gedankengut dienen konnten – einschließlich der Nazi-Ideologie. So zitierten führende Nationalsozialisten in ihren Reden zum Beispiel Chrysostomos und Luther. Ungeachtet seiner katholischen Herkunft mochte Adolf Hitler den deutschen Reformator besonders; in Nazi-Deutschland wurden die Werke Luthers (und der Kirchenväter) publiziert. In den Kriegsverbrecherprozessen nach

1945 vermittelte *Julius Streicher* (1885–1946), Herausgeber der antisemitischen Wochenzeitung «Der Stürmer», interessante Einblicke in eine wichtige Dynamik. Er war ursprünglich Lehrer gewesen, machte jedoch in der NSDAP eine steile Karriere; die «Nachrichten» seiner Zeitung bestanden aus Berichten über vermeintliche jüdische Ritualmorde, die Finanz-Machenschaften der Juden und ähnlicher Propaganda. In seinem Prozess erklärte Streicher, an seiner Stelle säße Martin Luther auf der Anklagebank, würde die Anklagevertretung dessen Buch *Von den Juden und ihren Lügen* in Betracht ziehen.[91]

Eine sehr konkrete Darstellung von Antisemitismus, die seit Jahrhunderten besteht, sind die *Passionsspiele,* die auf das Mittelalter zurückgehen: Als die Bibel noch nicht in die Gemeinsprachen übersetzt worden war, wollte die Kirche sicherstellen, dass die Menschen ihren Inhalt verstünden. Insbesondere zur Osterzeit stachelten diese Spiele das Volk an zu gewalttätigen Angriffen auf die Judenviertel und Judengassen. Die Rolle der Juden als Christusmörder wurde betont durch verschiedene Anschauungsbeispiele, während man Jesus und seine Jünger als Vertreter der Christenheit darstellte.

Die wohl bekanntesten Passionsspiele finden im bayerischen Oberammergau statt; obwohl die deutsche Reichsregierung 1942 aufgrund der immensen Kriegsanstrengungen unter großem Druck stand, nahm Hitler sich die Zeit, extra zu den Spielen anzureisen. Danach kommentierte er, die Aufführung stelle die Bedrohung durch das Judentum eindrücklich dar, weshalb es sehr wichtig sei, die Passionsspiele auch weiterhin aufzuführen.[92] Diese Aussage reicht wohl aus, um zu erklären, worum es bei diesen Spielen eigentlich ging.

Wer aber ist nun dieser Jesus, dessen jüdische Identität geleugnet wurde? Jesus, der ganz Mensch und gleichzeitig Gottes Sohn ist, wurde als Jude geboren. Er sagte: «Das Heil der Welt kommt von den Juden.»[93] Das Gesicht Jesu ist ein jüdisches Gesicht. Wäre Jesus heute mitten unter seinem Volk auf den Straßen Jerusalems unterwegs, würde er nicht auffallen. Er ist der leidende Knecht und der siegreiche König, doch er ist auch Jude. Das Christentum kann ohne das Judentum nicht existieren; das Judentum hingegen ist gegenüber dem Christentum eigenständig.

Was also ist Antisemitismus? Nicht Hass auf die Juden, sondern Hass auf das Judentum. Antisemitismus ist Rebellion gegen die Erwählung Gottes und damit Rebellion gegen Gott selbst. Antisemitismus besteht aus Verblüffung und Wut darüber, dass der Messias durch Davids Familie in die Welt kam, als jüdischer Mann. Antisemitismus leugnet die Wahrheit; denn wenn das Christentum Gott treu bleiben will, kann es seine jüdischen Wurzeln nicht verleugnen. Wäre Jesus kein Jude, gäbe es zwischen Judentum und Christentum keine Verbindung.

Antisemitismus kann nur funktionieren, wenn man Jesus seine jüdische Identität abspricht. Was hat Jesus selbst dazu gesagt? Matthäus 5,17–19 zeigt Jesu Haltung zur Bibel und zu Gottes Gesetz: «Meint nur nicht, ich sei gekommen, das Gesetz und die Worte der Propheten aufzuheben. Nein, ich will sie nicht aufheben, sondern voll zur Geltung bringen! Ich versichere euch: Nicht der kleinste Buchstabe im Gesetz Gottes – auch nicht ein Strichlein davon – wird je an Gültigkeit verlieren, solange Himmel und Erde bestehen. Alles muss sich erfüllen. Wenn jemand auch nur das geringste Gebot Gottes für ungültig erklärt und andere dazu verleitet, dasselbe zu tun, wird er in Gottes himmlischem Reich nicht viel bedeuten. Wer sich aber nach Gottes Geboten richtet und sie anderen weitersagt, der wird in Gottes himmlischem Reich großes Ansehen haben.»

Jesus kleidete sich wie ein jüdischer Mann und feierte die jüdischen Feste: «Nachdem seine Brüder nach Jerusalem gereist waren, ging auch Jesus dorthin, allerdings heimlich und ohne öffentlich in Erscheinung zu treten … Als die Festwoche zur Hälfte vorüber war, ging Jesus in den Tempel und lehrte dort öffentlich.»[94] Dabei handelte es sich um das Laubhüttenfest: «Am letzten Tag, dem Höhepunkt der Festwoche, trat Jesus wieder vor die Menschenmenge und rief laut: ‹Wer Durst hat, der soll zu mir kommen und trinken! Wer an mich glaubt, wird erfahren, was die Heilige Schrift sagt: Von seinem Inneren wird Leben spendendes Wasser ausgehen wie ein starker Strom.›»[95]

Um zu verstehen, was Jesus damit meinte, müssen wir erfassen, was bei diesem großen Fest geschah. Ein Brauch des Laubhüttenfestes betraf Wasser – eine Priester-Prozession schöpfte Wasser aus dem Teich von Siloah und brachte das gefüllte Gefäß in den Tempel, gefolgt von einem großen Festumzug, der die Lobpreispsalmen sang (Psalmen 113–118). Am siebten Tag des Festes unternahmen sieben Prozessionen diese Wanderung, die darin gipfelte, dass der Priester das Wasser über dem Alter im Tempel ausgoss. Natürlich hat Wasser auch mit den im Herbst langersehnten Regenfällen zu tun, doch die Bedeutung war in diesem Fall rein geistlich; die Menschen warteten darauf, dass sich die Worte des Propheten Jesaja erfüllten: «Und mit Freuden werdet ihr Wasser schöpfen aus den Quellen der Rettung.»[96] Der Name «Jesus» ist abgeleitet von dem hebräischen Namen für Josua, *Jehoschua* – «Gott ist Rettung». Der hebräische Name Jesu, *Jeschua,* bedeutet also «Rettung». Daher bot Jesus sich als die Rettung an und als das lebendige Wasser, als die Erfüllung dessen, was Jesaja vorhergesagt hatte.

Johannes berichtet von einem weiteren Fest: «Es war Winter. In Jerusalem feierte man das Fest der Tempelweihe. Jesus hielt sich gerade im Tempel auf und ging in der Halle Salomos umher.»[97] Wie erstaunlich, dass dieses Fest im Neuen Testament erwähnt wird! Denn es ist kein Fest, das Gott für das Judentum festgelegt hätte, sondern ein Tag, an dem man eines außerbiblischen historischen Ereignisses gedenkt.

Warum feierte Jesus Chanukka? Jesus, der selbst das Licht der Welt war, feierte dieses Lichterfest, weil er zum jüdischen Volk gehörte. Doch Chanukka, das an die Rettung der Juden und die

Reinigung des Tempels erinnert, ist zweifellos auch ein messianisches Fest; daher ist es höchst bemerkenswert, dass Jesus sich gerade während Chanukka als der Messias offenbarte.[98] Das hebräische Wort *Maschiach* – «Messias» bedeutet «Gesalbter». Menschen werden mit Öl gesalbt, und das Thema dieses Festes hat viel mit Öl zu tun.

Am erstaunlichsten ist jedoch, dass Jesus am jüdischen Passahfest (hebräisch *Pessach*) starb. Man feiert es, um an die Befreiung aus Ägypten zu erinnern; das Wort *Pessach* bedeutet wörtlich «vorübergehen» oder «übergehen» und spricht von dem Todesengel, der die Ägypter schlug, an den jüdischen Häusern aber vorüberging. Ein wichtiges Element des Passahfests ist das Essen von ungesäuertem Matzenbrot (hebräisch *matzah*); als die Israeliten sich bereit machten, Ägypten zu verlassen, hatten sie zu wenig Zeit, den Brotteig säuern zu lassen, und daran erinnert das Fest der ungesäuerten Brote. Beim Passahfest denken die Juden auch an den verehrten Propheten Elia, dessen Wiederkunft man vor dem Kommen des Messias erwartet. Seit Jahrtausenden betet das jüdische Volk an Pessach darum, nach Jerusalem zurückzukehren.

Das dazugehörige Festessen wird *Seder* genannt – «Ordnung». Folglich hielt Jesus, als er mit seinen Jüngern das Abendmahl feierte, entweder das Sedermahl oder dessen Probelauf.[99] Erwähnenswert ist auch, dass es im Judentum eine starke Tradition gibt, die besagt, Weintrinken und Brotbrechen würden den Messias zu uns bringen. Der Rabbi *Menachem Brod* von der *Chabad-Bewe-*

gung, einem orthodoxen Zweig des Judentums, entfachte im April 2012 in der jüdischen Welt eine heftige Diskussion, als er erklärte: Brot und Wein im Judentum stünden ausdrücklich für den Leib und das Blut des Messias – was absolut zutreffend ist.[100] Bei der *seudat Maschiach* – «Festmahl des Messias» am siebten Tag von Pessach wird Brot gebrochen und Wein getrunken. Wie viele Christen kennen diese Tradition?

Obwohl das Neue Testament seinem Wesen nach ursprünglich jüdisch war, begann das Christentum schon bald, sich von seinen Wurzeln zu distanzieren. Es ist beängstigend zu beobachten, wie die Kirchenväter das Christentum schufen, dabei jedoch gleichzeitig seine jüdischen Wurzeln verachteten. Mit anderen Worten: Sie waren nicht fähig, folgenden Grundgedanken aus dem Jakobusbrief zu beherzigen: «Segen und Fluch kommen aus ein und demselben Mund. Aber genau das, meine lieben Brüder und Schwestern, darf nicht sein!»[101]

Doch noch beängstigender ist der Gedanke, Gott könnte sein Volk verstoßen haben. Die Annahme, die Gemeinde wäre das neue Israel und die Juden hätten zu Gott keine Verbindung mehr, ist furchterregend, offenbart sie doch eine Verachtung von Gottes ureigenen Worten und Bündnissen. Dieser Ansatz ist auch deshalb fürchterlich, weil er umgesetzt wurde mit Gewalt und durch Handlungen, die Gottes Geboten zuwiderlaufen.

Was dieses Gedankengut noch schlimmer macht, ist die Tatsache, dass es bis heute überlebt hat. Derek Prince fasste es so zusammen: Er habe das Wort «Israel» oder «Israelit» im Neuen Testament 79 Mal gefunden und nach eingehender Prüfung festgestellt, dass die Apostel das Wort «Israel» kein einziges Mal als Synonym für die christliche Gemeinde gebrauchten. Der Ausdruck «neues Israel» komme im Neuen Testament nicht vor; wenn Prediger ihn gebrauchten, müssten sie ihn also sehr sorgfältig definieren – und erklären, dass es sich nicht um einen biblischen Begriff handele.[102]

Was hat Gott selbst zu diesem Thema gesagt?

«Und wie man die Weite des Himmels und die Fundamente der Erde niemals ermessen kann, so werde ich Israel nicht verstoßen – trotz allem, was es getan hat. Darauf gebe ich, der HERR, mein Wort!»[103]

«Dann sprach der HERR zu Jeremia: ‹Hast du gehört, was die Leute sagen? Der HERR hat Israel und Juda als sein Volk erwählt, aber jetzt hat er es verstoßen! Mit Verachtung schauen sie auf die Israeliten herab, als wären sie gar kein Volk mehr. Doch ich, der HERR, sage: Meinen Bund mit dem Tag und der Nacht werde ich niemals brechen, und die Ordnungen von Himmel und Erde lasse ich für alle Zeiten gelten. Genauso sicher könnt ihr sein, dass ich die Nachkommen von Jakob und David nie verstoßen werde; immer wird einer von ihnen König sein über das Volk Abrahams, Isaaks und Jakobs. Dann will ich ihr Schicksal wieder zum Guten wenden und Erbarmen mit ihnen haben.»[104]

Es läuft Gottes Charakter zuwider, wenn wir Ansätze präsentieren, die mit der Wahrheit der Bibel überhaupt nicht übereinstimmen – einer Wahrheit, die so klar und deutlich formuliert worden ist, dass jeder sie verstehen kann. Wie kann es sein, dass diese Ansichten dennoch gepredigt werden, trotz der deutlichen Warnung Jesu in Matthäus 5? Sollten die Verheißungen Gottes für Israel tatsächlich auf die christliche Gemeinde übertragen worden sein, dann müsste, nach dieser Logik, dasselbe auch für die Flüche gelten, die Folge des Ungehorsams; dazu allerdings sagte Eusebius: Die Segnungen kämen nun den Christen zugute, die Flüche aber verblieben bei den Juden.

Ich hingegen glaube, dass die geistlichen Gesetze sowohl uns Christen gelten als auch auf dem Volk Israel; die Verheißungen, die jetzt auch uns Christen gelten, sind den Juden nicht genommen worden. Uns gelten dieselben geistlichen Gesetze wie ihnen. Dieses Prinzip kommt im Neuen Testament klar und deutlich zum Vorschein. Paulus formulierte es so: «Seid deshalb aber nicht hochmütig, sondern passt auf, dass es euch nicht genauso ergeht. Denn hat Gott die Zweige des edlen Ölbaums nicht verschont, wird er euch erst recht nicht schonen.»[105]

Das lässt unsere Lage als sehr ernst erscheinen, denn unsere Gemeinden sind alles andere als der Bibel gehorsam. Die heutige Situation ist schlimmer als je zuvor; die Wertschätzung von Gottes Wort in Kirchen und Gemeinden hat derart abgenommen, dass die Folgen unabsehbar sind. Statt die Bibel in den Mittelpunkt zu stellen, soll der Gottesdienst möglichst unterhaltsam sein. Die Wahrheit ist jedoch, dass alles aus dem Wort entstanden ist; Gott hat die Welt geschaffen durch sein Wort.[106]

Die Geschichte zeigt uns sehr deutlich, was mit der Gemeinde in den Jahrhunderten nach dem Tod Jesu geschah: Die mittelalterliche Kirche entfernte sich immer weiter von der Bibel. Sie wurde zu einer politischen Institution, die weltliche Herrscher und Monarchen skrupellos mit Reichtümern überhäufte. Die Distanzierung der Kirche vom Wort Gottes hatte ernste Folgen: Gewalt, Mord und Totschlag sowie Korruption aller Art breiteten sich aus; bald schon gehörten sie zum Alltag des Klerus und bahnten sich auch einen Weg in die Herzen des Volkes. Je öfter die Kirchenväter behaupteten, Gott hätte die Juden verflucht, desto stärkere und konkretere Flüche zog die Kirche auf sich. Auch wenn der Klerus zu verblendet war, um seinen wahren Zustand zu erkennen – die Kirchengeschichte belegt, dass diese Beobachtung rechtens ist.

Das gilt auch für unsere Zeit. Doch auch die Juden zahlten einen hohen Preis dafür, dass die Christenheit Gottes Wort verachtete, denn der Zorn der Kirche richtete sich gegen sie. Als Nächstes möchte ich Beispiele der wahren Folgen des Antisemitismus betrachten: Was geschieht, wenn Gedanken zu Worten und Worte zu Taten werden?

4. | Judenverfolgung im Mittelalter – Von den Kreuzzügen bis zu den Pestpogromen

«Den Weg zum Frieden kennt ihr nicht, und Aufrichtigkeit ist euch fremd! Lieber schlagt ihr krumme Wege ein. Keiner, der so lebt, weiß, was Friede ist.»[107]

Vor einigen Jahren gab es im Israel-Museum in Jerusalem eine Ausstellung über die Kreuzfahrer. Sowohl Juden als auch Muslime protestierten dagegen, doch die Ausstellung fand trotzdem statt. Ich sah sie mir nicht an; für mich war der Gedanke zu verstörend, diese grausamen Egoisten könnten irgendwie zu meinem Glauben dazugehören. Als würde ich als Christin glauben, dass man an den Kreuzzügen irgendetwas Gutes finden könnte. Waren die Ritter wirklich religiös motiviert? Ging es ihnen um finanzielle Interessen? Oder liebten sie einfach den Kampf? Wir können nicht in die Zeit zurückgehen, um herauszufinden, was die Menschen damals dachten; daher haben wir auf diese aufwühlenden Fragen keine Antwort. Können wir die Menschen damals verurteilen auf Grundlage dessen, was wir heute wissen? Wir wissen nur: Die Kreuzfahrer zeichneten sich durch eines besonders aus – durch ihre Grausamkeit.

Was bedeutet es eigentlich genau, Christ zu sein? Hat Christsein für mich dieselbe Bedeutung wie für meine jüdischen Freunde? Ich weiß, dass die Väter meines Glaubens tatsächlich die Propheten und Fischer der Bibel sind; aber habe ich auch eine Verbindung zu den Kreuzfahrern?

Schlummert in mir etwas Ähnliches, auch wenn ich Jahrhunderte später lebe?

Wie schon gesagt, mussten die Juden im Mittelalter in bestimmten Stadtvierteln wohnen und oft ein gelbes Stück Stoff auf ihrer Kleidung tragen, damit man sie leicht als Juden erkennen konnte. Im Museum von Yad Vashem sind verschiedene Arten von gelben Kennzeichnungen ausgestellt; häufig sind die Besucher überrascht, wenn sie feststellen, dass es nicht die Nazis waren, die den gelben Stern erfanden – vielmehr wurden Juden bereits im Mittelalter von der Kirche gezwungen, sich abzusondern. Man machte sie verantwortlich sowohl für Naturkatastrophen als auch für alle Arten von Grausamkeiten, die im Mittelalter im Schwange waren; es hat schon seinen Grund, dass diese Zeit als «finster» bezeichnet wird. In einer derartigen religiösen und kulturellen Atmosphäre, die die Diskriminierung von Juden nicht nur für akzeptabel, sondern sogar für wünschenswert hielt, ist es kein Wunder, dass man auch Gewalt gegen Juden für erstrebenswert erachtete. Ganz allgemein kann man in jeder Ära und Gesellschaft Folgendes beobachten: In Zeiten sozialer Veränderung und Verunsicherung brechen alle möglichen Wellen von Verfolgung und Gewalt los oder verstärken sich; folglich bot das Mittelalter viel Gelegenheit für spontane Ausbrüche des Volkszorns sowie für geplante Kampagnen.

In derselben Zeit, in der sich in den Kirchen großer Hass ausbreitete, wurden im Judentum wichtige Texte und Bibelauslegungen geschaffen. Viele bekannte Rabbis lebten während dieser Zeit. Interessant: Das finstere Mittelalter überschnitt sich mit dem goldenen Zeitalter des Judentums. Warum? Fokussierte sich die jüdische Gemeinschaft möglicherweise nach innen, wurde kreativer und introspektiver, je mehr die Verfolgung zunahm?

Das Phänomen der Kreuzzüge ist eng verbunden mit der Judenverfolgung; 1095–1291 gab es eine Reihe gewalttätiger Expeditionen (im heutigen Deutsch: Feldzüge) gegen die Menschen, die man als Feinde des Christentums betrachtete. Es war *Papst Urban II.,* der zum Ersten Kreuzzug aufrief – und die Kreuzzüge sind bis heute ein Schandfleck der Kirchengeschichte. Christliche Heere aus Europa unternahmen sie mit dem ausdrücklichen Ziel, das Heilige Land zu befreien, das damals unter muslimischer Herrschaft stand; insgesamt gab es acht große Kriegsexpeditionen, um dieses Ziel zu erreichen, und gleichzeitig fanden im Herzen Europas viele kleinere Kreuzzüge statt gegen die spanischen Muslime, die türkischen Osmanen, heidnische Slawen im Ostseeraum und allerlei «Ketzer».[108]

Zu diesen Unterfangen gehört die fürs Mittelalter typische Ritterkultur. Die Ritter, die an den Kreuzzügen teilnahmen, glaubten vielleicht schon, ihre Teilnahme habe religiöse Bedeutung; doch sie befriedigten damit auch ihr Bedürfnis nach Abenteuer und ihre Kampflust. Diesen Kriegern bot sich nun die Möglichkeit, zu rauben, zu töten und zu zerstören und gleichzeitig vom Papst Sündenvergebung zu empfangen – vielleicht hielten sie diese Sünden aber auch für Tugenden.[109]

Bevor die Ritter Europa überhaupt verließen, zerstörten sie auf ihrem Weg jüdische Gemeinden. Nicht nur ihrem Hass auf die Muslime, sondern auch dem Judenhass verliehen die Anführer der Kreuzzüge offen Ausdruck; so erklärten sie, sie wollten den Tod Jesu rächen und die Juden vollständig vom Erdboden austilgen. Die großen jüdischen Gemeinden am Rhein und an der Donau zum Beispiel wurden ganz ausgelöscht, insgesamt wurden viele Tausende ermordet. In Jerusalem wurden die dort lebenden Juden wie Vieh zusammengetrieben und in Synagogen gedrängt, die man dann in Brand steckte. Es gibt viele ähnliche Geschichten. Während diese Grausamkeiten geschahen, sangen die Menschen draußen vor der Synagoge dem jüdischen Messias Loblieder. Uns scheinen diese Ereignisse unvorstellbar; doch angesichts dessen, was wir aus unserer jüngeren Vergangenheit wissen, sind sie doch nicht so undenkbar. Diese Fortsetzung von Mordlust von einer Epoche zur nächsten ist entsetzlich. Die Geschichte wiederholt sich – es ändern sich nur die Methoden.

Es gab drei Hauptkreuzzüge ins Heilige Land, zusätzlich zu vielen weiteren Glaubensfeldzügen anderer Art. Der allererste Kreuzzug ab 1096 bestand hauptsächlich aus einem überschaubaren Haufen von Bauern mit ihren Frauen und Kindern; er wurde in Anatolien von Muslimen ohne größere Mühe überwältigt. Diesem «Kreuzzug der Bauern» folgte im selben Jahr eine größere Gruppe von Rittern; 1099 eroberten diese Jerusalem. Damals entstanden im Heiligen Land vier Kreuzfahrerstaaten; man baute Festungen und regierte diese Staaten nach dem in Europa vorherrschenden Feudalsystem.

Der Zweite Kreuzzug fand 1147–1149 statt aus Protest gegen muslimische Eroberungen in Europa. Mehrere Jahrzehnte später mischte sich *Saladin,* der neue muslimische Herrscher und Krieger, in den Konflikt ein und eroberte 1187 Jerusalem. Schließlich folgte der Dritte Kreuzzug unter Führung europäischer Könige: des Kaisers des Heiligen Römischen Reiches, *Friedrichs I., genannt Barbarossa* (der unterwegs ertrank), *Richards I., König von England, genannt Löwenherz,* und *Philipps II. August, König von Frankreich.* Auch ihnen gelang es nicht, Jerusalem zu erobern. Auf diese ersten Kreuzzüge folgten weitere mit dem ausdrücklichen Ziel, Ägypten anzugreifen, das damalige Zentrum der muslimischen Herrschaft. Verschiedene Kreuzfahrerstaaten entstanden hie und da, 1291 ging auch der letzte unter.

Dann brach die Pestzeit an. Der «Schwarze Tod» (1348–1351) hatte seinen Ursprung in Zentralasien; mit der Ausdehnung des

Handels breitete er sich auf dem Seeweg über die ganze Welt aus. Die Infektion geschah durch Flohbisse, die Flöhe wanderten auf schwarzen Ratten von einem Dorf zum nächsten. In Europa tauchte die Seuche zuerst im sizilianischen Messina auf und breitete sich schnell aus nach Italien, Frankreich, Spanien und Südengland. Die Pest war tödlich; man schätzt, dass in den am schlimmsten infizierten Gegenden 50 Prozent der Bevölkerung starben; von der Gesamtbevölkerung Europas erlag etwa ein Drittel dieser Krankheit. In den darauffolgenden 350 Jahren brach sie in Europa immer wieder aus; sie entvölkerte weite Landstriche und hinterließ unter anderem ein finanzielles Chaos.[110]

Die Pest ist mit der jüdischen Geschichte eng verbunden, da Juden sehr bald beschuldigt wurden, sie wären schuld an dem Leiden und dem Tod, welche die Seuche verursachten. Offensichtlich überlebten prozentual gesehen mehr Juden die Seuche als andere Bevölkerungsgruppen. Die Juden lebten sehr oft abgesondert vom Rest der Gesellschaft in ihren eigenen Siedlungen – das allein war schon ein besserer Schutz vor Seuchen; der zweite Grund, der sie vor Ansteckung bewahrte, so nimmt man an, waren sowohl die detaillierten jüdischen Hygienevorschriften als auch ihre Methode der Nahrungszubereitung. Was (im Fall der Isolation) als Strafe gedacht war, erwies sich also als Schutzfaktor.

Das Problem bestand darin, dass ihre Mitbürger keine Ahnung von Hygiene hatten, nicht wussten, dass Unsauberkeit die Verbreitung von Seuchen befördert. Sie sahen nur das Offensichtliche: Aus irgendeinem Grund schienen die jüdischen Gemeinschaften vor dem Schwarzen Tod geschützt zu sein. So kam es zu der Anschuldigung, die Juden hätten Brunnen vergiftet oder andere magische Tricks angewendet, um die Mehrheitsbevölkerung krank zu machen. In der Pestzeit wurden Tausende von Juden verbrannt; Historiker betrachten diese Phase als einen Vorläufer des Holocaust.

Der Schwarze Tod wurde zu einem weiteren Grund, die Juden zu hassen, was in ganz Europa zu Massakern an Juden führte. Unterdessen wütete die Seuche in unhygienischen Verhältnissen weiter. Heute stirbt keiner mehr an der Pest, doch die Anklage des Brunnenvergiftens hat sich in verschiedenen Formen bis heute halten können. Der Vergiftungsmythos ist, zusammen mit der Ritualmordlegende, ein wiederkehrendes Motiv antisemitischer Propaganda.

Die Spanische Inquisition

> «Unser Gott, dem wir dienen, kann uns aus dem Feuer und aus deiner Gewalt retten. Aber auch wenn er es nicht tut, musst du wissen, o König, dass wir nie deine Götter anbeten oder uns vor der goldenen Statue niederwerfen werden.»[111]

1992 fliege ich nach Spanien, um bei der Weltausstellung von Sevilla im christlichen Pavillon mitzuarbeiten. Es ist ein ganz besonderes Jahr: Die Expo in Sevilla findet 1992 statt, weil ein gewisser Christoph Kolumbus 1492 nach Amerika segelte. Das Motto dieser Ausstellung lautet «Das Zeitalter der Entdeckungen». Überrascht stelle ich fest, dass dieses Thema überall dargestellt wird. Dieses spezielle Jahr bedeutet für mich etwas völlig anderes, denn 1492 erreichte auch das jüdische Leiden im Würgegriff der Spanischen Inquisition seinen Höhepunkt: 1492 wurden die Juden aus Spanien vertrieben. Das Jahr 1492 ist ein trauriger Tiefpunkt einer düsteren historischen Epoche. Diese zugrundeliegende Finsternis ist allerdings im Sevilla von 1992 nirgendwo wahrnehmbar.

An meinen freien Tagen gehe ich durch die Straßen der Stadt. Ich betrachte die Türen, zu denen die vertriebenen Juden heute immer noch Schlüssel besitzen. Der Name Barrio de Santa Cruz, Stadtviertel des Heiligen Kreuzes, erinnert uns an Jesus, doch damals war es das jüdische Viertel von Sevilla. Mir kommt es eigenartig vor: An die Vertreibung der Juden will man sich nicht erinnern, doch war dieser Bezirk, dessen Name eine Hommage ist an den berühmtesten aller Juden, einst ein jüdisches Stadtviertel. Mir fällt auf, dass viele Synagogen in Kirchen umgewandelt worden sind. Man hat die Wahrheit maskiert. Sevilla ist eine Stadt der Sonne, doch gleichzeitig ist sie ein Friedhof voller Grausamkeit, Folter und vertuschter, geleugneter Wahrheit.

Die Entdeckung der Neuen Welt ist möglicherweise zurückzufüh-

ren auf diese Vertreibung der Juden. Warum denken wir nur an Kolumbus – und nicht daran, dass man die Juden verjagte? Wer war Kolumbus? Es gibt Wissenschaftler, die vermuten, Kolumbus sei Jude gewesen und habe die Weltmeere befahren auf der Suche nach fernen Ländern, um wenigstens einen Teil seines Volkes zu retten. Das Beweismaterial ist umfangreich. Er soll sein Testament signiert haben mit Schriftzeichen, wie man sie auf jüdischen Gräbern in Spanien gefunden hat – und seine Erben angewiesen haben, diese Signatur weiter zu gebrauchen.[112] *Offensichtlich verschob er seine Abreise, um nicht an Tischa B'Av, dem Neunten des Monats Av, in See stechen zu müssen; der 9. Av ist von alters her Gedenktag an ein für die Juden katastrophales Ereignis, er ist ein Fastentag. An diesem Tag sollte Kolumbus aufbrechen, und genau zu diesem Datum wurden die spanischen Juden vertrieben; aber Kolumbus setzte die Segel erst am nächsten Tag. Die letzten Jahre seines Lebens soll der berühmte Entdecker mit dem Studium biblischer Prophetie verbracht haben. In Sevilla sieht man von all dem keine Spur; doch geraubte Synagogen, Folterpfähle und verbrannte Konvertiten gehören zur Seele dieser Stadt.*

Es fühlt sich an, als wäre ganz Europa zu einem riesigen Friedhof geworden. An diesem heißen Sommertag überkommt mich ein kalter Schauer.

Man nimmt an, dass seit der Zerstörung des ersten Tempels in Spanien Juden gelebt haben. Alte spanische Familien behaupten, sie könnten ihre Familiengeschichte bis in biblische Zeiten zurückverfolgen; die antisemitischen Kirchenbücher belegen ihre Ankunft in Spanien während einer Zeit großer Migrationsbewegungen um das 4. und 5. Jahrhundert. Die Geschichte der Juden von Sevilla ist nur eine von vielen spanisch-jüdischen Geschichten, doch in gewisser Weise, so scheint mir, folgen sie alle demselben Muster. Als Sevilla florierte, erlebten auch die Juden ihre Blütezeit: in der Medizin, im Handel und als Grundbesitzer. Es gibt jedoch einen wichtigen Faktor, der nicht nur die Historie der jüdischen Bevölkerung beeinflusste, sondern auch Spanien selbst: die Entstehung des Islam. *Mohammed* (um 570–632) gründete den Islam auf der arabischen Halbinsel; sobald dieser neue Glaube sich behaupten konnte, begann er, sich immer weiter auszubreiten.

In den Jahren 632–661 verbreitete sich der Islam schnell; und 711 eroberten Araber- und *Berberstämme* Spanien. Als die Berber, ein muslimisches Volk aus Nordafrika, 1013 anfingen, weitere Gebiete einzunehmen, bot die Stadt Sevilla Juden auf der Flucht vor Verfolgung Asyl an. Doch die neue Religion verbreitete sich weiter, und bald kamen die Muslime auch nach Sevilla. Unter der Dynastie der *Almoraviden* ging es den Juden gut, die *Almohaden* jedoch gingen zerstörerisch gegen sie vor. Beides waren muslimische Dynastien, die nacheinander Teile Spaniens eroberten.[113]

Nach Verwüstungen und großer Gefahr begrüßten die Juden die christliche «Reconquista», die Rückeroberung aus arabischer

Herrschaft; sie glaubten, jetzt würden bessere Zeiten anbrechen. In ihrem fehlgeleiteten Vertrauen überreichten sie sogar *König Ferdinand III. von Kastilien* (1199–1252) den Schlüssel zur Stadt Sevilla. Zu Beginn der neuen Zeit schien alles in schönster Ordnung zu sein: Juden durften viele verschiedene Berufe ausüben und sogar Land besitzen. Allerdings zogen am Horizont bereits dunkle Wolken auf – die Kirche hatte damit begonnen, die Rückkehr zur christlichen Orthodoxie zu propagieren, und damit verschlechterte sich die Situation. *Erzdiakon Ferrand Martinez* fing an, das Volk gegen die Juden aufzuhetzen; er war ein berühmter Inquisitor, sein Name blieb über Generationen hinweg bekannt. Die antijüdische Gewalt brach sich 1391 in Pogromen Bahn und führte zur fast vollständigen Vernichtung der gesamten jüdischen Bevölkerung und ihrer Synagogen; die einst florierende Gemeinde sollte sich von diesem Terror nicht mehr erholen. Im Jahr 1483 wurden die Juden von Sevilla vertrieben und auch alle anderen Juden der Region Andalusien.[114]

Die Spanische Inquisition wurde 1478 eingerichtet. Die *Inquisitio Haereticae Pravitatis,* so die lateinische Bezeichnung, war ein bestehender Zweig der katholischen Kirche. Ihre Aufgabe bestand darin, Häretiker, d. h. Irrlehrer und «Ketzer», zu verfolgen. Ursprünglich sollte sie die Rechtgläubigkeit von Konvertiten zum Katholizismus überprüfen. Im 12. Jahrhundert führte die Inquisition die Folter ein; dabei war die Kirche die einzige Institution, die bestimmen durfte, was die reine orthodoxe

Lehre darstellte und was als Irrlehre zu bezeichnen war. Das Besondere an der Spanischen Inquisition war, dass sie von weltlichen Herrschern eingeführt wurde, von *König Ferdinand II.* und *Königin Isabella,* mit Zustimmung von *Papst Sixtus IV.*

Das Monarchen-Paar hatte eine weltliche Großmacht geschaffen, in der sich zwei alte Dynastien vereinten: die Familien von *Kastilien* und *Aragon.* Ihre politische Macht war so groß, dass es ihnen 1492 gelang, Granada zu erobern, die letzte Festung der Muslime in Spanien; im selben Jahr schickte Isabella den Christoph Kolumbus (1451–1506) in die Neue Welt, um für die spanische Krone nach neuen Ländereien zu suchen. Wie erstaunlich, dass er einen Kontinent entdeckte, der später zu einem Zufluchtsort für Verfolgte wurde – und der ein so bemerkenswerter Unterstützer des jüdischen Staates gewesen ist. Die Sendung von Kolumbus ist ein sehr wichtiger Faktor in unserer Geschichte; es scheint, dass die damaligen Herrscher ursprünglich nur daran interessiert waren, ihr Vermögen zu vergrößern, auch durch die Einverleibung jüdischen Eigentums; als zu dem bereits bestehenden Antisemitismus jedoch die Inquisition hinzukam, war für ein Blutbad alles vorbereitet.

Der Hauptinquisitor *Tomas de Torquemada* (1420–1498) war ein spanischer Dominikanermönch und Anführer des Kampfes gegen die Häresie. Als persönlicher Priester von Königin Isabella nahm er ihr regelmäßig die Beichte ab. Erbittert ging er vor gegen die sogenannten *Kryptojuden* und *Kryptomuslime,* die nach dem

Übertritt zum Christentum ihren früheren Glauben heimlich weiterpraktizierten. Als die Vertreibung der Juden 1492 mit dem *Alhambra-Edikt* besiegelt wurde, war Torquemada der Hauptverfechter dieser Entscheidung.

Als besonderes Merkmal der Spanischen Inquisition wurde erstmals die «*Blutreinheit*» betont, ein Element, das eine unmittelbare Verbindung zu späteren Rasseideologien erkennen lässt. Blutreinheit bedeutete, dass Juden unmöglich das «reine katholische Blut» der Spanier besitzen oder erwerben konnten; daher galt ihr Übertritt zum Christentum als unzureichend. Viele Juden konvertierten unter großem Druck und wurden damit zu *conversos,* d. h. zu *Neuchristen.* Jeder *Altchrist,* also jeder katholische Spanier, konnte sie an die Inquisition ausliefern. Sie wurden *marranos* genannt, «Schweine»; so bezeichnete man zum Katholizismus konvertierte Juden, die insgeheim weiterhin jüdische Rituale praktizierten.

An die Inquisition ausgeliefert zu werden, hatte schwerste Folgen für den Betroffenen – er konnte zu Tode gefoltert werden. Der Denunziant erwarb sich dadurch finanzielle Vorteile und einen guten Ruf. Stiegen Neuchristen in wichtige Positionen auf oder erlangten sie Gunst beim Königshof, sahen sie sich ausnahmslos massiven Vorurteilen gegenüber. Ein Grund, sie zu denunzieren, war wirtschaftlicher Art; ein anderer bestand schlichtweg aus Neid, denn Neuchristen konnten am Königshof und im Handel zu ernstzunehmenden Konkurrenten um Machtpositionen werden. Die Denunziation entbehrte oft jeglicher Grundlage, doch die Folter führte dazu, dass wichtige Informationen offenbart wurden; daher mussten Kinder, Eltern und ganze Stadtviertel Folter erdulden. Das Handbuch der Inquisition gab Ratschläge zu unterschiedlichen Methoden der Folter, mit denen das Opfer dazu zu bringen war, ein Verbrechen zu gestehen.[115]

Ein besonderer – und häufiger – Grund zur Denunziation war das Feiern des Sabbats; das wurde zu einem heimlichen Ritual, das nur hinter verschlossenen Türen im Keller begangen werden konnte, weit weg von neugierigen Augen. Dabei ist der biblische Ruhetag ein wichtiger Bestandteil der Ordnungen, die Gott für die Menschheit etabliert hat, er leitet sich ab vom Vorbild des Schöpfers. Der Angriff auf den Sabbat hängt eng zusammen mit der Frage, wie ernst man die Bibel nimmt. «Am siebten Tag hatte Gott sein Werk vollendet und ruhte von seiner Arbeit.»[116] Die Befolgung des Sabbatgebots gehört zu den wichtigsten Praktiken des Judentums. Dabei geht es um die Verehrung Gottes, denn der Sabbat verweist auf die Tatsache, dass die Menschen laut der Schöpfungsordnung Ruhe brauchen. Die Sabbatruhe verweist auch darauf, dass Gott der Ursprung allen Lebens ist. Im Judentum ist der Sabbat zudem ein Vorschatten des messianischen Zeitalters; auch viele christliche Bibelgelehrte vertreten im Einklang mit dem Apostel Paulus den Standpunkt, der Sabbat verweise auf die Zukunft.[117] Die Sabbatfeier, die Gott selbst geboten hatte, stand nun unter schwerer Strafe; dasselbe galt für den Besitz einer hebräischen Bibel, die Beschneidung und das Halten anderer jüdischer Feiertage und Feste.

Von allen Glaubenstribunalen der katholischen Kirche war die Spanische Inquisition die mörderischste. Auch anderswo studierte und befolgte man orthodoxe Glaubenslehren; doch die Brutalität der Spanischen Inquisition zusammen mit dem guten Status und gleichzeitig hohen Gefährdung der Konvertiten haben unser Verständnis der spanischen Geschichte maßgeblich geprägt. Der traurige Höhepunkt war schließlich die Vertreibung der jüdischen Bevölkerung. Die blutige und grausame Inquisition hatte im November 1478 begonnen und wurde erst 1834 offiziell eingestellt. Es gibt keine exakten Namenslisten; aber man weiß, dass Tausende ihr zum Opfer fielen.

Viele Juden traten zum Christentum über in der Hoffnung, so dem Schlimmsten entgehen zu können; doch die Inquisition glaubte, viele Konvertiten würden immer noch das Judentum praktizieren, und so wurden sie grausam gequält und auf dem Scheiterhaufen verbrannt. Es gab nur eine Instanz, die sie vor der Folter und den Flammen bewahren konnte: das spanische Königshaus; einige Konvertiten konnten durch ihr Engagement im wachsenden Außenhandel am Hofe Gunst erlangen.

Dennoch überschatteten Misstrauen und Angst das Leben innerhalb und außerhalb des Königshofs. Vor der Mordlust und dem Zorn der Priester in ihren Kapuzenumhängen gab es kein Entrinnen. Das goldene Zeitalter Spaniens, die Blüte seiner

Kunst und Kultur sowie seine Handelsmacht gingen unweigerlich ihrem Ende entgegen, je hoffnungsloser die Situation der Juden wurde.

Der spanisch-jüdische Poet *Anton De Montoro,* geboren um 1404 und selbst Konvertit, wurde zum Dichter aller Konvertiten, als er ihr Leid in folgendem Gedicht beschrieb:

«Ropero, so trüb und traurig,
Fühlst du deinen Schmerz so schaurig?
Bis sechzig du wurdest an Jahren –
Sagtest du immer den Schaaren:
Bist unbeflecket du geblieben.
Doch jetzo zum Christen bekehret,
Ein Credo man rufen ihn höret:
Will nun auch verehren den Geber
Von Klauen gemästeter Eber,
Will nun mit den Augen hinblinken
Nach halb nur gesalzenen Schinken,
Will Messe ja hören,
Die Kirche verehren
Und Kreuze viel machen
Nebst ähnlichen Sachen,
Und niemals könnt' ich tilgen
Diesen Fleck: ‹bekehrter Jude.›
Sehr fromm von Maria und höchst ihrem Sohn,

Erfreut er sich, dass zu erzählen vergönnt
Ihm ward die Geschichte der Kreuzespassion,
Verehrte in Gott den Menschen zugleich
Als seinen erhabenen Herrn.
Doch kann er nicht sühnen den sündigen Streich
Er heisset noch jetzt und heisset noch fern
Der alte verwerfliche Jud.»[118]

Die Judenverfolgung durch die Spanische Inquisition erreichte mit der Vertreibung der Juden 1492 ihren Höhepunkt. Wer in die Türkei floh, hatte Glück: *Sultan Bayezid II.* empfing die Menschen mit offenen Armen, da er den Wert dieser neuen Bevölkerungsgruppe sofort erkannte: Sie war gebildet und verfügte oft über internationale Handelsverbindungen. Weniger gut erging es denen, die sich ins nahe Portugal flüchteten – auch von dort wurden sie bald wieder verjagt. Spanische Juden, auch *Sfaradim* (oder *Sephardim*) genannt nach dem hebräischen Wort *Sfarad* – «Spanien», wurden über die ganze Welt zerstreut. Ihre Vertreibung aus Spanien betrachten spanischstämmige Juden als einen großen Verrat: Das Land, in dem sie einst so glücklich gelebt hatten, brach ihnen die Treue. Auch wenn ein Dutzend Nationen ihre jüdische Bevölkerung aus dem Land verjagten, die Verbannung aus Spanien hat sich im jüdischen Gedächtnis eingegraben als die schlimmste.

Die fatalen Folgen der Vertreibung bekam Spanien in allen Bereichen zu spüren; das Land hat nie wieder eine Führungsrolle in der Welt einnehmen können.

Einige Sephardim zogen später in die südamerikanischen Kolonien, doch auch dort waren sie der Inquisition ausgesetzt. Viele Juden, die dorthin auswanderten, verheimlichten folglich ihre jüdische Identität und gingen in der spanischen Bevölkerung auf oder in anderen Gruppen von Einwanderern. Auch zur Zeit der Militärjunta des 20. Jahrhunderts in Argentinien und anderen lateinamerikanischen Ländern war Antisemitismus Teil der staatlichen Repressionen.[119]

Bemerkenswerterweise ist in den letzten Jahren in Südamerika eine Bewegung entstanden, in der viele in ihrem Familienstammbaum nach jüdischen Wurzeln suchen.

Der bekannte jüdische Dichter *Yehuda Halevi* lebte zwischen 1080 und 1141 im spanischen Toledo. Mit seiner arabischen Prosa und seinen hebräischen Gedichten charakterisierte er das damalige Spanien als einen Treffpunkt dreier Religionen und Kulturen, Jahrhunderte vor den Schrecken der Inquisition.

Halevis Gedichte berichten vom Glauben und Verlangen einer jüdischen Seele, die fern der Heimat ist. Er selbst war so glücklich, das Land seiner Sehnsucht erreichen zu dürfen, und starb im Land seiner Väter; doch sein Verlangen blieb ungestillt, denn sein Volk lebte noch immer im Exil und dessen Geschichte in Spanien fand ein grausames Ende. Halevi konnte, als er schrieb, nicht in die Zukunft blicken. Er wusste nicht, dass man nicht nur die Zerstörung des Tempels in Jerusalem beweinen würde, sondern auch das Ende der Blütezeit Spaniens.

Dieses Gedicht von Halevi erinnert an Jerusalem, es wurde von Franz Rosenzweig ins Deutsche übersetzt und trägt den Titel «Die hohe Stadt»:

«Jäh steigst, prangst entzücktem Ball
Du Stadt, des Weltherrn Thron.
Nach Dir krankt mein Herz hin aus
der Erde Westbastion.
Heiß wallt mir mein Innres auf,
denk ich des Einst, wie's war,
der Glorie, im Elend nun,
der Wohnstatt, nun ein Hohn.
Und flög ich auf Fittichen
des Aars, so mischt' ich bald
des Augs Naß mit Deinem Staub,
bis bildsam er wie Ton.»[120]

Die Kreuzzüge, der Schwarze Tod und die Spanische Inquisition sind nicht die einzigen antisemitischen Verbrechen, anhand derer wir mehr über die Geschichte erfahren können. Betrachten wir die jüdische Geschichte in Europa, so müssen wir ähnliche Ereignisse in verschiedenen Ländern berücksichtigen, wenn auch zu unterschiedlichen Zeiten: Die Juden wurden 1290 aus England vertrieben, 1306 aus Frankreich, 1349 aus Ungarn, 1492 aus Spanien, 1497 aus Portugal und 1942 aus Warschau. Mit anderen Worten: Die jüdische Existenz in Europa kann man vergleichen mit einer düsteren Sinfonie in Moll, in die der Komponist nur ein paar wenige höhere Töne in Dur eingefügt hat; Leid, Gewalt und Vertreibung verschmelzen zu einem Requiem, einer Totenmesse, die den Ghettos und dem Verderben gewidmet ist. Wir können natürlich auch an die «leichteren Töne» denken, wenn beispielsweise ein Papst oder ein König in einem bestimmten Land seinen Arzt, Bankier oder Künstler protegierte – dieser und seine Familie durften am Leben bleiben. Allerdings habe ich große Bedenken, so etwas wirklich als Wohlklang zu bezeichnen; schließlich können wir es kaum als «gerecht» bezeichnen, wenn jemand nicht selbstbestimmt leben darf.

Der spätere Judenhass der Nationalsozialisten ist kein isoliertes Phänomen der Geschichte. Denkt man darüber nach, handelt es sich weder um eine Ausnahme noch um eine Überraschung. Jahrhundertelang hatte die mächtige Kirche Antisemitismus gelehrt, Gewalt zugelassen und sogar zu Gewaltakten aufgestachelt. Die Menschen hatten auf den Plätzen ihrer Stadt alle möglichen Grausamkeiten beobachtet, zum Beispiel, wie Juden erhängt oder auf dem Scheiterhaufen verbrannt wurden. Der Antisemitismus ging den Europäern im Lauf der Jahrhunderte in Fleisch und Blut über; Judenhass war zu einem festen Bestandteil des ideologischen Erbes Europas geworden. Er gehört insbesondere zur Kirchengeschichte; erst die Zeit der Säkularisierung, der Aufklärung, brachte den Juden in Westeuropa das Bürgerrecht. Allerdings war diese Freiheit nur von kurzer Dauer, sie stellte nur eine Art Pause zwischen den Sätzen einer Sinfonie dar.

Das große Finale stand noch aus.

5. | Von der Aufklärung bis zum Weltkrieg – Der Einfluss der Aufklärung auf die jüdische Geschichte Europas

✡

«Jedes Ereignis, alles auf der Welt hat seine Zeit: Geborenwerden und Sterben … Krieg und Frieden.»[121]

Westminster Abbey ist eine der schönsten und berühmtesten Kirchen der Welt. Als Bühne für Feierlichkeiten des britischen Königshauses ist sie weltbekannt. Ihr Äußeres ist prachtvoll und ihr Inneres höchst geschichtsträchtig. Ich weiß nicht, wie viele Menschen in der Westminster Abbey einen Gottesdienst besuchen, doch jeden Tag kommen viele Touristen hierher. Ich besuche dieses prunkvolle Gotteshaus auf einer Geschäftsreise, um dort einen hochrangigen Kirchenvertreter zu treffen. Wir unterhalten uns bei einer Tasse Kaffee. Ich sitze einem Mann gegenüber, den die ganze Welt bei der Hochzeit von Prinz William und Kate gesehen hat. Plötzlich erklärt er, mir eine Führung durch diese riesige Kathedrale geben zu wollen, obwohl sein Tagesprogramm ziemlich voll zu sein scheint. Höflich versuche ich abzulehnen, doch tatsächlich kann ich mich kaum beherrschen: Was könnte wunderbarer sein als eine Privatführung an einem so historischen Ort?

Nachdem wir eine Weile durch die Kathedrale gelaufen sind, fangen die riesigen Krypten, Statuen und Monarchenportraits an, mich zu ermüden. Immer mehr verstärkt sich mein Eindruck, dass diese Menschen allein aufgrund ihrer Abstammung alle erdenklichen Ehren und Würden empfingen, in Wahrheit aber ein armseliges Leben führten. Da so viele von uns, einschließlich meiner selbst, so viel Zeit vergeuden, drängt sich mir folgende Frage auf: Wie viele von ihnen nutzten ihre Zeit und ihre Position in richtiger Art und Weise? Trotz meiner Müdigkeit stelle ich Fragen und nicke meinem Fremdenführer immer wieder höflich zu. Doch um ehrlich zu sein, bin ich dankbar, dass die Führung bald vorüber ist.

Dann jedoch geschieht etwas Unerwartetes: Wir erreichen die Gedenktafel eines gewissen Mannes namens William Wilberforce. Ich kenne ihn aus Geschichtsbüchern und auch aus dem Film «Amazing Grace». Wilberforce war seiner Zeit weit voraus und sehr allein in seinem Kampf gegen die Sklaverei. Seine eigenen Parteigenossen im britischen Parlament bekämpften ihn, denn der Sklavenhandel war für viele eine lukrative Geldquelle.

Er musste vieles erdulden und große Standhaftigkeit beweisen, da seine Sache lange Zeit aussichtslos schien. Wer stand ihm dabei zur Seite? Ein Pastor, der zuvor Kapitän eines Sklavenschiffes gewesen war. Dieser Kapitän schrieb, nachdem er Buße getan hatte, das wunderbare Lied «Amazing Grace», das wir alle kennen.

Mein Fremdenführer lächelt, als er meinen plötzlichen Enthusiasmus bemerkt. Jetzt, da alle Müdigkeit verschwunden ist, setzen wir unseren Rundgang fort. Ja, in dieser Kirche wird erinnert an Menschen, die ihre Zeit nicht vergeudet haben.

Zu den größten Errungenschaften der Philosophen der Aufklärung gehört die *Enzyklopädie*. (Für die jüngeren Leser: Dabei handelt es sich um ein dickes Sachwörterbuch, in dem man Informationen zu unterschiedlichen Themen nachschlagen kann.) Die große Französische Enzyklopädie entstand von 1751 bis 1780; in diesem Nachschlagewerk stellten Intellektuelle aus verschiedenen Fachbereichen ihre Erkenntnisse vor. Ihr Ziel war es, bestehende Informationen aus unterschiedlichen Wissenschaftsfeldern und anderen Kategorien in einem Werk zu sammeln, gleichzeitig wollten sie dadurch den vorherrschenden mittelalterlichen Aberglauben durch gesunden Menschenverstand bekämpfen. Die Enzyklopädie war revolutionär, da sie Toleranz und Rationalismus betonte, sie stellte die Religion dar als eine Denkweise unter anderen Ansätzen statt als ultimative Quelle aller Information. Jahrzehntelang verbot die französische Regierung die Enzyklopädie – was nur dazu führte, dass sie heimlich und umso intensiver gelesen wurde.[122]

Die Philosophen der Aufklärung übten auf die westeuropäische Gesellschaft und ihre Regierungen einen revolutionären Einfluss aus. Unsere Freiheiten, die wir für selbstverständlich halten, gehen ausnahmslos auf frühere Zeiten und Persönlichkeiten zurück, die eine Vision für eine bessere Gesellschaft hatten. So beeinflussten die französischen Intellektuellen die Revolutionen in Frankreich und Amerika umfassend und dauerhaft; man kann daher sagen, dass die Aufklärung uns Bürgerrechte und Demokratie beschert hat. Dinge, die wir für selbstverständlich halten wie Versammlungs- und Religionsfreiheit, das Recht auf einen fairen Prozess, das Ende der Folter, die Abschaffung der Zensur und der Kampf gegen die Sklaverei waren damals ausnahmslos radikale Veränderungen. Sie alle wurden von dem französischen Philosophen *Voltaire* propagiert. Der wohl bekannteste Philosoph der Aufklärung ist Voltaire (1694–1778), mit bürgerlichem Namen hieß er *François-Marie Arouet.*[123]

Dabei muss betont werden, dass man auch als Vertreter der Aufklärung gegenüber den Juden negative Gefühle oder Misstrauen empfinden konnte. Oft wird betont, dass Voltaire den Juden nicht sehr freundlich gesinnt war, sondern eher eine gegenteilige Haltung vertrat. Allerdings bestand das Ziel der Aufklärung nicht darin, eine bestimmte religiöse oder ethnische Gruppe zu unterstützen; vielmehr ging es um Integration, d. h., dass alle Gruppen assimiliert und zu produktiven Mitgliedern der Gesellschaft werden konnten.

Voltaire war nicht nur ein höchst produktiver Schriftsteller; ungeachtet aller Widerstände kämpfte er auch unablässig für die eben erwähnten Freiheiten. Sein Zeitgenosse *Baron de Montesquieu* (1689–1755) rief als einflussreicher Jurist und Schriftsteller das Prinzip der Gewaltenteilung ins Leben: Die Ausgestaltung der politischen und sozialen Verhältnisse sollten nie in der Hand eines einzigen Entscheidungsorgans stehen.

Weitere Philosophen der damaligen Zeit, die ähnliche Veränderungen anstrebten, waren *Denis Diderot* (1713–1784), *Jean-Jacques Rousseau* (1712–1788) sowie die Engländer *John Locke* (1632–1704) und *Thomas Hobbes* (1588–1679). Ihre Ära zeichnete sich allerdings durch ein furchtbares Unrecht aus – den Sklavenhandel; dieses menschenverachtende Übel prangerten die Philosophen in ihren Werken an. Der Handel mit afrikanischen Sklaven war im 17. Jahrhundert exponentiell angewachsen, da die britischen, französischen und niederländischen Kolonien Arbeitskräfte brauchten für ihre Kaffee-, Baumwoll- und Tabakplantagen. Man schätzt, dass die Europäer während der Zeit der Sklaverei rund zwölf Millionen Sklaven von Afrika auf den amerikanischen Kontinent verschifften; etwa zwei Millionen überlebten die Überfahrt nicht.

Die Philosophen der Aufklärung übten auch einen maßgeblichen Einfluss aus auf die Amerikanische Revolution 1763–1783: Die Bürgerrechte wurden Teil des Ethos der Vereinigten Staaten, d. h., ein neues Gesellschaftsverständnis fand seinen Eingang in die Gesetzgebung der entstehenden Nation. Die Philosophen der Aufklärung schufen einen Staat, der das Gerechtigkeitsprinzip und das Recht des einzelnen Bürgers auf Selbstbestimmung in seine Verfassung aufnahm. Auch die Französische Revolution war eine unmittelbare Folge der aufklärerischen Ideen; durch das

Prinzip der Volksvertretung führten sie das Ende der absoluten Monarchie, der Alleinherrschaft, herbei.

Es ist hauptsächlich der Französischen Revolution zu verdanken, dass die Juden in Westeuropa Bürgerrechte erhielten. Etwas später stärkte auch der General *Napoleon Bonaparte,* der Frankreich nach der Revolution autokratisch regierte, die revolutionären Ideen: Wohin seine Heere auch kamen, überall bekräftigte er das Prinzip von Recht und Gesetz und verlieh den Menschenrechten und dem Gleichheitsgrundsatz Geltung.

Auch wenn wir nicht genau wissen, ob er tatsächlich das Judentum bewahren wollte oder ob es ihm nur darum ging, die Juden zu assimilieren, eines ist sicher: Die Bedeutung Napoleons als Befreier der Juden, insbesondere in Italien, ist kaum zu überschätzen. Tatsächlich war Napoleon wohl der Erste, der darüber nachdachte, einen jüdischen Staat zu gründen, und er war es auch, der die Tore der jüdischen Ghettos öffnen ließ.

Die Aufklärung ist eine sehr wichtige Phase auf dem Zeitstrahl der Geschichte; das liegt natürlich hauptsächlich an den Menschenrechten, die diese Ära hervorbrachte – doch im Gesamtkonzept dieses Buches ist sie noch aus einem weiteren Grund wichtig: Die Aufklärung offenbarte das wahre Gesicht das Antisemitismus, den man oft *den ältesten Hass* nennt. Jetzt, da wir die Geschichte von den Römern bis zur Inquisition betrachtet haben, meinen wir, die Natur des Antisemitismus zu verstehen.

Während der gesamten Zeit der Diaspora (Zerstreuung) hatten

Juden insbesondere unter christlichem Antisemitismus gelitten; doch nun, als die Juden in Westeuropa die Bürgerrechte erhielten – in einem Westeuropa, das wenig Interesse zeigte an den Glaubenssätzen der Kirche und stattdessen von großer Wissenschaftsbegeisterung gepackt war – nun also geschah etwas Seltsames: Der Antisemitismus verschwand nicht, sondern änderte nur seine Form.

Zu dem christlichen Antisemitismus, den viele immer noch im Herzen trugen, gesellte sich eine neue Form des Judenhasses, entstanden aus dem Widerstand gegen die Juden-Emanzipation, d. h. die gesellschaftliche Befreiung der Juden. Dieser Antisemitismus war sozioökonomisch, also volkswirtschaftlich bedingt – er behauptete, Juden hätten zu viel Macht und könnten keine loyalen Bürger sein, da ihre primäre Treue der Thora und ihrem eigenen Volk gelte; zudem kontrollierten die Juden angeblich den Handel, die Banken, die Medien und die Politik. Leute, denen die Modernisierung der Gesellschaft nicht gefiel, beschuldigten die Juden, sie steckten dahinter; dabei vergaßen sie aber, dass die Juden am Anfang der neuen Entwicklung überhaupt keinen politischen Einfluss gehabt hatten. Sicher ist: Zwar hatten die Regierungen Westeuropas den Juden die Bürgerrechte verliehen; doch die vielen bedauernswerten antijüdischen Vorfälle beweisen eindeutig, dass der Antisemitismus als Ideologie im Denken vieler Menschen nach wie vor stark verwurzelt war.

Hier müssen wir die sogenannte *Dreyfus-Affäre* behandeln, die

Geschichte eines jüdischen Offiziers im französischen Heer; dieser historische Wendepunkt spiegelt das geistige Klima jener Zeit treffend wider. Die Geschichte begann 1894: Ein Offizier der französischen Armee, *Alfred Dreyfus,* wurde verdächtigt, Geheiminformationen an die Deutschen weitergegeben zu haben. Man musste dringend einen Schuldigen finden, um ihn zur Verantwortung ziehen zu können. In einer solchen Situation ist es nicht unüblich, jeden zu beschuldigen, der auch nur annähernd ins Täterprofil passen könnte; schließlich wollte man die Angelegenheit schnellstmöglich erledigen. So beschloss man, dieses Verbrechen Dreyfus zur Last zu legen – offensichtlich, weil er Jude war. Dass man seinem Verteidiger das Recht verwehrte, Einsicht in das Beweismaterial zu nehmen, auf dem die Spionagevorwürfe beruhten, das zeigt: Das Ergebnis des Prozesses stand schon fest, bevor er überhaupt begonnen hatte. Dreyfus verlor seinen militärischen Rang und wurde mit Schimpf und Schande in Übersee eingekerkert.

Der französische Schriftsteller *Emile Zola* (1840–1902) publizierte daraufhin in einer Zeitung einen offenen Brief mit dem Titel *J'accuse* («Ich klage an»); darin äußerte er sein Missfallen über den verlogenen Prozess und bekräftigte seine Überzeugung, dass Dreyfus unschuldig sei. Der Brief wurde am 13. Januar 1898 in der Zeitung *L'Aurore* abgedruckt. Trotz seines guten Rufs sah Zola sich nun selbst der Strafverfolgung ausgesetzt und floh ins Exil. Schon bald wurde ein neues Untersuchungsverfahren eingeleitet. Es ist hauptsächlich der moralischen Integrität Zolas zu verdanken, dass Dreyfus 1899 von allen falschen Anklagen freigesprochen wurde.[124]

Möglicherweise hätte man die Dreyfus-Affäre einfach vergessen, doch sie stand in einem größeren Zusammenhang; wie so oft in der Geschichte führte auch dieses Ereignis zu weiteren, bedeutsameren Entwicklungen: Zur selben Zeit, als Dreyfus in Paris fälschlicherweise angeklagt wurde, lebte in der Stadt ein jüdischer Journalist aus Österreich namens *Theodor Herzl* (1860–1904), er schrieb für die Wiener Zeitung *Neue Freie Presse.* Schon als Student in Wien hatte er antisemitische Übergriffe erlebt, doch die Ereignisse rund um Dreyfus waren für ihn der absoluten Wendepunkt; nicht nur das Fehlurteil gegen Dreyfus, sondern auch der Antisemitismus, der während und nach dem Prozess in der französischen Gesellschaft mit erschreckender Offenheit zutage trat, ließen ihn zu dem Schluss kommen: Antisemitismus war ein quasi unveränderlicher Bestandteil der Gesellschaft; er konnte nicht beseitigt werden, solange Juden unter anderen Völkern lebten statt in ihrem eigenen Nationalstaat. Daher beschloss Herzl, es sei an der Zeit, einen jüdischen Staat zu errichten, und schrieb 1896 sein berühmtes Buch *Der Judenstaat.* Als Konsequenz trat 1897 im schweizerischen Basel der Erste Zionistische Weltkongress zusammen.[125]

Herzl war nicht der Erste, der glaubte oder publizierte, dass die Juden in das Land ihrer Väter zurückkehren sollten; im Gegensatz zu seinen Gesinnungsgenossen zeichnete er sich jedoch aus durch unermüdlichen praktischen Einsatz, als es darum ging, für die Errichtung des neuen Staates politische und finanzielle Unterstützer zu finden. Zu seinen wichtigsten Befürwortern gehörten christliche Zionisten, die aufgrund ihres Bibelstudiums erkannt hatten, dass die Juden irgendwann in ihr Land zurückkehren würden; so gab es in Großbritannien und den USA christliche Zionisten, die 1917 die Verabschiedung der *Balfour-Erklärung* begrüßten. In dieser Erklärung versprach die britische Regierung, den Juden zu helfen, im britischen Mandatsgebiet Palästina eine «nationale Heimstätte» zu errichten. Besonders in Großbritannien hatten bekannte christliche Führungspersönlichkeiten bereits in den 1860er Jahren die Idee propagiert, die Juden sollten zurückkehren, um ihr Land wiederaufzubauen. Viele prominente britische Politiker der damaligen Zeit waren christliche Zionisten. Der Kaplan der britischen Botschaft in Wien zum Beispiel unterstütze Herzl mit großem persönlichem Enthusiasmus.

Erwähnenswert ist zudem, dass die erste Welle der *Alijah,* der Rückkehr der Juden, ins damalige Osmanische Reich bereits 1882 begonnen hatte; sie hielt ohne Unterbrechungen bis 1903 an. Die zweite Alijah-Welle fand statt 1904–1914, die dritte 1919–1923; natürlich wanderten auch zwischen diesen Wellen und danach Juden ins Heilige Land ein. Diese Einwanderer waren echte Pioniere, sie legten malariaverseuchte Sümpfe trocken und errichteten Siedlungen. Mit anderen Worten: Die Migrationsbewegungen von Juden in den künftigen Staat Israel hatten bereits vor Herzls Vision eingesetzt, doch Herzl suchte aktiv nach Unterstützern für die Errichtung des neuen Staates. Das hebräische Wort *Alijah* bedeutet wörtlich «Aufstieg», da man ins hochgelegene Jerusalem immer hinaufzieht. Aus welchem Land der Erde sie auch kommen mögen, jüdische Einwanderer machen immer Alijah – sie steigen nach Israel auf.

In den 1870er Jahren zeichnete sich eine neue Entwicklung ab: Der religiöse und sozioökonomische Antisemitismus verband sich mit der Rassenlehre. Damals gewann *Charles Darwins* Evolutionslehre immer mehr Anhänger. Darwin (1809–1882) war ein britischer Naturwissenschaftler, er stellte die Hypothese auf, alle Arten hätten einen einzigen Ursprung. Soweit wir wissen, bezog Darwin selbst den Menschen nicht mit ein, doch zur Zeit seines Wirkens wurde die Rassenlehre zum Gegenstand wissenschaftlicher Forschung. Laut Darwin haben die Arten, die sich einer bestimmten Umgebung am besten anpassen, die höchsten Überlebenschancen; die Rassenlehre propagierte auch, im Kampf der Rassen untereinander befänden sich die Juden auf der untersten Stufe.

Diese Ansicht wurde weiterentwickelt mit der Doktrin der «Rassenhygiene»[126], die sich im 20. Jahrhundert an den Universitäten der westlichen Welt etablierte. Die Rassenhygiene forderte Geburtenkontrolle, um Geburtsfehler einzudämmen. Vertreter dieser neuen Lehre betrachteten die Judenfrage sowohl als Problem der Rasse als auch der Genetik; daher war sie praktisch unlösbar. Daraus folgerte man, die Juden seien der Grund für alle

Probleme und Katastrophen auf der Welt; in diesem Zusammenhang wurde in den 1870er Jahren gerade in Deutschland der Begriff *Antisemitismus* geprägt. Er diente dazu, den uralten Judenhass mit einem wissenschaftlichen Deckmantel zu versehen. Da Hebräisch eine semitische Sprache ist, sind mit «Semiten» die Juden gemeint. Auch wenn sie nicht die Einzigen sind, die eine semitische Sprache sprechen, so war und ist es doch allgemeiner Konsens, dass Antisemitismus sich spezifisch gegen Juden richtet.

Als die Juden die Bürgerrechte erhielten, begann sich ihre gesellschaftliche Stellung schnell zu verbessern; gleichzeitig schien der Antisemitismus wie ein Virus zu agieren – und so, wie ein Virus mutiert, wenn man einen Wirkstoff dagegen entdeckt, so passte sich der Antisemitismus mühelos und elegant dem Zeitgeist an: Als der Einfluss des Christentums abnahm, entstand der sozioökonomische und politische Antisemitismus; und als die Naturwissenschaften zu einem wichtigen Teil der europäischen Gesellschaft wurden, verwandelte sich der Antisemitismus in eine Rassenlehre. Am Ende war es für Antisemiten kein großer Unterschied, wie man ihre Überzeugungen nannte; alle unterschiedlichen Formen des Antisemitismus lebten harmonisch zusammen. Der Virus des Antisemitismus hat bis zum heutigen Tag überdauert.

Während in Westeuropa sich neue Denkweisen entwickelten, sah die Situation in Osteuropa ganz anders aus; in Russland zum Beispiel gehörte der Judenhass zur offiziellen Staatspolitik. (Damals war auch meine Heimat Finnland Teil des russischen Zarenreiches.) Die Zaren widmeten den Juden viel Aufmerksamkeit, dienten sie ihnen doch als Sündenbock für die Probleme im Reich. Die russisch-orthodoxe Kirche führte Zwangsbekehrungen durch und hetzte Menschenmassen zu gewalttätigen Angriffen gegen Juden auf. Ab 1791 wurde die Mehrheit der osteuropäischen Juden gezwungen, in einem bestimmten Gebiet zu leben, das nannte man *Ansiedlungsrayon.* Er wurde eingerichtet von *Katharina der Großen;* die zwang die Juden dazu, entweder zum Christentum zu konvertieren oder ihren Wohnort zu verlassen. Lebten Juden in einem entlegenen Gebiet, waren sie ein leichtes Ziel für ständige gewalttätige Angriffe, die *Pogrome* (russisch für «Zerstörung», «Verwüstung»).

In der Zarenzeit litten die russischen Juden nicht nur unter kleineren, örtlich begrenzten Pogromen, sondern auch unter großangelegten Übergriffen, die in verschiedenen Wellen kamen, und zwar 1881 1884, 1903 und 1906 sowie nach der Russischen Revolution von 1917 bis 1921. Eines der wichtigsten Ereignisse in der Geschichte des Antisemitismus geschah zwischen 1895 und 1899: Die russische Geheimpolizei brachte ein gefälschtes Pamphlet heraus mit dem Titel *Die Protokolle der Weisen von Zion.* Dieses Buch schildert eine angebliche jüdische Weltverschwörung; Verbreitung fand es ab 1905, als man die Juden beschuldigte, sie steckten hinter den unbeliebten Reformen der russischen Wirtschaft. Die Zeitung *The London Times* entlarvte die Protokolle 1921 als Fälschung, was die NSDAP jedoch nicht daran hinderte, sie als eines ihrer Hauptargumente gegen die Juden zu nutzen. Bedauerlicherweise sind bis heute Neuauflagen des Buches im Umlauf.

Während der Hass auf Juden in seinen unterschiedlichen Formen sich weiterentwickelte, übten die Juden ihrerseits in vielerlei Hinsicht Einfluss aus auf die Kultur und die Entwicklung Europas; dem ständigen Widerstand und der Verfolgung zum Trotz waren die jüdischen Gemeinschaften in jedem Land, in dem sie sich angesiedelt hatten, eine positive wirtschaftliche und kulturelle Kraft. Selbst in Osteuropa, wo die Juden abgesondert vom Rest der Bevölkerung wohnten, Jiddisch sprachen und ein absolut konservatives Leben führten, konnte die Aufklärung einige Begrenzungen aufheben, die sie von anderen Bürgern trennten.

In Westeuropa erzielten Juden in der Finanzwelt, in der Politik und in der Kultur schnell Fortschritte. 1866 wurde in Berlin eine neue Synagoge eingeweiht, an der Eröffnung nahm sogar Reichskanzler *Otto von Bismarck* teil. Diese Geste wurde von vielen gewertet als Zeichen dafür, wie es den Juden gelungen war, soziale Barrieren zu durchbrechen und Teil der modernen Gesellschaft zu werden.

«Doch was ist die Wahrheit?», fragte die Deutschkonservative Partei in ihrem Parteiprogramm von 1892: «Wir wollen die Erhaltung und Kräftigung der christlichen Lebensanschauung in Volk und Staat ... Staat und Kirche sind von Gott verordnete Einrichtungen ...Wir bekämpfen den vielfach sich vordrängenden und zersetzenden jüdischen Einfluss auf unser Volksleben.»[127]

Der einflussreiche Journalist *Theodor Fritsch* (1852–1933)[128] setzte sich dafür ein, alle existierenden antijüdischen Parteien, die die Juden der unterschiedlichsten Verschwörungen beschuldigten, zu vereinen. Er stand der schnellen Urbanisierung und Industrialisierung ablehnend gegenüber und machte die Juden zum Sündenbock. In praktischer Hinsicht verfolgte Fritsch eine Mission, die nicht umsetzbar war; die Ideologie des Antisemitismus war so beliebt, dass es 1890 in Deutschland bereits über 190 antisemitische Parteien gab.

Die Grenze zwischen Antisemitismus und Mord gleicht einer Linie, die man im Wasser zieht: Sie kann leicht überschritten werden und ist an der Oberfläche nicht sichtbar. Heute wissen wir: Antisemitismus besteht aus Vorurteilen gegen Juden aufgrund entweder ihrer Abstammung oder ihrer Religion. Die brillantesten Köpfe der akademischen Welt haben die Entstehung des Antisemitismus erforscht und auch seine Bekämpfung – Antisemitismus wird definiert als feindliche Haltung gegenüber den Juden, ihren Besitztümern und ihren religiösen Institutionen; doch ist es bisher niemandem gelungen, ein Gegenmittel dafür zu entwickeln. Denn wenn wir die geistlichen Aspekte des Antisemitismus außer Acht lassen, können wir ihn nicht vollumfänglich verstehen.

Im Europa vor dem Holocaust war der Antisemitismus als Ideologie fest im Denken der Menschen verankert. Seine Wurzeln waren christlich, seine Manifestationen mannigfach. Kurz vor dem Ersten Weltkrieg gab es für diese Ideologie auf der Weltbühne der Geschichte eine kurze Pause.

Vor dem Ausbruch des Ersten Weltkrieges schienen die Länder Europas sein Herannahen zu erahnen – sie rüsteten auf und ordneten ihre Heere. Der Krieg begann am 28. Juli 1914 und eskalierte schnell zu einem weltweiten Konflikt, denn die europäischen Mächte waren komplizierte Allianzen eingegangen. Aufgrund der Tatsache, dass die beteiligten Länder alle ihre Ressourcen für die Kriegsanstrengungen benötigten, wurden auch Zivilisten eingezogen; so kämpften auch Juden in den Heeren ihrer jeweiligen Heimatländer. Viele deutsche Juden erhielten Tapferkeitsorden, wurden verwundet oder fielen; der Reichsbund jüdischer Frontsoldaten zählte etwa 400.000 jüdische Veteranen.[129]

Schätzungen zufolge forderte der Krieg in seiner tödlichen Wucht über zehn Millionen Todesopfer und zirka zwanzig Millionen Verletzte. Die Kampfhandlungen endeten am 11. November 1918; am 28. Juni 1919 unterzeichnete Deutschland den von den Siegermächten festgelegten Friedensvertrag von Versailles.

Ein Teil der Saat für den Zweiten Weltkrieg war in diesem Vertrag schon angelegt. Eine neue Ära hatte begonnen.

> «Doch ihr, liebe Brüder und Schwestern, lebt ja nicht in der Finsternis. Also kann euch der Tag, an dem der Herr kommt, auch nicht wie ein Dieb in der Nacht überraschen. Ihr alle lebt im Licht; ihr gehört zum hellen Tag und nicht zur Nacht mit ihrer Finsternis. Darum lasst uns nicht schlafen wie die anderen! Wir wollen hellwach und nüchtern bleiben!»[130]

Weimar ist eine wunderschöne deutsche Stadt. Bronzene Hinweistafeln zieren die Häuer berühmter Persönlichkeiten, unter ihnen Musiker, Schriftsteller und Künstler.

Die Kulturstadt Weimar liegt nur rund zehn Kilometer von einer weiteren historischen Stätte entfernt. Es gibt eine Busverbindung, und die Fahrt ist kurz. Der Name der Bushaltestelle lautet Buchenwald. Der Rest der Strecke bis nach Buchenwald führt über die sogenannte Blutstraße; sie wurde von den KZ-Häftlingen mit bloßen Händen angelegt, ohne Werkzeug und Schutzvorkehrungen, den Elementen ausgesetzt, bei jedem Wetter. Es ist tatsächlich eine Blutstraße, denn die Arbeitssklaven hielten nicht lange durch. So manches Mal war der Tod ihr Befreier. Es erschreckt mich, wie kurz die Distanz zwischen Buchenwald und den Wohnhäusern der Bevölkerung ist.

Ich bin entsetzt, dass selbst heute Menschen direkt neben dem früheren Konzentrationslager wohnen. Die Atmosphäre ist schrecklich.

Das Böse liegt spürbar in der Luft, wie graue Wolken, die die Sonne verdunkeln. Ich beobachte die Menschen um mich herum und höre ihr Lachen.

Erschüttert, wie ich bin, würde ich am liebsten losschreien: «Liebe Leute, wisst ihr denn nicht, wo wir hier sind?»

Der Erste Weltkrieg endete im November 1918; im Juni 1919 wies der Friedensvertrag von Versailles Deutschland die alleinige Kriegsschuld zu. Deutschland wurde teilweise entmilitarisiert und verlor Teile seines Territoriums, einschließlich der Kolonien, und musste an die Alliierten Reparationszahlungen leisten. All das führte bei den Deutschen zu tiefer Beschämung und Wut, die gärten in den Zwischenkriegsjahren unter der Oberfläche. Erst 1925 unternahm man den Versuch, die Situation zu verbessern, indem die Alliierten das Rheinland verließen und Deutschland in den Völkerbund aufnahmen, der 1919 gegründet worden war.

In dieser Zeit der nationalen Niederlage wurde die Weimarer Republik gegründet und die frühere konstitutionelle Monarchie abgesetzt. Das Ende des Kaiserreichs läutete für die jüdische Gemeinschaft einen Neuanfang ein; die Weimarer Republik hatte viele Gegner, für die Juden aber war sie von Vorteil, denn sie ermöglichte ihnen gesellschaftlichen Aufstieg und Fortschritt sowohl als Bevölkerungsgruppe als auch als Einzelpersonen:[131] Die Verfassung der Republik verlieh jedem Bürger das Recht, sich am öffentlichen Leben zu beteiligen und sich in öffentliche Ämter wählen zu lassen.

Da die Juden sich politisch engagierten und in der neuen Regierung wichtige Positionen bekleideten, begannen ihre Feinde schon bald, sie mit der Politik der Weimarer Republik gleichzusetzen.

Zwei parallele Phänomene traten zeitgleich auf: Juden integrierten sich schnell in die Republik und die Gesellschaft im Allgemeinen, während andererseits der Antisemitismus in verschiedenen politischen und paramilitärischen Bewegungen zu einer starken Kraft wurde. Diese Vereinigungen waren zwar relativ klein, doch gehörte der Antisemitismus unmittelbar nach dem Ersten Weltkrieg zum Alltag; so erklärten sich Studentenverbindungen und viele Kurorte stolz als «judenrein».[132]

Ein weiteres bemerkenswertes Kennzeichen der Weimarer Republik war ihre besondere Kultur, eine Art atemloser und kreativer Kraft. Juden spielten in dieser kreativen kulturellen Phase eine sehr große Rolle.[133]

In den folgenden Jahren bekleideten Juden, wie schon gesagt, wichtige Regierungsämter; sie gehörten hauptsächlich den sozialistischen und demokratischen Parteien an. Einer von ihnen war der Industrielle *Walter Rathenau,* zunächst als Minister für Wiederaufbau tätig und später Außenminister; insbesondere bei der Ausführung der Reparationen und der Ordnung der Wirtschaft nach dem Krieg kam ihm eine wichtige Rolle zu.

Im Juni 1922 wurde Außenminister Rathenau von Rechtsradikalen ermordet. Dieser Mord beleuchtete auf dramatische Weise eine Kampagne, die am Ende des Krieges begonnen hatte; ihre Verfechter behaupteten, die Juden seien grundsätzlich oder sogar allein schuld an Deutschlands Niederlage. Der Mythos, Deutschland habe den Krieg verloren, weil es *von hinten erdolcht wurde,* die «Dolchstoßlegende», war das beherrschende Narrativ der antijüdischen Propaganda.[134]

Dieser Mythos legte den Juden auch die schrecklichen sozialen und wirtschaftlichen Probleme der Nachkriegszeit zur Last, die sich besonders 1922–1923 zu einer schweren Krise entwickelten: Die Inflation geriet völlig außer Kontrolle. Gleichzeitig strömten in der Hoffnung auf bessere Lebensbedingungen verarmte Juden aus Osteuropa, die «Ostjuden», nach Deutschland; sie fielen auf durch ihre seltsame religiöse Kleidung und wurden später zum Hauptziel antisemitischer Propaganda und Provokationen.

Ein weiteres Phänomen dieser Zeit, das künftig eine wichtige Rolle spielen sollte, war die kommunistische Revolution der *Bolschewiken* in Russland. Für *Zar Nikolai II.* stellte der Erste Weltkrieg eine sehr große Herausforderung dar; es mangelte an Lebensmitteln und wichtigen Rohstoffen, was man dem Zaren zur Last legte. Im März 1917 kam es zu einem Aufstand, den Nikolai niederzuschlagen versuchte, aber er endete in einer ausgewachsenen Revolution; im Herbst kamen die Bolschewiken an die Macht.

Nun griff in Westeuropa die Angst vor dem Kommunismus um sich, was dazu führte, dass rechtsradikale Parteien immer mehr Zulauf und Unterstützung erhielten; in vielen europäischen Ländern gewannen extremistische nationale Ideologien an Beliebtheit, sie sammelten sich unter dem Banner des Faschismus.

Unter den faschistischen und nationalistischen Bewegungen, von denen einige sehr anti-jüdisch eingestellt waren, stellte sich die ziemlich kleine Nationalsozialistische Deutsche Arbeiterpartei (NSDAP) als die bei weitem radikalste heraus. Sie wurde 1920 gegründet und verschleierte ihre Ziele nicht: Ihr gesamtes Parteiprogramm war mehr oder weniger antisemitisch begründet. Unter anderem forderte sie, den Juden die Bürgerrechte zu entziehen und sie mit allerhand Maßnahmen aus dem öffentlichen Leben zu verbannen. Die Parteiführung und insbesondere ihr Vorsitzender *Adolf Hitler* gebrauchten in ihren Reden und Druckerzeugnissen höchst radikale Ausdrücke; sie erklärten, das Ziel ihrer Partei sei nicht weniger als die völlige Beseitigung und Ausrottung der Juden. Hitler schrieb 1919: «Der Antisemitismus aus rein gefühlsmäßigen Gründen wird seinen letzten Ausdruck finden in der Form von Progromen [sic]. Der Antisemitismus der Vernunft jedoch muß führen zur planmäßigen gesetzlichen Bekämpfung und Beseitigung der Vorrechte des Juden, die er nur zum Unterschied der anderen zwischen uns lebenden Fremden besitzt (Fremdengesetzgebung). Sein letztes Ziel aber muß unverrückbar die Entfernung der Juden überhaupt sein.»[135] Aufgrund dieser Aussagen könnte man meinen, in Deutschland hätten sehr viele Juden gelebt; doch die Realität sah ganz anders aus: Die Volkszählung von 1925 zeigte, dass es in ganz Deutschland etwa 564.379 Juden gab – das waren 0,9 Prozent der Bevölkerung. Hinzu kommt noch, dass die Juden, insbesondere in der Mittelschicht, weithin assimiliert und oft mit Nichtjuden verheiratet waren.

Hitlers Partei war zwar nationalsozialistisch ausgerichtet, d. h., sie wollte ein höchst nationalistisches Land und betonte die Rolle des Gesamtstaates; doch ihr Antisemitismus überschritt die Landesgrenzen – die Partei bot eine «Lösung» für die sogenannte Judenfrage nicht nur in Deutschland an, sondern wollte die gesamte Menschheit von diesem «Fluch» befreien. Daher machte die Partei nicht an den deutschen Landesgrenzen halt, sondern bestand auf einem neuen radikalen Lösungsansatz für die ganze Welt.

Die Ideologie der Nazi-Partei beruhte ausnahmslos auf Rassismus, Rassenlehre und der Ungleichheit der Rassen. Die NSDAP propagierte einen Kampf zwischen verschiedenen «Arten», wobei die Juden zur niedrigsten gehörten. Juden waren, ihrer Auffassung nach, die Quelle allen biologischen Übels, das die gesamte Menschheit verunreinigte. Zusätzlich vertrat Hitler zwei Grundüberzeugungen: den baldigen Sieg der arischen Rasse über die slawische Rasse und das Bedürfnis der Deutschen nach Lebensraum, insbesondere in Osteuropa.

Die Nazis hatten vier Hauptthemen:

1) **Rassenlehren,** wobei sich die Geschichte um den Kampf zwischen den Rassen drehte. Dabei waren die Arier die dominante Rasse, der die anderen dienstbar sein sollten;
2) **Rassistischen Antisemitismus,** der behauptete, die Juden stünden nicht nur auf der niedrigsten Stufe der Rassenhierarchie, sondern wären eine Art «Untermenschen» und somit allen anderen «Rassen» unterlegen;
3) **Kampf gegen den Kommunismus** mit der Unterstellung einer Verbindung zwischen jüdischer Identität und Kommunismus – dadurch wurde der Kampf gegen den Kommunismus zum Kampf gegen die Juden;
4) **Kampf um Lebensraum,** wobei behauptet wurde, es sei für die arische «Rasse» nur natürlich, sich nach Osten auszubreiten und dort Raum einzunehmen.[136]

Für die NSDAP wurden die letzten Jahre der Weimarer Republik mit der Verschärfung der Wirtschaftskrise zu einer Zeit des politischen Aufstiegs. Oft kam es auf den Straßen zu gewalttätigen Ausschreitungen, wobei die Krise viele Nebeneffekte hatte: Bei den Reichstagswahlen 1928 erhielten die Nazis nur 3 % der Stimmen; doch 1929 veränderte sich die Lage drastisch – die Wirtschaftskrise war nicht mehr lokal begrenzt, sondern wurde zu einem globalen Phänomen, sodass die NSDAP im September 1930 zirka 18 % der Stimmen erzielte. Zentrale Bedeutung kam dem Jahr 1932 zu; im Juli konnten die Nationalsozialisten mehr als 37 % aller Stimmen auf sich vereinen, im November 33,1 %, damit waren sie die stärkste Partei; und am 30. Januar 1933, nachdem die Koalitionsverhandlungen seiner Konkurrenten gescheitert waren, wurde Adolf Hitler Reichskanzler.

In diesen letzten Jahren wurde der Antisemitismus zu einem gesellschaftlichen Phänomen, denn seine Auswirkungen beschränkten sich nicht mehr allein auf die Juden, sondern beeinflussten auch den Rest der Gesellschaft, da er zu den Hauptmerkmalen der NSDAP gehörte. Es wäre zu einfach, den Antisemitismus jener Zeit auf gewalttätige Ausschreitungen zu reduzieren; natürlich hatte die Gewalt Auswirkungen auf die jüdische Bevölkerung, doch sie war nicht der einzige Effekt des Judenhasses.

Was machte diesen Prozess historisch so bedeutsam? Soweit mir bekannt, gelang es hier zum ersten Mal einer Partei, im Kampf gegen eine demokratische Regierung den Antisemitismus – die «Judenfrage» – zum Hauptthema ihres Wahlkampfs zu machen. Die assimilierte jüdische Bevölkerung in Deutschland begann sich zu prüfen, denn ein gefährlicher Wandel lag in der Luft; wir wissen von Zeitzeugen, dass viele Juden damals anfingen, sich zu befassen mit ihrer Identität als deutsche Bürger einerseits und ihrer jüdischen Abstammung andererseits.

Es ist unverzichtbar, Hitlers Machtergreifung auf dem Hintergrund der eben geschilderten Entwicklungen zu betrachten. Die erste Ausgabe seines Buches *Mein Kampf* wurde per Zufall – oder war es eine Ironie der Geschichte? – im Jahr 1925 veröffentlicht, im selben Jahr, als *Paul von Hindenburg* zum Präsidenten der Weimarer Republik gewählt wurde; Hindenburg war im Ersten Weltkrieg Generalfeldmarschall gewesen, d. h. Oberbefehlshaber der deutschen Streitkräfte. Schwere wirtschaftliche Not führte leider dazu, dass in Hindenburgs beiden Amtszeiten als Präsident seine Beliebtheit schwand.

Hitlers Buch wurde nicht ernst genommen, ebenso wenig seine Reden; doch statt über seine Schrift zu lachen, hätte man sie fürchten müssen: Von Anfang an legte Hitler alles offen, was er zu tun beabsichtigte, doch leider stieß er damit in der Gesellschaft auf blinde Augen und taube Ohren. Hätte sein Umfeld die Anzeichen beachtet, hätte es Hitlers Machtergreifung verhindern können. In der instabilen Atmosphäre der Weimarer Republik war ein Mann wie Hitler potenziell gefährlich; doch man wollte, zumindest teilweise, diese Gefahr nicht wahrhaben. So wurden Juden attackiert und Synagogen geschändet, während die Unterstützung für die NSDAP stark zunahm.[137]

Wie wurde nun Hitler zum Reichskanzler? Die Antwort ist sehr einfach: Nachdem Regierungen unter Ausschluss der NSDAP gescheitert waren, beauftragte der gealterte Reichspräsident Paul von Hindenburg nun Hitler mit der Regierungsbildung. Auch heute ist die Fehlvorstellung sehr in Mode, durch Kompromisse könne man das Böse bekämpfen oder zumindest kleinhalten. Würde uns dieses Phänomen nicht auch heute so deutlich begegnen, könnten wir es für schockierend und unglaublich halten, dass intelligente Menschen Hitler nicht durchschauten. Hinzu kommt, dass die jüdischen Journalisten in einer, zum Teil selbsterschaffenen, völligen Ignoranz lebten. Die gesamte Gesellschaft ging davon aus, es hätte sich nichts geändert; dabei war eine Ära zu Ende gegangen.

Eine neue Zeit von Angst und Terror hatte begonnen. Am 27. Februar 1933 wurde der Reichstag niedergebrannt; man nimmt an, dass die Nazis den Brand selbst gelegt hatten. Am folgenden Tag setzte Hitlers Regierung die «Verordnung des Reichspräsidenten zum Schutz von Volk und Staat» in Kraft, die bis auf Weiteres wesentliche demokratische Grundrechte aufhob[138] und somit einen tauglichen Vorwand lieferte, die Versammlungsfreiheit auszuhebeln; nun konnte man ohne Gerichtsbeschluss Hausdurchsuchungen einfach anordnen und Eigentum beschlagnahmen – und das alles im Einklang mit Recht und Gesetz, da Reichspräsident Hindenburg laut Verfassung, um die öffentliche Sicherheit und Ordnung wiederherzustellen, das ordentliche Gesetzgebungsverfahren durch das Parlament umgehen und die Grundrechte vorübergehend außer Kraft setzen konnte.[139]

Die Geschichte zeigt, dass dieses listige und heimtückische Vorgehen sich in unterschiedlichen Ländern und Kulturen wiederholt (so Jahre später in vielen lateinamerikanischen Staaten). – Nachdem Hitler die Macht teils empfangen, teils an sich gerissen hatte, gehörte er nun, Anfang 1933, zu den mächtigsten Männern Europas – und seine Machtgier war grenzenlos.

> «... und erlangt große Macht, wenn auch nicht aus eigener Kraft. Schreckliches Verderben richtet er an, und was er unternimmt, das hat Erfolg. Er schaltet mächtige Herrscher aus, sogar Gottes heiliges Volk stürzt er ins Verderben. Weil er so schlau und gerissen ist, gelingt es ihm, die Menschen zu täuschen. In seinem Größenwahn bringt er viele ohne jede Warnung um. Selbst dem höchsten Herrn stellt er sich entgegen ...»[140]

Nach dem Brand des Reichstagsgebäudes verfügte Hitler über mehr Macht als eine demokratische Regierung; genau das war von Anfang an sein Plan gewesen. Betrachten wir die 1930er Jahre, so fällt uns auf, dass sich die deutsche Gesellschaft schnell veränderte, hauptsächlich durch neue Gesetze und neue Verwaltungsabläufe (Gleichschaltung der Länder). Zwar geschah dieser Wandel recht zügig; doch höchst bemerkenswert ist, dass der Bevölkerung in jeder Phase quasi auf dem Silbertablett Gelegenheit gegeben wurde, zu sagen: «Jetzt reicht's, diese Politik repräsentiert nicht mehr den Willen des Volkes» – doch niemand ergriff diese Gelegenheit.

Es mag sinnlos scheinen, beim Studium der Geschichte das Verhalten vorangegangener Generationen zu beklagen; doch wenn wir ehrlich sind, wissen wir, dass wir in einer vergleichbaren Situation genauso überrascht und ängstlich reagiert hätten. Der wahre Grund, warum wir die Geschichte detailliert betrachten sollten, liegt darin, aus der Vergangenheit zu lernen, damit wir bedenkliche Entwicklungen erkennen können, wenn sie zu unserer Zeit geschehen. Bitten wir Gott um Erbarmen, dass wir, anders als viele Zeitgenossen Hitlers, bereit sein werden, den hohen Preis zu bezahlen, der von uns verlangt werden könnte.

Nun wollen wir untersuchen, wie sich die Ereignisse weiterentwickelten. Ende Januar 1933 wurde Hitler zum deutschen Reichskanzler ernannt, und bereits im März begannen in verschiedenen Teilen Deutschlands die ersten gewalttätigen antijüdischen Ausschreitungen. Diese Randale waren geplant. Wie schon erwähnt, war der Antisemitismus bereits vor der Machtergreifung der Nazis in der deutschen Gesellschaft weitverbreitet; doch ist uns auch bewusst, dass viele bis dahin unauffällige Antisemiten durch die Nationalsozialisten ermutigt wurden, ihren Worten auch Taten folgen zu lassen.

Ebenfalls im März 1933 wurde in Dachau bei München das erste Konzentrationslager errichtet; sein Zweck bestand darin, möglichen Widerstand zu unterdrücken und die Deutschen einzuschüchtern. Die Ersten, die in Lagern inhaftiert wurden, waren Mitglieder der politischen Opposition, hauptsächlich Sozialisten, Kommunisten und Liberale. Andere Lager folgten; das KZ Buchenwald entstand zum Beispiel erst 1937.[141]

Im April 1933 testeten die Nationalsozialisten den Widerstandswillen der Deutschen mit dem ersten Boykott jüdischer Geschäfte. Da die Aktion nur einen Tag dauerte, waren ihre Ziele offensichtlich nicht primär wirtschaftlicher Art; es handelte sich vielmehr um ein Experiment der Regierung, die überprüfen wollte, wie das Volk auf die Verfolgung von Juden reagieren würde – die Reaktionen der Menschen sollten bestimmen, welchen Kurs die Regierung von da an einschlagen würde. Der April-Boykott zeichnete sich aus durch zwei sehr wichtige Merkmale: Es war das erste Mal, dass die gesamte deutsch-jüdische Bevölkerung durch einen offen antisemitischen Akt angegriffen wurde; zweitens versuchte man nicht einmal, ihn als spontane nationalistische Aktion darzustellen: Es war das Nazi-Regime, das diese Maßnahmen organisiert und durchgesetzt hatte.

Die Öffentlichkeit stellte sich nicht auf die Seite der Juden, jedenfalls nicht in einem Ausmaß, das die Regierung beunruhigt hätte. Als bewaffnete SA-Männer vor den jüdischen Geschäften Wache standen, hatten nur sehr wenige den Mut, dort einzukaufen. Ich habe mehrfach gehört, dass die Großmutter von *Dietrich Bonhoeffer* zu den wenigen gehörte, die sich nicht einschüchtern ließen.

Wenige Tage nach dem Boykott verabschiedete die Regierung das «Gesetz zur Wiederherstellung des Berufsbeamtentums» mit dem «Arierparagraphen», der Juden vom Beamtenstatus ausschloss; am selben Tag wurden per Gesetz jüdische Ärzte von der Vergütung durch Krankenkassen ausgeschlossen, jüdischen Anwälten wurde die Zulassung entzogen. Ich bin überzeugt, dass auch diesmal, wie beim Geschäftsboykott, die Gesetze keinen wirtschaftlichen Zweck verfolgten, auch wenn sie natürlich die wirtschaftliche Lage der Betroffenen stark beeinträchtigten; ihr Hauptzweck bestand darin, eine soziale Barriere zu errichten zwischen den deutschen Juden und den «arischen» Deutschen.

Als die Juden ganz unverblümt vom Rest der Gesellschaft ausgeschlossen wurden, war es für die Bevölkerung schwierig, ihnen so zu begegnen wie bisher; und je deutlicher die Regierung ihre Überzeugungen vertrat und je stärker das Misstrauen wurde, desto weniger Menschen hatten den Mut, eigenständig zu denken und zu handeln.

Zusätzlich zu den sozialen Erwägungen war es ein realistisches Ziel der damaligen Zeit, den deutschen Juden das Leben so schwer zu machen, dass sie selbst beschlössen, auszuwandern – das Vermögen wurde vom Staat beschlagnahmt («Reichsfluchtsteuer» 1931, erheblich verschärft im Mai 1934); so schrieb Hermann Göring im Januar 1939: «Die Auswanderung der Juden aus Deutschland ist mit allen Mitteln zu fördern.»[142] Bis das 1941 verboten wurde, flohen 275.000 Juden aus Deutschland.

Im Mai 1933 kam es zu weiteren Maßnahmen: Nun wurden Bücher, die entweder von Juden stammten oder demokratische Ideen enthielten, auf den Straßen verbrannt. Dazu gehörte zum Beispiel das Antikriegsmanifest *Im Westen nichts Neues* von *Erich Maria Remarque* (1898–1970); auch Kunstwerke aus den Museen wurden ins Feuer geworfen, unter anderem Gemälde von *Pablo Picasso* (1881–1972) und *Marc Chagall* (1887–1985).

Bücherverbrennungen mögen uns harmlos scheinen, eher wie ein vergnüglicher Zeitvertreib; doch tatsächlich sind sie alles andere als das, denn in den meisten Diktaturen (auch nach der Nazi-Zeit) sind das Verbrennen von Büchern und die Zerstörung von Druckerpressen die Vorläufer von Gewalt gegen Menschen. Zwar weisen die meisten Diktaturen, sowohl vor als auch nach der Nazi-Zeit, ihre ganz eigenen Merkmale auf; doch die Entwicklung zum Massenmord geschieht oft in einer bestimmten Reihenfolge. Daher überrascht es nicht, dass bereits einen Monat nach den Bücherverbrennungen vom Mai 1933 rund 27.000 Gegner des Hitler-Regimes im KZ oder im Gefängnis waren.

Im September 1935 unternahm die Nazi-Regierung mit der Veröffentlichung der *Nürnberger Rassegesetze* einen weiteren wichtigen Schritt; damit wurde aus Deutschland ein «Rassenstaat», wie die Historiker es nennen. Juden wurden von ihren deutschen Nachbarn isoliert, da sie laut der neuen Gesetzgebung nur noch Bürger zweiter Klasse waren, die vom wirtschaftlichen und sozialen Leben der Gesellschaft vollkommen abgeschnitten werden mussten. 1935 hatten bereits 25 % aller Juden ihre Geschäfte verloren, entweder, weil man ihnen befohlen hatte, ihre Läden zu schließen, oder weil ihr Unternehmen auf einen Arier übertragen worden war. Da die Gesetze auf die «Reinheit des Blutes» abstellten, hatten Juden keine Möglichkeiten, sie zu umgehen. Das Verbot von Ehen zwischen Deutschen und Personen «minderwertigen Blutes» verhinderte, dass Juden und Arier einander heirateten; dieses Verbot betraf zum Beispiel auch Sinti und Roma.

Während die Juden durch neue Gesetze bedrängt wurden, waren die Deutschen Ziel einer großangelegten Propaganda-Kampagne. Die Rolle der Propaganda ist nicht zu unterschätzen; in allen Diktaturen verläuft die Beeinflussung der Bevölkerung parallel zur Einführung neuer Gesetze. Die Nationalsozialisten beherrschten alle Medienkanäle der damaligen Zeit, einschließlich des Radios, der Presse und öffentlicher Veranstaltungen. Plakate im ganzen Land zeigten Bilder von schönen Ariern und als Gegensatz Darstellungen von verschlagenen und unheimlich wirkenden Juden.

Diese Propaganda führte zu einer graduellen und doch merklichen Veränderung in der Haltung von Politikern und Beamten; nahezu instinktiv behandelten sie Juden anders als Arier. Da sich der Wandel 1933–1935 so schnell vollzog, war er für seine jüdischen Opfer umso grausamer.

Wie es dem Nazi-Regime und seinen Sicherheitskräften gelingen konnte, die Bevölkerung zur Isolation der Juden zu zwingen, darüber ist viel diskutiert worden. In manchen Fällen gingen die Menschen sogar über die Grausamkeiten hinaus, die von ihnen verlangt wurden; so war die öffentliche Schmähung von Ehepaaren, bei denen nur einer der Ehepartner Jude war, an der Tagesordnung, obwohl niemand sie angeordnet hatte.[143] Bis1938 besuchten jüdische Kinder deutsche Schulen; doch je antisemitischer die Gesellschaft wurde, desto stärker veränderte sich die Atmosphäre dort: Ausgrenzung, Diskriminierung aller Art und Übergriffe prägten den Schulalltag.

All das war natürlich nur der Anfang; es sollte noch viel Schlimmeres geschehen. Der Holocaustüberlebende Professor *Israel Gutman,* einer der ältesten Wissenschaftler in Yad Vashem und eine weltweit führende Kapazität in der Holocaustforschung, sagte dazu: «Die Juden waren überzeugt, dass es noch schlimmer nicht kommen konnte. Tatsächlich jedoch war jeder Schritt schlimmer und schrecklicher als der vorherige. Diese Entwicklungsdynamik war der Inbegriff des Schreckens.»[144]

Ein fürchterlicher Schritt war das Euthanasie-Programm der Nationalsozialisten, es begann 1933 mit der Zwangssterilisation von «Erbkranken». Im August 1939 wurde eine neue Anordnung erlassen, die von den Ärzten verlangte, alle zwischen 1936 und 1939 geborenen Kinder zu melden, die an Erbkrankheiten litten oder Fehlbildungen aufwiesen; Kinder wurden zu Tausenden aus den Heimen geholt und in speziell dafür gebauten Einrichtungen ermordet – an diesen Morden beteiligte sich der gesamte Berufsstand der deutschen Psychiatrie. In der Regel bekamen die Ärzte ihre Patienten nicht einmal zu Gesicht; sie warfen nur einen kurzen Blick auf die Krankenakten und ließen die Kinder dann in eine von sechs «Kinderfachabteilungen» bringen, eskortiert von SS-Leuten in weißen Arztkitteln. Behinderte Kinder ließ man zunächst verhungern, später ermordete man sie durch Giftspritzen oder eine Überdosis Schlafmittel und schließlich mit der bei den Nazis beliebtesten Methode, durch Vergasung (bereits im Bus – die Abgase wurden in den Fahrgastraum geleitet).

Die Ärzte konnten 15 bis 20 Kinder gleichzeitig ermorden; die Leichen wurden verbrannt;[145] bei den Nürnberger Prozessen wurde festgestellt, dass 250.000 Deutsche dem Euthanasieprogramm zum Opfer gefallen waren.[146] Obwohl die katholische Kirche gegen diese Maßnahmen protestierte, da viele Kinder in kirchlichen Einrichtungen lebten, wurde das Programm bis zum Ende des Zweiten Weltkriegs fortgesetzt. Offiziell wurde es zwar eingestellt, insgeheim aber weiterbetrieben.

Die vielleicht wichtigste Frage betrifft die Juristen, Ärzte und sonstigen Personen, die mitmachten und dabei weder Gewissensbisse noch moralische oder rechtliche Bedenken erkennen ließen: Warum wurden sie nicht aus Kirchengemeinden ausgeschlossen oder, wie in der katholischen Kirche eigentlich üblich, exkommuniziert? Schließlich handelte es sich um ein mörderisches Unterfangen. Tatsächlich stellte es die erste Phase des Massenmordes an den Juden dar, es wurde immer extremer.

Als die Menschen wegschauten von diesen fürchterlichen Szenen, wurden sie so brutal und unmenschlich wie ihre Regierung. Der Schlüssel zum Verständnis der weiteren Geschehnisse liegt in der Tatsache, dass sie sich weigerten hinzuschauen. Gingen die Deutschen nicht auf die Barrikaden, wenn ihre eigenen Kinder ermordet wurden, so würden sie es bestimmt nicht für die deutschen Juden tun. Je mehr die Regierung das Volk terrorisierte, desto näher kam sie ihrem Ziel – dem Massenmord an den Juden.

Der Weg zum Genozid war gleichzeitig «legal und kriminell», wie es Professor Michael J. Bazyler formuliert hat. Genau darin liegt der erschreckendste Aspekt der gesamten Entwicklung.[147] Recht und Gesetz sind ein Spiegel der Gesellschaft; sie reflektieren nicht nur den Willen des Gesetzgebers, sondern auch den Willen der Bürger, die die gesetzgebenden Abgeordneten gewählt haben.

Das Recht ist niemals neutral, es verkörpert die Werte der Gesellschaft. Tatsächlich wurden bestehende Gesetze je nach Bedarf sowohl angewendet als auch verändert; dadurch erhielten alle Maßnahmen einen trügerischen Anschein von Rechtmäßigkeit. So wurde die Gesellschaft darauf vorbereitet, bestimmte Bevölkerungsgruppen als «Untermenschen» zu betrachten, diese sollten in einem zweiten Schritt schließlich ermordet werden.

In den Nürnberger Kriegsverbrecherprozessen beteuerten die Angeklagten, in völligem Einklang mit dem Gesetz gehandelt zu haben und daher keine Kriminellen zu sein. Glücklicherweise argumentierte das Militärtribunal, Nazi-Deutschland sei als Ganzes zu einem gesetzlosen Staat geworden, sodass eine Befolgung seiner Gesetze nicht bedeutete, Gerechtigkeit zu üben.[148] Mit anderen Worten: Recht und Gerechtigkeit sind keine Synonyme, sondern es kann Situationen geben, in denen der Mensch gegen geltendes Recht verstoßen muss, um gerecht zu handeln.

Entwicklungen, die sich schnell beschleunigen, können schließlich einen Punkt erreichen, an dem sie unumkehrbar sind; als hätten die Ereignisse so viel Fahrt aufgenommen, dass die Bremsen nicht mehr funktionieren und der Weg in den Abgrund unvermeidlich ist. Im Hinblick auf Nazi-Deutschland bezeichnen Historiker 1938 als das Schicksalsjahr.

1938 war insofern ein höchst außergewöhnliches Jahr, als wir in der deutschen Gesellschaft deutliche Veränderungen beobachten können. Im Inneren stand Deutschland 1938 bereits unter der absoluten Kontrolle einer Partei, das heißt, es herrschte eine totalitäre Regierung – und die NSDAP gab sich nicht zufrieden, bis sie alle Lebensbereiche der Bürger in ihrer Gewalt hatte. Was die Juden betraf, war das Land seit dem Beginn der judenfeindlichen Aktionen bereits einen großen Schritt weitergekommen; diese sollten noch zunehmen und gehörten zur Gesamtzielsetzung des Staates. Über 150.000 Juden hatten Deutschland bereits verlassen; der «Anschluss», die Annektierung Österreichs, unterstellte weitere 192.000 jüdische Menschen der Kontrolle der Nationalsozialisten.[149] In dieser Phase hatte das Nazi-Regime jüdische Pässe bereits konfisziert; die Wenigen, denen es gelang, einen Reisepass zu ergattern, mussten ihn mit dem Buchstaben J abstempeln lassen, um ihre jüdische Identität offenzulegen.

In der Außenpolitik hatte sich Deutschland gewandelt vom entmilitarisierten Staat des Versailler Friedensvertrags zu einem Land, das sich auf einen Krieg zubewegte. Im März 1938 demonstrierte das Deutsche Reich gegenüber den Westmächten seine militärische Stärke – mit Erfolg: Im Rahmen des Anschlusses marschierte die deutsche Wehrmacht bis nach Wien, unterwegs wurde sie von den Österreichern überall begeistert begrüßt. Die Verfolgung der österreichischen Juden begann sofort nach der Annektierung – nicht durch die Deutschen, sondern auf Eigeninitiative der Österreicher. Bereits im August desselben Jahres hatte man 2.732 Österreicher verhaftet, 2.033 davon waren Juden; die meisten von ihnen wurden im KZ Dachau inhaftiert.[150]

Um einen Krieg zu verhindern, wurde zudem die kleine Tschechoslowakei dem Machtwillen Hitlers geopfert – ein weiteres Beispiel für einen Kompromiss, den man mit dem Bösen einging in dem Glauben, die Welt dadurch vor weiteren Übergriffen schützen zu können. Die Tschechoslowakei musste das Sudetenland aufgeben, ein Gebiet an der Grenze zu Deutschland und Österreich, in dem viele Deutsche lebten. Das Deutsche Reich, das die Schwäche der umliegenden Länder erkannte, war kriegsbereit und fürchtete sich nicht vor den Regierungen, die ihm Frieden um jeden Preis anboten.

Winston Churchill (1874–1965), der damals noch nicht britischer Premierminister war, durchschaute diese Dynamik. Als Premierminister *Neville Chamberlain* (1869–1940) aus München zurückkehrte, wo das Abkommen, mit dem man die Tschechoslowakei preisgab, unterzeichnet worden war, warnte Churchill ihn: «Die Regierung musste zwischen Krieg und

Schande entscheiden. Sie wählte die Schande. Den Krieg wird sie ebenfalls bekommen.»[151] Leider wurde 1938 der Ernst dieser Warnung Churchills völlig ignoriert.

Weitere unheilvolle Entwicklungen bahnten sich an. Am 28. Oktober 1938 wurde eine Gruppe polnischer Juden mit brutaler Gewalt dazu gezwungen, sich in einem Niemandsland zwischen Polen und Deutschland niederzulassen. Dort gab es keinerlei Erwerbsmöglichkeit, sodass die Menschen unter Hunger und unbeschreiblichen Qualen litten, ohne eine Chance, ihrer Lage zu entkommen. Einem von ihnen, *Sendel Grynszpan*, gelang es, seinem Sohn *Herschel* in Paris einen Brief zu schicken, in dem er die schrecklichen Lebensbedingungen dieser jüdischen Gruppe schilderte. Am 7. November 1938 verübte Herschel Grynzspan daraufhin in Paris ein tödliches Attentat auf den deutschen Diplomaten *Ernst vom Rath*.

Zwei Tage später kam es zur «Reichskristallnacht», sie war geprägt von Vandalismus, gewalttätigen Ausschreitungen und Brandstiftung. Lange glaubte man, sie sei eine Reaktion auf die Ermordung des Diplomaten gewesen; doch war sie von langer Hand vorbereitet und in einigen Städten begann sie bereits am 8. November. In München waren wie jedes Jahr hochrangige Nationalsozialisten versammelt, um den Jahrestag von Hitlers erfolglosem Putschversuch 1923 zu begehen; außerdem war am 11. November 1918, also 20 Jahre zuvor, der Erste Weltkrieg mit der Niederlage Deutschlands zu Ende gegangen. Höchstwahrscheinlich hatte man diese Nacht der antijüdischen Ausschreitungen schon lange geplant und der Mord an dem Diplomaten bot nur einen höchst willkommenen Vorwand.[152] In dieser Nacht zerstörten die Nazis jüdische Geschäfte, drangen in Privathäuser ein und vor allem steckten sie die Synagogen in Brand. Über 30.000 jüdische Männer wurden in Konzentrationslager deportiert.

Der Berliner Priester *Bernhard Lichtenberg* kommentierte, auch Synagogen seien Gotteshäuser.[153] Rund 400 Jahre waren vergangen, seit Martin Luther verlangt hatte, Synagogen anzuzünden; jetzt trug der schreckliche Aufruf Früchte. Für die Juden in Deutschland war es der Anfang vom Ende. Es mag sein, dass die Lage der deutschen Juden 1938 als Alarmsignal diente; doch man hatte noch nicht begriffen, dass tatsächlich ganz Europa am Rande des Abgrunds stand.

Die Reichskristallnacht läutete tatsächlich den Anfang vom Ende ein. Das Böse beginnt niemals dort, wo es schließlich endet – viele Historiker gehen davon aus, dass es in den 1930er Jahren noch möglich gewesen wäre, Hitler entgegenzutreten, da seine Macht noch nicht gefestigt war und der Krieg noch nicht begonnen hatte. Allerdings beschränkte sich der Widerstand in jenen Jahren auf ein paar wenige Mutige; der Antisemitismus war in der Gesellschaft so tief verwurzelt, dass antijüdische Aktionen zu keinem Aufschrei führten. Wenn es zum Widerstand kam, dann nur, weil Menschen in Hitler eine Gefahr für Deutschland sahen.

Über diese Nacht mit ihrem ausdrucksstarken Namen wurde in der internationalen Presse berichtet, die Gefährdung der deutschen Juden war eine wohlbekannte Tatsache; doch die Reichskristallnacht ereignete sich, als die Welt bereits begonnen hatte, ihre Türen zu verschließen vor den Juden, die in ihrer verzweifelten Suche nach Zuflucht gegen ihre Türen hämmerten. So nahm Großbritannien zwar jüdische Kinder auf, die kamen mit speziellen Kindertransporten ins Land; aber diese Kinder mussten von ihren Familien Abschied nehmen, weil nur sie einreisen durften – ihre Eltern sahen sie nie wieder, aber diese «Kindertransporte» haben Tausenden von Kindern das Leben gerettet.

Im Juli 1938 berief der amerikanische Präsident Roosevelt eine internationale Konferenz ein, um über die alarmierende Situation der deutschen Juden zu beraten; sie ist als *Konferenz von Evian* in die Geschichtsbücher eingegangen. Die meisten Länder, einschließlich der amerikanischen Regierung, schickten nur Delegierte niedrigen Ranges, die keine Entscheidungen treffen konnten. So gelang es diesen Staaten, den Eindruck zu erwecken, sie verfolgten die Entwicklung in Deutschland besorgt; doch unternahmen sie keinerlei Versuche, eine Lösung zu finden. Ein Mitglied der australischen Delegation erklärte, da man in Australien «kein echtes Rasseproblem» habe, hege man «nicht den Wunsch, eines zu importieren».[154]

Chaim Weizmann, der später der erste Präsident des Staates Israel werden sollte, erklärte gegenüber dem Manchester Guardian: «Die Welt zerfällt in zwei Hälften – in eine, in der Juden nicht leben können, und eine andere, die sie nicht hereinlässt.»[155] Man kann nicht leugnen, dass das Scheitern der Konferenz von Evian ein weiterer Schritt war in Richtung Völkermord. Bemerkenswert ist auch, dass der Antisemitismus in vielen Ländern weitverbreitet war; das jüdische Feindbild galt nicht nur für die Gegenwart, sondern auch für die Zukunft, die diese Länder für sich anstrebten.

Die Gleichgültigkeit der Welt zeigte sich in vielfältiger Weise. So brach im Mai 1939 das Passagierschiff *St. Louis* von Deutschland auf, um etwa 900 jüdische Flüchtlinge nach Kuba zu bringen. Unterwegs bekam Kuba eine neue Regierung und die Einreisegenehmigung wurde widerrufen; der Kapitän rechnete damit, die Vereinigten Staaten oder Kanada würden diese Menschen retten, doch schließlich musste die St. Louis nach Europa zurückkehren. Belgien, Frankreich, Holland und Großbritannien nahmen die Flüchtlinge auf, doch drei der vier Länder wurden von Deutschland besetzt und so kamen 254 dieser Flüchtlinge in der «Endlösung der Judenfrage» doch noch ums Leben.

Nun stehen wir an der Schwelle zum Zweiten Weltkrieg. Hitlers erstes Angriffsziel war Polen, das Land mit den meisten Juden in Europa – über drei Millionen Juden waren Hitler nun schutzlos ausgeliefert. Die «Endlösung», seit langem ein rein theoretisches Ziel der SS, wurde jetzt zu einer leicht umzusetzenden Realität: Millionen von Juden standen dem Nazi-Regime völlig hilflos gegenüber. Wir kennen nur einen Bruchteil ihrer Geschichten.

Der Holocaustüberlebende Primo Levi drückt es mit seinem berühmten Zitat, das im Anne-Frank-Museum in Amsterdam ausgestellt ist, folgendermaßen aus: «Eine einzelne Anne Frank bewegt uns mehr als die unzähligen anderen Menschen, die genauso gelitten haben wie sie, deren Gesichter uns jedoch verborgen geblieben sind. Vielleicht ist es besser so; wären wir in der Lage, das Leid all dieser Menschen zu erfassen, könnten wir nicht mehr weiterleben.»

Ähnliches haben mir viele ältere Holocaustüberlebende erzählt: Solange man «es» nicht selbst erlebt hätte, könnte man es nicht wirklich verstehen.

Doch es gibt etwas, das wir tun können: Wir können uns vergegenwärtigen, dass jedes Opfer ein Individuum war, ein Familienmitglied, ein Mensch. Die Nazis wollten die Identität dieser Personen auslöschen, indem sie sie zu Nummern machten. Hier verbirgt sich ein großes Geheimnis: Der Gott der Bibel hält den Namen eines Menschen für so wichtig, dass er das Schicksal einiger dadurch veränderte, dass er ihnen einen neuen Namen gab. So erinnern wir uns der sechs Millionen, aber wir gedenken jedes Einzelnen.

Die israelische Dichterin *Zelda Schneerson Mishkovsky* (1914–1984) hat dazu ein Gedicht geschrieben mit dem Titel «Jeder Mensch hat einen Namen»:

«Jeder Mensch hat einen Namen,
den GOTT ihm gegeben,
den Vater und Mutter ihm gegeben.

Jeder Mensch hat einen Namen,
den seine Gestalt und sein Lächeln ihm geben.

Jeder Mensch hat einen Namen,
den das Gebirge ihm gibt
und die Wände, in denen er lebt.

Jeder Mensch hat einen Namen,
den seine Sünde ihm gibt
und die Sehnsucht, die sein Leben prägt.

Jeder Mensch hat einen Namen,
den seine Feinde ihm geben
und den seine Liebe ihm gibt.

Jeder Mensch hat einen Namen,
den seine Feste ihm geben,
den seine Arbeit ihm gibt.

Jeder Mensch hat einen Namen,
vom Kreislauf des Jahres
und von seiner Blindheit ihm beigelegt.

Jeder Mensch hat einen Namen,
den das Meer ihm gibt
und schließlich auch der eigene Tod.»[156]

6. | Die «Endlösung» der Nazis – Schritte auf dem Weg zum Völkermord

«Ich war der Einzige, der die Erscheinung wahrnahm. Meine Begleiter konnten sie nicht sehen, doch sie bekamen plötzlich große Angst, liefen davon und versteckten sich. So blieb ich allein zurück und spürte, wie mich beim Anblick der beeindruckenden Gestalt alle Kräfte verließen. Ich wurde kreidebleich und konnte mich kaum noch auf den Beinen halten. Da fing der Mann an zu sprechen, und als ich seine gewaltige Stimme hörte, verlor ich die Besinnung, fiel um und blieb mit dem Gesicht am Boden liegen … ‹Jetzt bin ich hier, um dir zu erzählen, wie es in späterer Zeit mit deinem Volk weitergeht. Denn was du nun von mir erfährst, liegt noch in ferner Zukunft.›»[157]

Auf dem Weg zur Villa Wannsee fahren wir durch das schönste Viertel Berlins, vorbei an gepflegten Gärten. Wir erhaschen einen Blick auf elegante Segelboote auf dem See. Als wir aus dem Auto steigen, liegt vor uns ein kunstvoll angelegter Weg, der zu einer weißen Villa führt. Alte Bäume mit grünem Laub umgeben uns. Alles wirkt kultiviert und ruhig – eine sehr feine Gegend.

Die weiße Villa ist mittlerweile ein Museum, wir besichtigen ihre geschmackvoll eingerichteten Räume. Hier kamen im Januar 1942 Vertreter verschiedener Behörden der Nazi-Regierung zusammen; sie trafen sich, um eine Einigung zu erzielen über ihre Zusammenarbeit, wie sie den Völkermord möglichst zügig und reibungslos durchführen könnten. Besonders zu berücksichtigen war die deutsche Reichsbahn, denn sie sollte in diesem Plan eine sehr wichtige Rolle spielen. Das Treffen dauerte nicht lang, denn alle Teilnehmer waren von ihrem Ziel überzeugt. Die Zahl der Juden in Europa war sehr hoch, doch selbst das war kein Problem; dieses Regime konnte jede Herausforderung bewältigen.

Die Villa Wannsee steht vor allem für die Alltäglichkeit des Bösen: Die Vertreter des Nazi-Regimes waren durchschnittliche Männer, der plötzliche historische Wandel hatte sie an die Macht gebracht. Sie diskutierten den Völkermord, als handle es sich um den Transport von Munition an die Front oder um irgendwelche bestellte Ware. Sie wussten nicht, dass ihre Tage gezählt waren; sie hatten noch Zeit, aber die lief unerbittlich ab. Sie hatten keine Ahnung, wessen Augapfel sie da antasteten.

Die Villa Wannsee beeindruckt mich nicht. Ich würde niemals in diese Gegend ziehen, selbst wenn man mir dafür Geld gäbe. Ich gehe schnell wieder weg, denn aus irgendeinem Grund ist mir übel – vielleicht weil sich in meinem Kopf der Gedanke an die Nazi-Größen, die hier ein Frühstück einnahmen, überlagert mit dem Bild eines offenen Massengrabs.

Was meinen wir eigentlich mit Begriffen wie *Völkermord, Massenmord* und *Genozid?* Als man in den Nürnberger Prozessen die Taten der Nazi-Kriegsverbrecher definierte, erklärten die Richter: «Sie (die Angeklagten) führten einen vorsätzlichen und systematischen Völkermord durch, d. h. die Vernichtung ethnischer und nationaler Gruppen. Sie begingen ihn an der Zivilbevölkerung bestimmter besetzter Gebiete, um besondere Ethnien und Volksgruppen auszulöschen sowie nationale und religiöse Gruppierungen, insbesondere Juden, Polen, Zigeuner und andere.»[158] Die Vereinten Nationen definieren Völkermord folgendermaßen: «Völkermord ist die Verneinung des Existenzrechts von ganzen Menschengruppen, während Mord das Lebensrecht einzelner Menschen leugnet; eine derartige Aberkennung des Existenzrechts erschüttert das Gewissen der Menschheit … und läuft den moralischen Grundsätzen sowie dem Geist und den Zielen der Vereinten Nationen zuwider.»[159]

Völkermord richtet sich nicht nur gegen den Geist und die Ziele der Vereinten Nationen, sondern ist ein Verbrechen gegen die Menschheit selbst; es ist ein unnatürliches Verhalten, herbeigeführt durch bestimmte Faktoren. Völkermord ist nicht mit Krieg gleichzusetzen, auch wenn er im Rahmen eines Krieges geschehen kann. Die Geschichte bietet uns viele Beispiele für Völkermord; sie weisen sowohl gemeinsame als auch einzigartige Merkmale auf.

Der Begriff *Holocaust,* der in den meisten Sprachen gebraucht wird für die Verfolgung und Vernichtung der Juden in und durch Deutschland, stammt aus dem Griechischen; dort hat er eine zutiefst religiöse Bedeutung: «Brandopfer». Im Hebräischen bezeichnet man die Judenverfolgung durch Deutschland mit dem Wort *Schoah* – «Zerstörung», «Katastrophe»; es ist ein Begriff aus der Bibel. Diese Wörter mit religiöser Bedeutung wurden eingeführt, weil es in der Alltagssprache schlicht und einfach keine passende Bezeichnung gab für ein derart schockierendes Ereignis von so enormem Ausmaß.

Diese Judenverfolgung führte der Welt ein Extrem vor Augen, von dem sie sich nie wieder ganz erholt hat; schließlich wirft sie ernste Fragen auf: Was ist die Verantwortung einer Einzelperson innerhalb der Gesellschaft? Wie sollten wir reagieren, wenn auf dieser Welt unschuldige Menschen verfolgt werden? Wie sieht unsere persönliche Verantwortung in der Gesellschaft aus – und wie weit darf unser Gehorsam gegenüber dem Staat gehen? Was ist unsere persönliche Verantwortung, wenn zuerst die Grundwerte einer Gesellschaft sich verändern müssen, bevor diese Gesellschaft die Existenz von Konzentrations- und Vernichtungslagern toleriert?

Der Holocaust, der Völkermord an den Juden, war ein extremer Genozid; sein öffentlich erklärtes Ziel war, die gesamte jüdische Bevölkerung zu ermorden. Er geschah vor nicht allzu langer Zeit und ist der bestdokumentierte Völkermord der Weltgeschichte – mit anderen Worten: Uns liegt eine enorme Menge an Beweismaterial vor, sowohl vonseiten der Täter als auch vonseiten der Opfer und Überlebenden. Zusätzlich zu den Einzelschicksalen betrifft ein Teil dieses Materials ganze Gemeinschaften, die ermordet wurden. Der Holocaust beinhaltet jedes einzelne Element eines Genozids, von seiner ursprünglichen Planung bis zur schlussendlichen Durchführung. Diese Elemente sind u. a.:

- **Diskriminierung** einer bestimmten Bevölkerungsgruppe;
- **finanzielle Maßnahmen** wie die Beschlagnahmung von Vermögen;
- **negative Stereotype und Beschreibungen** einer bestimmten Gruppe durch Propaganda;
- spezifische **Rassenlehren;**
- **Bürokratie** und Verwaltungshandeln, die dem Völkermord dienen;
- **Reaktionen der anvisierten Opfer** in einer Atmosphäre wachsender Gefährdung.[160]

Viele Holocaustforscher haben darum gerungen, diesen besonderen Genozid, den Holocaust an den Juden, zu definieren: Sollte man ihn als ein einzigartiges Ereignis betrachten, ohne Vorläufer oder Parallelen? Oder müsste man ihn einordnen als Geschehen, das Zusammenhänge mit ähnlichen Vorgängen aufweist, sodass es uns leichter fallen würde, daraus zu lernen und Schlussfolgerungen daraus zu ziehen?[161] Wie steht es um die Armenier und die Ruander, womit mussten sie sich auseinandersetzen? Das gesamte Konzept des Genozids eröffnet beängstigende Horizonte – selbst die Forscher wissen nicht, wie sie darauf reagieren oder es erschöpfend erklären sollen.

Wir sind es gewohnt, den Holocaust unter dem Gesichtspunkt des Völkermords zu betrachten; daher assoziieren wir ihn, im engeren Sinne, mit den Jahren 1941–1945, in denen der Genozid hauptsächlich stattfand, vom Angriff Nazi-Deutschlands auf die Sowjetunion 1941 bis zum Kriegsende im Mai 1945. Der Fortgang des Krieges brachte immer mehr jüdische Gemeinschaften unter die Herrschaft der Deutschen; da wir in diesem Rahmen nicht ganz Europa berücksichtigen können, wollen wir als Beispiel für diese Entwicklung Polen näher betrachten und insbesondere seine Hauptstadt Warschau.

Vor Beginn des Krieges lebte in Warschau mit rund 350.000 Juden die zweitgrößte jüdische Gemeinschaft weltweit, das waren um die 30 % der Stadtbevölkerung. Nachdem die deutsche Wehrmacht über die tapfere, aber schlecht ausgerüstete polnische Armee einen schnellen Sieg errungen hatte, begann sie, gegen die Juden vorzugehen: Sofort nach der Kapitulation Polens wurde die jüdische Gemeinde von Warschau brutalen Angriffen unterworfen, Zwangsarbeit, Vandalismus und Enteignung; in den ersten Wochen der deutschen Herrschaft starben Tausende von Juden.

Noch im September 1939 erließ Reinhard Heydrich offizielle Anordnungen zum Umgang mit der jüdischen Bevölkerung: Juden, die in kleineren Städten und Dörfern lebten, mussten in die Ghettos gebracht werden, die man in den großen Städten einrichtete. Bekannte jüdische Persönlichkeiten hatten als Kontaktpersonen zwischen den Deutschen und den Juden zu dienen – sie bildeten die «Judenräte». Die erwähnten Anordnungen waren nur der Auftakt, markierten die «Übergangsphase»: Juden mussten besondere Erkennungszeichen an ihrer Kleidung tragen, Radiogeräte abgeben und Zwangsarbeit leisten, ihr Besitz konnte beschlagnahmt und sie selbst in Arbeitslager deportiert werden. In dieser Phase wurden sie registriert, damit man ihre genaue Anzahl und ihre Adressen kannte.

Im November 1940 wurde das Warschauer Ghetto eingerichtet; im Zweiten Weltkrieg war es das größte jüdische Ghetto Europas. Hier lebte eine halbe Million Juden auf engstem Raum zusammen; viele starben an Seuchen, Hunger und Kälte. Das Ghetto war von einer Mauer umgeben, so war es den Bewohnern unmöglich, mit dem Rest der Bevölkerung irgendwelche Geschäfte zu tätigen; zudem war das Handeln auf dem Schwarzmarkt sehr gefährlich. Doch obwohl die Juden vom Rest der Welt isoliert wurden, hatten sie die Kraft, Schulen und Kulturangebote zu organisieren – das war eine Art von Widerstand gegen die Deutschen, oft als «geistiger Widerstand» bezeichnet.

Im Juli 1942 begannen die Deutschen mit den Deportationen aus dem Ghetto. Die praktische Durchführung war sehr einfach: Man befahl den Juden, deren Namen auf der jeweiligen Liste standen, zum «Umschlagplatz» zu kommen – den kann man bis heute in Warschau besichtigen –; von dort wurden sie in Güterwaggons dichtgedrängt in die Konzentrations- und Vernichtungslager abtransportiert.

Bis September 1942 wurden so 300.000 Juden deportiert. Rund 254.000 von ihnen brachte man ins Vernichtungslager Treblinka, wo sie gleich nach ihrer Ankunft ermordet wurden. Konnten die Juden an ihrem Schicksal irgendetwas ändern? Der Präsident des Judenrats im Warschauer Ghetto, *Adam Czerniaków*, beging Selbstmord, als die Deportationen begannen, da ihm bewusst wurde, dass er keinerlei Möglichkeit hatte, irgendjemandem zu helfen.[162]

Die polnisch-jüdische Dichterin *Henryka Łazowertówna* engagierte sich in Untergrund-Organisationen des Warschauer Ghettos; ihr Gedicht «Der kleine Schmuggler» schrieb sie 1942 kurz vor ihrem Tod im Vernichtungslager Treblinka. Im Holocaust mussten Kinder in die Rolle von Erwachsenen schlüpfen, das Gedicht beschreibt dieses Phänomen aus Sicht eines Kindes. Ich glaube nicht, dass wir auch nur ansatzweise erfassen können, wie das Leben eines Kindes im Holocaust tatsächlich aussah.

Wir können es nicht verstehen, doch wir können ihm Respekt erweisen, indem wir zuhören:

«Vorbei an Schutt, Zaun, Stacheldraht.
Vorbei an Soldaten, die die Mauer bewachen,
Verhungernd, aber immer noch trotzig,
Ich schleiche mich leise an ihnen allen vorbei.[163]
Mein Leben riskier ich hundertmal,
riskier meinen kindlichen Kopf.
Ergreift mich das Schicksal irgendwann
in diesem Spiel, ist's vorbei,
der Fallstrick des Lebens hat mich ereilt.
Vom Staub der Straße wird alsbald
mein kindliches Haupt begraben
und nur ein düstrer Gedanke bleibt,
verzerrt auf meinen Lippen:
Wer, liebe Mutter, wer
bringt morgen dir das Brot?»[164]

Ja, wer kümmerte sich um die Kinder? Die jüdischen Lehrer und Betreuer taten alles, was in ihrer Macht stand, damit die Kinder so lange wie möglich ein normales Leben führen konnten. Manchmal erforderte diese Hingabe an das Kindeswohl Opfer, wie wohl nur die wenigsten von uns sie erbringen würden; einer der Bekanntesten unter denen, die ein derartiges Opfer erbrachten, war der Kinderarzt und Lehrer *Henryk Goldszmit* (1879–1942) aus Warschau, als Autor von Kinderbüchern wurde er unter dem Künstlernamen *Janusz Korczak* bekannt. Er gab seine Karriere als bekannter Autor und Arzt auf, um die Leitung eines jüdischen Waisenhauses zu übernehmen; als er schließlich, wie so viele Juden, ins Warschauer Ghetto gebracht wurde, richtete er dort für die unzähligen Waisen ein Heim ein.

Als berühmter Autor hätte Korczak jede erdenkliche Hilfe in Anspruch nehmen können, um das Ghetto zu verlassen; doch er weigerte sich, die Kinder im Stich zu lassen. Als die Nazis schließlich befahlen, die Waisenkinder nach Treblinka in den Tod zu schicken, bot man Korczak die Möglichkeit, sein Leben zu retten, was er jedoch ablehnte. Selbstlos beschloss er, die Kinder auf ihrer letzten Reise zu begleiten.[165] Dass Korczak die Ausweglosigkeit der Lage erkannt hatte, das macht diesen Fall so besonders: Er wusste, ihre Reise würde sie in den sicheren Tod führen; nur seine Gegenwart konnte die Kinder beruhigen, und das hielt er für wichtig genug, um dafür das Leben zu opfern.

> «Niemand liebt mehr als einer, der sein Leben für die Freunde hingibt.»[166]

Als die Deutschen immer brutaler vorgingen, beschlossen junge Menschen im Warschauer Ghetto, eine Gruppierung zu gründen, die organisierten Widerstand leisten würde. Die Bilder, die wir von ihnen haben, lassen sie sehr jung und schön wirken, wie es bei Porträts aus jener Zeit üblich ist. Ihren Mut nachzuvollziehen, das ist ein Ding der Unmöglichkeit: Mutig zu handeln, wenn es eine Chance auf Rettung gibt, ist das eine; doch ihre Kühnheit war anderer Art – sie besaßen eine moralische Tapferkeit, die sie handeln ließ, obwohl ihnen das höchstwahrscheinlich den Tod einbringen würde.

Mordechaj Anielewicz, der junge Kommandant der «Jüdischen Kampforganisation» (polnisch: ZOB) wirkt auf mich besonders traurig und gleichzeitig fest entschlossen. Unter seinem Kommando fingen diese jungen Leute sofort an, sich Waffen zu suchen, um sie im geeigneten Moment gegen die Deutschen einzusetzen. Im Januar 1943 erklärten sie in einem schriftlichen Aufruf an die Juden im Ghetto, die Behauptung der Deutschen, durch Arbeit könnten sie ihr Leben retten, sei pure Lüge.

Als im Januar 1943 die Deportationen erneut begannen, verstanden die ZOB-Leute, dass ihre Zeit gekommen war. Sie glaubten tatsächlich, es handele sich um die endgültige Räumung, bevor das Ghetto zerstört werden sollte; so griffen sie nun die Deutschen an und die Deportationen wurden in der Tat für einige Zeit eingestellt. Man weiß, dass den Kämpfern bewusst war, dass sie in der Unterzahl waren. Heute schmückt ein Zitat von Anielewicz eine Museumswand in Yad Vashem: «Bewaffneter jüdischer Widerstand … ist eine Tatsache. Ich habe den großartigen, heroischen Kampf jüdischer Männer in der Schlacht beobachten können.»

Doch handelte es sich nur um eine kurze Atempause; die letzte

Schlacht im Ghetto und seine schlussendliche Zerstörung begannen am 19. April 1943, dem Vorabend des Passahfestes. Es war bei den Deutschen eine beliebte Methode, die Angriffe, sie nannten sie «Aktionen», an jüdischen Feiertagen durchzuführen. So begann der heroische und gleichzeitig verzweifelte Aufstand gegen die Deutschen im Warschauer Ghetto zu dem Zeitpunkt, an dem die Juden 1943 die Befreiung aus der ägyptischen Sklaverei feierten.

Der jüdische Kampfgeist überraschte alle, auch die Deutschen; doch in der letzten Schlacht hatte der erschöpfte jüdische Widerstand mit seinen nur unzureichenden Waffen den deutschen Truppen unter der Führung von General *Jürgen Stroop* nicht genug entgegenzusetzen. Stroop war extra aus Berlin geschickt worden, um den Aufstand niederzuschlagen. Die deutschen Truppen waren gut bewaffnet, denn sie wussten, dass sie auf Widerstand stoßen würden – und Berlin war entschlossen, ihn niederzuschlagen.

Am 16. Mai 1943, also nach vier Wochen, war der Kampf entschieden. Laut Berichten, die Stroop nach Berlin telegraphierte, wurden 56.065 Juden getötet. Der junge Kommandant Anielewicz und die meisten seiner Kämpfer starben in der Schlacht; einigen von ihnen gelang die Flucht durch Abwasserkanäle oder durch Tunnel, die unter der Ghettomauer hindurch auf die andere Seite führten. Allerdings konnten sich nur wenige in Sicherheit bringen, denn die Deutschen leiteten Giftgas in die Abwasserkanäle, um ihre Flucht zu verhindern.

Kurz vor ihrem Tod sangen die Juden in vielen Ghettos das Lied «Ani Ma'amin» (Ich glaube). Es gehört zum jüdischen Morgengebet und ist laut Rabbi Maimonides einer der dreizehn Grundpfeiler des Judentums. Der Liedtext lautet:

«Ani Ma'amin
BeEmuna Schlema
Betviat HaMaschiach
Ve afalpi scheyitmameha
Im kol ze ani ma'amin
Im kol ze jechake lo
Be kol jom sche javo.»

«Ich glaube
mit vollkommenem Glauben
an das Kommen des Messias;
und obwohl es sich verzögern mag,
warte ich dennoch
jeden Tag auf sein Kommen.»[167]

Die jungen Kämpfer aus dem Warschauer Ghetto erinnern mich an eine weitere heroische Geschichte, auch wenn sie der Heldin dieser Ereignisse nie begegnet sind; hier scheint es mir sehr passend, an eine mutige Frau namens *Hannah Szenes* (1921–1944) zu erinnern. Szenes (gesprochen: Senesch), die zu einer bekannten Figur in der Geschichte des Holocaust geworden ist, stammte ursprünglich aus Ungarn; vor dem Zweiten Weltkrieg war sie in eine jüdische Ansiedlung im damaligen britischen Mandatsgebiet Palästina ausgewandert. Die junge Frau meldete sich freiwillig zum Dienst in der britischen Armee, um mit dem Fallschirm über Europa abzuspringen; als der Krieg 1944 sich allmählich dem Ende zuneigte, wollte sie in Budapest Juden vor dem Abtransport in die Konzentrationslager retten. Zu diesem Zweck sprang sie aus einem britischen Flugzeug über Jugoslawien ab; doch sie wurde von den Nazis festgenommen, gefoltert und schließlich hingerichtet. Vor ihrer Hinrichtung schrieb Szenes die Worte nieder, die heute in Holocaustmuseen und Gedenkstätten in aller Welt zu finden sind. Es sind starke Worte; sie fordern uns alle heraus, über unsere Existenz nachzudenken: Gibt es etwas, das wichtiger ist als unser Leben?

Diese Worte treffen nicht nur auf Szenes selbst zu, sondern auch auf die jungen Kämpfer in Warschau:

> «Gesegnet sei das Streichholz, verzehrt
> in der entfachten Flamme.
> Gesegnet sei die Flamme, brennend
> im Geheimnis des eilenden Herzens.
> Gesegnet sei das Herz mit Stärke,
> sein Schlagen um der Ehre willen anzuhalten.
> Gesegnet sei das Streichholz, verzehrt
> in der entfachten Flamme.»[168]

Gibt es solche Menschen heute noch? Drehen wir uns nur um uns selbst, oder sind wir Teil von etwas Größerem? Würden wir uns der Herausforderung genauso stellen, wie die junge Hannah es tat?

Von den Einzelereignissen in Warschau können wir auf das Gesamtbild in verschiedenen Teilen Europas schließen: Zunächst mussten die Juden ihre Häuser verlassen und in einem abgeschotteten Areal in überfüllte Unterkünfte ziehen; dann wurden sie oft als Zwangsarbeiter eingesetzt, in Fabriken oder beim Straßenbau. Die Tendenz war erkennbar: Sie waren unerwünscht und man hatte vor, sie nur so lange am Leben zu lassen, wie es nützlich oder aus administrativen Gründen unbedingt nötig war; als Deutschland später ein Land nach dem anderen besetzte, geschah mit kleinen ortsabhängigen Variationen überall ein Gleiches.

Betrachten wir nun Deutschland selbst. In vielen Fällen, nicht nur bei Kriegsbeginn, sondern auch in den 1940er Jahren, isolierte man Juden effektiv vom Rest der Gesellschaft: Ihre Besitztümer wurden beschlagnahmt, wodurch sie verarmten; sie erhielten auf ihre Essensmarken nur winzige Portionen und durften keine öffentlichen Verkehrsmittel benutzen. Man schnitt sie sogar dadurch vom Rest der Welt ab, dass man ihre Radiogeräte konfiszierte; und im September 1941 wurde ihre Ausgrenzung vollkommen – jetzt mussten sie einen gelben Stern tragen. Einen Monat später begannen die Transporte in den «Osten» (ein Codewort für Konzentrations- und Vernichtungslager).

Die Deutschen hatten viele Fingerzeige erhalten darüber, was tatsächlich vor sich ging: Hitlers «Prophezeiung» von 1939, in der er drohte, im Krieg alle Juden zu vernichten, wurde 1941 überall als kalligraphisch gestaltetes Schmuckblatt öffentlich ausgehängt. Im selben Jahr schrieb Propagandaminister *Joseph Goebbels* in der Wochenzeitung «Das Reich», Hitlers Prophezeiung werde nun vollzogen.[169] Wem wäre das plötzliche Verschwinden von Nachbarn und Bekannten nicht aufgefallen? Güterzüge, die vollbesetzt mit Menschen statt mit Gütern in Richtung Osten fuhren, kamen leer zurück …

In Großbritannien stimmte *Winston Churchill* sein Volk auf einen schwierigen Krieg ein, der voraussichtlich lange dauern würde. Er sagte beispielsweise: «Sie fragen, was unsere Politik ist; ich will sagen: Es ist Krieg zu führen, zu Wasser, zu Land und in der Luft, mit all unserer Macht und mit all der Kraft, die Gott uns geben kann …»[170] Der triumphale Vormarsch der Wehrmacht schien unaufhaltsam zu sein, die Alliierten würden alle Kräfte brauchen, die ihnen zur Verfügung standen. Als die Wehrmacht tiefer in das Territorium der Sowjetunion und Jugoslawiens eindrang, trugen bestimmte Faktoren zur Durchführung des Völkermordes bei:

- Von Anfang an war offensichtlich, dass sich **die Deutschen an der Ostfront an keinerlei ethische oder vom Völkerrecht diktierte Regeln halten würden;**

- **Kriegsverbrechen gegen die slawische Bevölkerung** wurden akzeptiert oder sogar gefördert;
- **Kriegsgefangene** wurden grausam behandelt oder ermordet;
- **Die örtliche Zivilverwaltung** wurde zerschlagen;
- Die Einheimischen wurden nur **zum Zweck der wirtschaftlichen Ausbeutung geduldet;**
- alle **Menschen** unter deutscher Besatzung lebten unter einer ständigen und **vorsätzlichen Schreckensherrschaft.**[171]

Die meisten Todesopfer unter der Zivilbevölkerung waren in Polen, in der Sowjetunion und in Jugoslawien zu beklagen – was den Schluss zulässt, dass der Krieg sich insbesondere gegen Zivilisten richtete. Sein Ziel war es, die Einheimischen zu Zwangsarbeitern zu degradieren und alle Juden, die in dem jeweiligen Gebiet lebten, zu ermorden.

Zuerst war immer die deutsche Wehrmacht da; auch wenn der Mythos von der Ehrenhaftigkeit der Wehrmacht vielfach propagiert worden ist – sie akzeptierte Hitlers Politik in den besetzten Gebieten. Hier das Beispiel eines Wehrmachtsbefehls, unterzeichnet von *Erich von Manstein,* dem Kommandierenden der 11. Armee: «Das Judentum bildet den Mittelsmann zwischen dem Feind im Rücken und den noch kämpfenden Resten der Roten Wehrmacht und der Roten Führung. Es hält stärker als in Europa alle Schlüsselpunkte der politischen Führung und Verwaltung, des Handels und des Handwerks besetzt und bildet weiter die Zelle für alle Unruhen und möglichen Erhebungen ... Für die Notwendigkeit der harten Sühne am Judentum, dem geistigen Träger des bolschewistischen Terrors, muss der Soldat Verständnis aufbringen. Sie ist auch notwendig, um alle Erhebungen, die meist von Juden angezettelt werden, im Keime zu ersticken.»[172]

Aktuelle Forschungen gehen davon aus, dass Einheiten der Wehrmacht zirka zehn Millionen Zivilisten ermordeten, nicht im Kampf, sondern durch Massenmord und das Verbrennen ganzer Städte und Regionen;[173] zudem ist anzunehmen, dass verschiedene Abteilungen des Heeres und andere Militäreinheiten Informationen ausgetauscht haben.

Der Wehrmacht auf dem Fuße folgten die *Einsatzgruppen.* Das waren mobile Killerkommandos, deren Aufgabe darin bestand, dem Heer bis weit in das eroberte Territorium hinein zu folgen. Sie hatten einflussreiche Einzelpersonen zu töten, zum Beispiel Kommissare, Kommunisten und insbesondere jüdische Menschen; da es sich bei den Opfern in über 90 Prozent der Fälle um jüdische Menschen handelte, ist es angemessen, die Opfer pauschal als Juden zu bezeichnen.

Sobald die Einsatzgruppen ein Dorf erreicht hatten, wurden die Juden aus dem Ort herausgeführt und dort erschossen; in der Regel mussten die Opfer vor der Erschießung ein Massengrab ausheben, in das fielen sie bei der Exekution hinein, wobei sie mit ihren Körpern einander begruben. War die Zahl der Opfer sehr groß, mussten die Einheimischen mithelfen.

Von Augenzeugen wissen wir, dass es in diesen Gräbern nach den Erschießungen noch Bewegung gab, da Menschen überlebt hatten. Manchmal gelang es ihnen, bei Einbruch der Dunkelheit zu fliehen, doch das kam selten vor. Bei Massenerschießungen war es nicht möglich noch war es erwünscht, den Tod der Opfer zweifelsfrei festzustellen. In einem Fall gelang es einem deutschen Soldaten, den gesamten Vorgang zu filmen; dieser Film, ein Zeugnis absoluten Grauens, kann im Museum von Yad Vashem angeschaut werden.

Die Einsatzgruppen, die diese Erschießungen durchführten, waren oft der NSDAP treu ergeben und Mitglieder der SS, daher schockierten diese Aktionen sie nicht. Die SS (*Schutzstaffel*) war Hitlers Eliteeinheit und Leibwache; Ziel ihrer Ausbildung war die hemmungslose Anwendung von Gewalt. Allerdings waren auch «normale» Männer und Polizisten bei den Erschießungen anwesend; diese sind Gegenstand vieler Studien geworden, die ihre Rolle und Motivation zu verstehen suchten: Ist es möglich, dass jeder Mensch zum Massenmörder werden kann?

Wie erlebten die Todesschützen diese Ereignisse? Was dachten sie über ihre Lage und ihre Aufgabe? Eine recht große Anzahl von Augenzeugenberichten hat die Zeit überdauert. Ein ehemaliger Soldat erzählt: «Noch heute erinnere ich mich an das Entsetzen der Juden, die die Leichen in der Grube erblickten. Viele Juden waren schockiert und schrien.»[174] Die meisten machten bei den Erschießungen mit; doch gab es auch immer solche, die sich dem Befehl widersetzten: «Manchmal weigerten sich Männer, bei den Erschießungen mitzumachen. Ich tat es mehrmals. Keiner unserer Vorgesetzten bestrafte uns oder jemand anderen, der nicht schießen wollte. Wir bekamen andere Aufgaben. Man drohte uns keinerlei Bestrafung an, insbesondere nicht während der Exekutionen.»[175]

Die Durchführung von Massenmord durch Erschießung war höchst problematisch, da man dafür viele Männer brauchte. Es musste die Stimmung der Männer drücken; abgesehen davon sind Massengräber schwer zu verheimlichen. Man musste schnell eine neue Mordmethode entwickeln, wobei sehr wichtig war, dass die Mörder den Opfern physisch nicht so nahe kamen – ein gewisser Abstand würde das Töten leichter machen. Aus nächster Nähe den Tod von Menschen zu beobachten, hätte Mitleid und, wenn auch nur wider Willen, Schuldgefühle auslösen können; der Massenmord musste für die Killer einfacher werden.

In Deutschland gab es Fachexperten dafür, da man bereits Jahre zuvor mit dem Euthanasieprogramm begonnen hatte, das ähnlich funktionierte. So wurden die Spezialisten der deutschen Euthanasieinstitute aufgefordert, im Osten neue Einheiten aufzustellen; Ärzte, die sich an der Ermordung behinderter Kinder beteiligt hatten, wurden nun befördert.[176]

1941 beschloss Reinhard Heydrich, Chef der Sicherheitspolizei und des SD (Sicherheitsdienst des Reichsführers SS), ein besonderes Treffen einzuberufen, damit verschiedene Verwaltungsbereiche sich auf Maßnahmen zur Lösung der «Judenfrage» einigen könnten. In der Einladung schreibt er: «Im Anbetracht der außerordentlichen Bedeutung, die diesen Fragen zuzumessen ist, und im Interesse der Erreichung einer gleichen Auffassung bei den in Betracht kommenden Zentralinstanzen an den übrigen mit dieser Endlösung zusammenhängenden Arbeiten rege ich an, diese Probleme zum Gegenstand einer gemeinsamen Besprechung zu machen.»[177] Der deutsche Generalgouverneur für Polen *Hans Frank* schrieb vor dem Treffen in sein Tagebuch: «Mit den Juden – das will ich Ihnen auch ganz offen sagen – muß so oder so Schluß gemacht werden ...Sie müssen weg ... Im Januar findet über diese Frage eine große Besprechung in Berlin statt ... Diese 3,5 Millionen Juden (im Generalgouvernement) können wir nicht erschießen, wir können sie nicht vergiften, werden aber doch Eingriffe vornehmen können, die irgendwie zu einem Vernichtungserfolg führen, und zwar im Zusammenhang mit den vom Reich her zu besprechenden großen Maßnahmen.»[178]

Über die Vernichtung der Juden wurde, wie am Anfang dieses Kapitels skizziert, bei einem Frühstück am 20. Januar 1942 im luxuriösen Villenviertel am Berliner Wannsee beraten – als Ziel und offizielle Politik aller Regierungsstellen in Deutschland. Den Vorsitz hatte Reinhard Heydrich; anwesend waren hochrangige Vertreter der SS, der Polizei und verschiedener Reichsministerien. Bei der zu treffenden Entscheidung ging es nicht darum, ob die Juden vernichtet werden sollten – das stand fest –; vielmehr wollte man die Zusammenarbeit der verschiedenen Regierungsbehörden und Organisationen planen, um das Ziel des Massenmordes so einfach und so schnell wie möglich zu erreichen.

An der Konferenz nahmen fünfzehn Repräsentanten der nationalsozialistischen Regierungselite teil; viele von ihnen waren akademisch gebildet, acht hatten sogar einen Doktortitel, und die meisten konnten auf eine erfolgreiche Karriere zurückblicken. Sie kamen größtenteils aus dem bürgerlichen Mittelstand und entstammten christlich geprägten Familien; einer von ihnen war Sohn eines Pastors. Ihr Durchschnittsalter betrug 43 Jahre. Man könnte sie zu Recht als elitäre Führungsriege der deutschen Nationalsozialisten bezeichnen.

Vermutlich wollte Heydrich sicherstellen, dass er als organisatorischer Kopf die Zuständigkeit für das Schicksal der Juden erhielt – und nicht das Innenministerium, mit dem er konkurrierte. Heydrich erklärte auf der Konferenz, die Deportationen der Juden nach Osten hätten auf Grundlage von Hitlers Entscheidung bereits begonnen; daher wäre nur er, Heydrich, selbst die maßgebliche Autorität in der Judenfrage, für welches europäische Land auch immer.

Zwar wurde kein schriftlicher Befehl mit präzisen Anweisungen zur Durchführung des Völkermordes gefunden, doch nimmt man an, dass Hitler derart prekäre Anordnungen mündlich erteilte. Aus den verbliebenen Aktenvermerken wissen wir, dass die Entscheidung zur Deportation der Juden bereits früher getroffen worden war. Litten Juden bis zum Januar 1942 unter Zwangsarbeit und daraus resultierender Erschöpfung, Kälte, Hunger und schwerer körperlicher Bestrafung, so gab es jetzt zweifelsohne ein neues Ziel: den Massenmord; die Vernichtung durch Arbeit gehörte nicht mehr zu den erklärten Zielen der Politik. – Die Maßnahmen, die man bei der Wannseekonferenz besprach, wurden *Operation Reinhard* genannt.

In der Folge der Wannseekonferenz begannen großangelegte Deportationen und der systematische Mord an den Juden. Hier ein kleiner Überblick über die zeitliche Abfolge der Entwicklungen (kombiniert aus verschiedenen Quellen und keinesfalls vollständig):

- **Februar–März 1942:** Erlaubnis zur Deportation von Juden aus Frankreich und der Slowakei wird erteilt;
- **März–Oktober 1942:** 58.000 Juden aus der Slowakei werden nach Auschwitz gebracht;
- **März 1942:** Deportationen aus dem besetzten Teil Frankreichs beginnen, gefolgt von Deportationen aus dem unbesetzten Teil im August desselben Jahres;
- **Juli 1942:** Die Deportation der norwegischen Juden beginnt;
- **März 1943:** Deportationen aus Griechenland und Mazedonien setzen ein;
- **September 1943:** Deportationen aus dem besetzten Italien beginnen;

- **Oktober 1943:** Deportation der Juden, die noch in Dänemark leben;
- **Mai–Juli 1944:** 430.000 ungarische Juden werden nach Auschwitz deportiert und oft direkt zu den Gaskammern gefahren.

Fast alle Ministerien der Regierung Nazi-Deutschlands beteiligten sich an den Deportationen; daher nahmen sie auch alle am Völkermord teil.[179]

Anstelle der langsamen und problematischen Erschießungen entwickelte man eine neue und effektivere Methode, die die Soldaten weniger belastete und den Mord an großen Menschengruppen in kürzerer Zeit möglich machte; in den besetzten Gebieten Polens entstanden folgende Vernichtungslager: *Belzec, Sobibor, Majdanek, Chełmno, Treblinka* und *Auschwitz.* Belzec war das erste Lager der Operation Reinhard, das gut erreichbar an der Bahnstrecke zwischen Lublin und Lemberg lag. Juden vieler unterschiedlicher Nationalitäten wurden dorthin gebracht, eine halbe Million fand dort den Tod. Sobibor, das für den Aufstand seiner Häftlinge im Oktober 1943 bekannt ist, lag näher an Warschau; 250.000 Juden wurden dort ermordet. Treblinka lag an der Bahnstrecke zwischen Warschau und Białystok. Es war vierzehn Monate lang in Betrieb, während dieser Zeit ermordeten die Nazis dort 900.000 Menschen. Majdanek befand sich in der Nähe von Lublin und diente sowohl als Konzentrations- als auch als Vernichtungslager. Rund 74.000 Juden wurden dorthin gebracht, von denen 60.000 starben. Chełmno war von Dezember 1941 bis März 1943 in Betrieb und nochmals von Juni 1944 bis Januar 1945. Zirka 152.000 Menschen wurden dort ermordet.[180]

Schätzungen zufolge war es möglich, täglich 15.000–20.000 Menschen allein in einem Lager zu töten. Um das Ausmaß dieser Operation besser zu erfassen, können folgende Zahlen dienen: Zwischen 1942 und November 1943 wurden zwei Millionen Juden und 50.000 Roma getötet.[181] Allen Lagern gemeinsam war ihre abgeschottete Lage, insbesondere in Polen, und ihr Anschluss an das Eisenbahnnetz. Ihr genauer Standort wurde vor Deutschen geheim gehalten, die keine besondere Verbindung zu ihnen hatten, und auch der ortsansässigen Bevölkerung verheimlicht. Nur Majdanek und Auschwitz dienten gleichzeitig als Konzentrationslager, die übrigen waren reine Vernichtungslager, das heißt, man brachte die Menschen nur dorthin, um sie zu ermorden.

Normalerweise mussten die Juden, die in die Lager gebracht wurden, mehrere Tage in Viehwaggons ohne Wasser, Nahrungsmittel und Sanitäreinrichtungen ausharren; manchmal dauerte die Fahrt länger als zwanzig Tage. Natürlich starben viele auf dem Weg. Nach dem Aussteigen aus den Zügen durften viele der verbleibenden Menschen nur noch ein paar Stunden weiterleben, es sei denn, sie wurden zur Zwangsarbeit ausgewählt – doch auch dann schwebten sie in permanenter Todesgefahr.

In gewisser Weise beförderten diese Züge die gesamte Menschheit, denn wir alle können uns dort wiederfinden: Jeder von uns hätte in einem der Waggons sein können. Das folgende Gedicht hat der israelische Dichter und Holocaustüberlebende *Dan Pagis* verfasst. Pagis ließ 25 Jahre verstreichen, bevor er in der Lage war, diesen Eisenbahnwagen, den Viehwaggon, zu beschreiben. Dorthin verpflanzte er weder sich selbst noch seine Eltern und Verwandten, sondern die ersten menschlichen Geschöpfe, die erste Familie der Welt. Das Motiv von Kain und Abel wird oft in Verbindung mit dem Holocaust gebraucht. Es spiegelt Neid, Hass und Mord wider, Gefühle, die im Kontext des Völkermordes nicht fremd erscheinen. Als würde man beim ersten Mord der Menschheitsgeschichte nach einer Erklärung für den Holocaust suchen:

> «Mit Bleistift geschrieben im verplombten Waggon
> hier in diesem Transport
> bin ich Eva
> mit Abel meinem Sohn
> wenn ihr meinen großen Sohn seht
> Kain Adams Sohn
> sagt ihm daß ich»[182]

Den letzten Satz hat der Dichter mit Absicht nicht vollendet – wir wissen nicht, was die Menschheit gesagt hätte. Was hätte die Mutter ihrem anderen Sohn sagen wollen, der alle Menschen repräsentierte? Und warum ist es gerade Eva, die hier spricht? Natürlich gibt es auf diese Fragen keine richtigen oder falschen Antworten.

> «Ach, Jerusalem, was soll ich dir sagen? Hat es jemals ein solches Elend gegeben? Wie kann ich dich nur trösten, du geliebte Stadt meines Volkes? So tief wie das Meer sind deine Wunden. Wer könnte dich je wieder heilen?»[183]

Die Verbrechen setzten sich fort, selbst in der letzten Phase des Krieges, kurz vor der Befreiung. Die Deportationen der ungarischen Juden nach Auschwitz im Sommer 1944 zeigten, dass Deutschland einen Krieg an zwei Fronten führte: einen Krieg im militärischen Sinne und einen Krieg gegen die Juden als Volk. Während der Deportation der ungarischen Juden hatte Deutschland den militärischen Konflikt praktisch schon verloren, und in diesem Stadium der landesweiten Not wurden alle verfügbaren Züge und Ressourcen benötigt, um militärischen Nachschub zu transportieren; doch im Moment der Entscheidung beschlossen die Deutschen, wertvolle Züge zum Abtransport von Juden nach Auschwitz zu nutzen.

Dort lebten die Opfer oft nur noch wenige Stunden, während sie auf die Gaskammern warteten, die mit einer derart großen Anzahl von Menschen, die auf einmal ankamen, überfordert waren.

Ganz am Ende des Krieges, Tage bevor die Alliierten die Lager erreichten, wurden die Häftlinge auf die «Todesmärsche» geschickt: sie mussten in der eisigen Winterkälte ohne Schuhe oder Mäntel losmarschieren. Dabei wurden sie von ihren bewaffneten

Bewachern in das Landesinnere von Deutschland getrieben, weg von ihren Befreiern. Damit bezweckte man, alle Beweise des Verbrechens zu beseitigen. Tausende von Gefangenen, die ohne Essen und Trinken den Elementen schutzlos ausgeliefert waren, starben auf diesen Märschen – während ihr Blut den Schnee Osteuropas im Winter 1945 rot färbte.

1945 war den Architekten des Massenmords bewusst, dass sich der Kriegsverlauf gewendet hatte. Was geschah mit den Teilnehmern der Wannseekonferenz nach dem Krieg? Lebten sie glücklich bis an ihr Lebensende? Die Antwort ist vermutlich von der Perspektive des Betrachters abhängig. Heydrich selbst starb noch im selben Jahr in der Tschechoslowakei, als er einem Attentat des dortigen Widerstands zum Opfer fiel. *Adolf Eichmann* gelang die Flucht; auf ihn werden wir später noch zurückkommen. *Heinrich Müller* wurde nie gefunden; allerdings gibt es Behauptungen, er habe mithilfe des Vatikans nach Lateinamerika flüchten können. Zwei Teilnehmer hatten 1945 bereits Selbstmord begangen.

Unter Berücksichtigung aller bekannten Fakten wissen wir, dass ein Drittel der Teilnehmer an der Wannseekonferenz während oder direkt nach dem Krieg starben, ein weiteres Drittel kam bald nach dem Krieg ums Leben; die übrigen konnten in ihr offensichtlich angenehmes bürgerliches Leben zurückkehren, ohne jemals bestraft zu werden.[184]

Das Holocaust-Opfer *Joseph Wulf,* ein Auschwitzüberlebender, der im Nachkriegsdeutschland lebte, sagte 1974, bevor er im selben Jahr Selbstmord beging: «Ich habe hier 18 Bücher über das Dritte Reich veröffentlicht, und das alles hatte keine Wirkung. Du kannst dich bei den Deutschen tot dokumentieren, es kann in Bonn die demokratischste Regierung sein und die Massenmörder gehen frei herum, haben ihr Häuschen und züchten Blumen.»[185]

Der Holocaust war zweifellos ein Prozess, er entwickelte sich von den ersten taumelnden Schritten bis hin zu seinem Endziel. Dieses Ziel hätte man ohne die Anfangsphase nie erreicht. Die Menschen zur damaligen Zeit konnten nur eine Ansammlung verwirrender und vereinzelter Vorfälle erkennen, während die Ereignisse in ganz Europa auf ein und dasselbe Ziel ausgerichtet waren.

Das Böse kann aufgrund des ersten Kompromisses später seinen Höhepunkt erreichen; zur Zeit der ersten Kompromisse sind Bürger, Gemeinschaften und Gesellschaften immer noch handlungsfähig. Holocaustforscher gebrauchen das «Dreieck des Hasses», um diese Entwicklung darzustellen; ich habe gesehen, wie es in verschiedenen Variationen beispielsweise an Schulen eingesetzt wird: Auf der Basis des Dreiecks befinden sich die Haltungen der Menschen, in diesem Fall antisemitische Einstellungen. Darüber sind die ersten Handlungen angesiedelt: antisemitische Zeitungsartikel oder vermeintlich harmlose Witze, die man sich unter Freunden erzählt. In der Mitte befindet sich die Diskriminierung – eine schwerwiegendere Tendenz, die den Behörden oder der Regierung bekannt sein muss. Bewegt man sich weiter nach oben, auf die Spitze zu, beginnen antisemitische Gewaltakte. In diesem

Stadium richten sich antisemitische Aktionen gegen Dinge wie Grabsteine oder Synagogen; erst an der Spitze des Dreiecks erkennen wir Gewalt, die sich gegen Menschen wendet, möglicherweise auch Massenmord.

Daraus können wir zwei grundlegende Tatsachen ableiten: Erstens, das Dreieck kann nicht auf der Spitze stehen, d. h., ohne die feste Grundlage antisemitischer Überzeugungen hätte der Massenmord niemals stattgefunden; zweitens, Widerstand ist am einfachsten, wenn der Hass sich bis dahin nur verbal manifestiert.

Die Zeitzeugin *Corrie ten Boom,* eine holländische Christin, die Juden das Leben rettete, beschreibt diese Zeit anhand ihrer Erfahrungen mit einer bestimmten Person. Die Familie ten Boom besaß in Haarlem einen Uhrenladen, in dem kurz vor Beginn der deutschen Besatzung ein junger Deutscher zu arbeiten begann. Von Anfang an war Corrie verblüfft über die Unhöflichkeit, mit der Otto dem alten Christoffel begegnete, der ebenfalls in dem Laden tätig war. Sein unhöfliches Benehmen zeigte sich nicht in dem, was er tat, sondern in dem, was er unterließ: Weder hielt er dem alten Mann die Tür auf, noch half er ihm in den Mantel oder hob ihm ein heruntergefallenes Werkzeug auf. Corries Bruder Willem hatte eine Zeit lang in Deutschland gelebt und erklärte Corrie, dass Ottos Verhalten Absicht war; Otto handele so, sagte Willem, weil Christoffel alt war. Die Deutschen wurden systematisch gelehrt, alte Menschen zu verachten, in dem Glauben, sie wären für die Gesellschaft nutzlos.[186]

Wollen wir die Jahre des Holocaust und die ihnen vorausgehende Zeit anhand einer einfachen und klaren Kette von Ereignissen darstellen, könnte sie folgendermaßen aussehen:

- **1933–1938:** Etablierung der Nazi-Regierung; antijüdische Propaganda; Boykotte von jüdischen Geschäften; Gesetze, die Juden vom Rest der Bevölkerung isolieren;
- **1938–1939:** Zerstörung jüdischer Synagogen und Gemeinden; Vandalismus und Verhaftungen;
- **1939–1941:** Völlige Entrechtung der Juden; Deportationen in den Osten;
- **1941–1945:** Ermordung der Juden (und anderer) in **Vernichtungslagern.**

Auschwitz-Birkenau: Die Seele des Völkermords

«Als fremde Truppen durch die Tore von Jerusalem einmarschierten, als sie die Einwohner durch das Los unter sich verteilten und ihr Hab und Gut wegschleppten, da tatet ihr so, als ginge euch das gar nichts an. Ja, ihr habt sogar mit den Feinden gemeinsame Sache gemacht! Ihr hättet damals nicht so schadenfroh das Unglück der Judäer mit ansehen dürfen! Warum habt ihr euch über ihr Leid lustig gemacht und gespottet, als sie in Not waren? … Der Tag, an dem ich, der HERR, über alle Völker Gericht halte, steht schon vor der Tür … Man wird euch genau das antun, was ihr euren Brüdern aus Juda angetan habt!»[187]

Die Stadt Krakau liegt relativ nah am KZ Auschwitz-Birkenau. Die meisten Besucher, die an jüdischer Geschichte interessiert sind, beginnen hier ihre Besichtigungstour. Krakau hat den Zweiten Weltkrieg gut überstanden, da es nicht aus der Luft bombardiert wurde. An diesem lauen Sommerabend fühlt man sich wie in jeder anderen europäischen Stadt, doch uns ist beklommen zumute – schließlich ist uns bewusst, wo wir sind. Im Laufe des Tages wird diese Beklommenheit immer stärker, denn unsere Gruppe weiß um den Antisemitismus in Vergangenheit und Gegenwart.

Zusätzlich zu den christlichen Teilnehmern begleiten mich Clila und Hadassah. Wer den Film «Schindlers Liste» gesehen hat, kennt ihre Eltern: Joseph und Rebecca Bau heirateten heimlich im KZ, genau wie es im Film dargestellt wird. Clila und Hadassah sind nur deshalb aus dieser Ehe entstanden, weil ein Mann namens Oskar Schindler ihre Eltern vor dem sicheren Tod bewahrte – ihre Namen standen auf seiner Liste!

Bei der Stadtführung sehen wir im Stadtviertel Kazimierz Häuser, die früher Juden gehörten. Sie wirken schmutzig, was vermutlich an der Zeit des Kommunismus liegt. Unsere polnische Fremdenführerin erzählt uns jedoch, dass die Eigentümer den Juden für diese Häuser keine Entschädigung zahlen wollen; deshalb belassen sie die Gebäude in einem möglichst schlechten Zustand. So hoffen die neuen Eigentümer, Schadensersatzansprüchen der ursprünglich Berechtigten aus dem Weg zu gehen. Und tatsächlich erinnere ich mich gelesen zu haben, dass den polnischen Juden unzählige Privathäuser geraubt wurden, die direkt nach dem Krieg in den Besitz der kommunistischen Regierung übergingen. Ihr Gesamtwert wäre heute sehr hoch.[188]

Auch in den Ghetto-Wohnungen leben jetzt gewöhnliche Bürger, und es gibt einen Blumenladen auf dem Platz. Ich frage nach, ob die Menschen hier an die Vergangenheit denken und daran, wer früher in diesen Wohnungen gelebt hat; und sie erklärt mir, sie sei zwar kein religiöser Mensch, «doch in dieser Gegend müssen böse Geister leben». Wir befinden uns in der Nähe von Oskar Schindlers Fabrik, einem Zufluchtsort inmitten einer schreckenerregenden Welt.

Wir fahren weiter nach Auschwitz. Wieder liegt das Böse spürbar in der Luft. Wir besichtigen eine Folterkammer, sehen die Galgen, Wachtürme, Stacheldrahtzäune, Berge von Menschenhaar und Kinderkleidern. Wir betrachten die Wand, vor der die gefolterten Gefangenen erschossen wurden. Unser Guide berichtet uns, dass eine Gaskammer bis zu 2000 Menschen fassen konnte, die vor Todesangst schrien. Doch hier gab es auch einen Pool für den Lagerkommandanten. Er lud Freunde dazu ein, ihren Urlaub bei seiner Familie zu verbringen. Ich erinnere mich an einen Brief im Archiv von Yad Vashem, in dem eine Familie dem Kommandanten dankte für «den schönsten Urlaub, den wir je hatten». Urlaub in Auschwitz, am Ort des absoluten Grauens.

Es ist uns unmöglich, auch nur eine Sekunde lang zu vergessen, wo wir uns befinden – im Herzen des Holocaust.

In seiner Abgeschiedenheit lag Auschwitz für den beabsichtigten Zweck des Lagers an sehr passender Stelle: Hier gab es nützliche Zugverbindungen und einen Fluss, der Ausbruchsversuche behinderte. Es ist bekannt, dass SS-Führer *Heinrich Himmler* Auschwitz als Standort befürwortete, da er abgeschieden und zugleich gut erreichbar war.

2011 machte man Yad Vashem die Original-Baupläne des KZ Auschwitz-Birkenau zum Geschenk; sie waren 2008 in Berlin entdeckt worden und in den Besitz des Springer-Verlagshauses gekommen und dieses beschloss, sie Yad Vashem zu überreichen.[189] In der Übergabezeremonie, bei der ich anwesend war, wurde erneut betont, dass jemand Auschwitz tatsächlich entworfen hatte; es war eine geplante Institution. Fotos aus der damaligen Zeit zeigen Männer, die wie Architekten aussehen und an Zeichentischen sitzen; sie entwerfen Gebäude, die zu einem Konzentrationslager gehören werden. So einfach war es damals, die weltweit größte Einrichtung des industriellen Massenmordes zu planen!

Auschwitz-Birkenau oder einfach Auschwitz, wie es üblicherweise genannt wird, ist für Menschen in aller Welt zum Inbegriff des Bösen geworden; selbst als man 1943 das Morden in anderen

Lagern einzuschränken begann, da man in der kritischen Phase des Krieges vermutlich alle Arbeitskräfte brauchen würde, selbst damals stand die Mordmaschinerie in Auschwitz niemals still. In Auschwitz war ein Menschenleben absolut wertlos.

Der Auschwitz-Überlebende *Yechiel Dinur* verfasste unter dem Pseudonym *Ka Zetnik* jiddische Gedichte; das Pseudonym bedeutet «KZ-Gefangener». Bei der Eichmann-Ausstellung von Yad Vashem hörte ich zum ersten Mal von seinem Schicksal; die Weltöffentlichkeit hatte ihn 1961 beim Eichmann-Prozess kennengelernt. Damals sagte Dinur als Zeuge aus und erlitt einen Zusammenbruch, weil ihn der Fall so sehr schockierte; 2001 ist er in Israel verstorben. Dinur erklärte, Auschwitz sei ein anderer Planet gewesen; es gebe für Auschwitz weder eine Erklärung noch könne man eine Antwort darauf finden. Laut Dinur war es die Hölle auf Erden.[190]

Meine Ausführungen beruhen hauptsächlich auf mehreren geführten Besichtigungen, an denen ich in Auschwitz-Birkenau teilgenommen habe. In der Anfangszeit diente Auschwitz-Birkenau, das größte der Vernichtungslager, «nur» als Gefängnis und Hinrichtungsort für Menschen, die von deutschen Gerichten zum Tode verurteilt worden waren. Von den etwa 150.000 Polen, die man ab Frühjahr 1941 in dieses Lager schickte, kamen 75.000 ums Leben. Ab Sommer 1941 brachte man rund 15.000 russische Kriegsgefangene dorthin; fast alle wurden getötet. Ab 1943 deportierten die Deutschen zirka 23.000 Roma in das Lager, von denen rund 20.000 ermordet wurden. Auch Kriegsgefangene anderer Nationalitäten, Mitglieder von Widerstandsbewegungen und entführte Personen kamen nach Auschwitz. Das sind die Zahlen – aber jeder Einzelne von ihnen war ein Mensch wie wir.

Auschwitz-Birkenau bestand nicht aus nur einem Lager, es war ein riesiger Komplex mit mehreren Unterabteilungen. Das Lager entwickelte sich, grob skizziert, folgendermaßen: Auschwitz I war das Hauptlager, dessen Kommandant stand im Rang über den anderen Lagerkommandanten; es wurde im April 1941 auf Befehl Himmlers errichtet. Im August 1944 befanden sich rund 16.000 Gefangene in diesem Teil des Lagerkomplexes.

Auschwitz II ist das Lager, das wir unter dem Namen «Birkenau» kennen; es entstand im März 1942. Birkenau war die größte aller Unterabteilungen, ein Zentrum des Massenmordes mit Gaskammern, und später auch der Ort, an dem man die Besitztümer sammelte, die den Gefangenen geraubt worden waren. Gefangene aus Birkenau mussten aufreibende Zwangsarbeit leisten; wer dazu zu schwach war, wurde ermordet und in Birkenau verbrannt. Im August 1944 befanden sich rund 88.000 Gefangene in diesem Teil des Komplexes. Auschwitz III bestand aus mehreren Unterlagern, in denen Gefangene als Zwangsarbeiter für verschiedene Firmen und Industrien benutzt wurden. Im Sommer 1944 lebten dort zirka 31.000 Gefangene.[191]

Zwischen 1940 und 1942 war Auschwitz ein Konzentrationslager wie andere auch, die Gefangenen starben an Hunger, Zwangsarbeit und durch Hinrichtung. Damals machten die Polen immer noch die größte Gruppe von Häftlingen aus, gefolgt von den Juden; das wird nachvollziehbar, wenn wir den Zweck der Konzentrationslager näher betrachten: Natürlich handelte es sich um Einrichtungen, in denen Zwangsarbeit geleistet und Menschen ermordet wurden; doch unter psychologischen Gesichtspunkten verfolgten sie noch ein anderes Ziel – das bloße Wissen um ihre Existenz löste in der Bevölkerung so viel Angst aus, dass sie schwieg. Die Ersten, die in diese Lager gebracht wurden, waren die Intellektuellen und Leute, die man als Vertreter anderer Ideologien kannte; nach meinem Verständnis ist das ein wichtiger Grund für den hohen Anteil an Polen unter den Gefangenen von Auschwitz.

Im Herbst 1941 wurde in Auschwitz im Keller der Baracke 11 mit Gas experimentiert; kurz darauf, im Frühjahr 1942, baute man zwei ehemalige Bauernhöfe in Birkenau zu diesem Zweck um – nun dienten sie als Orte der Vernichtung. Schon bald forderte man weitere Gebäude von einer deutschen Firma an; so veränderte sich 1942 die Art des Lagers, nun diente es als Konzentrations- und Vernichtungslager zugleich. Schon damals wurden von allen ankommenden Transporten nur die Juden zur sofortigen Vernichtung bestimmt. 1944 änderte sich die Natur des Lagers nochmals: Aus Auschwitz-Birkenau wurde ein reines Vernichtungslager.

Die jüdischen Häftlinge waren Zwangsarbeiter, deren Arbeit sollte sie aber nicht retten, sondern zu Tode erschöpfen. Jeder

Besucher von Auschwitz-Birkenau kann das leicht erkennen, man braucht sich nur die großen Entfernungen vor Augen zu führen. Die erschöpften, hungrigen, kranken und schwachen Gefangenen mussten den Weg zur Arbeit täglich zu Fuß bewältigen und wieder zurück. Die Arbeit hatte den Sinn und Zweck, die Gefangenen umzubringen und bis dahin aus ihnen noch möglichst viel Gewinn zu erzielen – deutsche Firmen bezahlten der SS eine Aufwandsvergütung, wenn sie Zwangsarbeiter beschäftigten; allerdings konnte selbst dieser Faktor die Gefangenen nicht retten, da sie in nahezu unbegrenzter Zahl zur Verfügung standen. Sie waren allzu leicht ersetzbar. Über eine Million Juden wurde allein in diesem Lager ermordet; die Schätzungen liegen bei 1–1,35 Millionen.

Wir kennen Auschwitz-Birkenau nicht nur aus den Berichten der Überlebenden, sondern auch aus dem Bildmaterial des *Auschwitz-Albums.* Die darin enthaltenen Fotos wurden im Mai oder Juni 1944 gemacht. Als am 6. Juni jenes Jahres die Alliierten in der Normandie landeten, hatte Nazi-Deutschland praktisch den Krieg schon verloren; dennoch wurden die hastigen Transporte der bislang überlebenden ungarischen Juden nach Auschwitz fortgesetzt – dort wurden sie direkt in die Gaskammer geschickt. Man geht davon aus, dass die Bilder von den Transporten von den SS-Fotografen *Ernst Hofmann* oder *Bernhard Walter* stammen; die hatten den Auftrag, die Gefangenen zu fotografieren.

Auf den Bildern können wir die Ankunft der ungarischen Juden im Lager erkennen und das weitere Vorgehen nach ihrem Eintreffen. Der Bahnsteig war speziell für diese Züge verlängert worden; viele der Bilder entstanden, sofort nachdem die Juden ausgestiegen waren. Nach ihrer Ankunft durchliefen sie die «Selektion»; manche durften noch eine Weile weiterleben und schuften, die anderen gingen direkt in die Gaskammer. Das Album zeigt den ganzen Vorgang; es ist das einzige Bildmaterial, das wir haben. Am schrecklichsten ist es, die Bilder von Müttern mit Kindern zu betrachten, die im Sitzen oder Stehen darauf warten, «zu den Duschen und Baracken» geführt zu werden. Vielleicht ahnten manche von ihnen bereits, dass ihnen nur noch ein paar wenige Stunden blieben – bis es in den Gaskammern wieder Platz gab. Das *Auschwitz Album* wird im Archiv von Yad Vashem verwahrt; 2005 ist es auf Deutsch erschienen.

Die Zahlen sind schwindelerregend; sie sind zu hoch, als dass man sie begreifen könnte. Wenn wir dieses riesige Lager betrachten, sollten wir uns Folgendes bewusst machen (wobei dieser Grundsatz für den gesamten Holocaust gilt): Wir haben es mit Millionen von Menschen zu tun und gleichzeitig mit vielen Einzelpersonen. Sie haben uns Worte hinterlassen, Worte, die wir im Museum von Yad Vashem nachlesen können, ohne dass uns ihr Kontext vielleicht bewusst ist. Als Beispiel sollen die Worte des rumänisch-französischen jüdischen Philosophen *Benjamin Fondane* dienen, der 1944 in Auschwitz ermordet wurde:

> «Erinnere dich, dass ich unschuldig gewesen bin, und – genau wie du – sterblich! Auch ich hatte ein Gesicht, das gezeichnet war von Wut, von Mitleid, von Freude; ganz einfach: ein menschliches Antlitz!»[192]

Betrachten wir die riesige Zahl der Opfer, so ist es notwendig, dass wir uns an die Bedeutung des Individuums erinnern. Das Gedicht eines jüdischen Jungen über seine Lebensträume hilft uns dabei. *Abramek Koplowicz* wurde im Februar 1930 in Lodz geboren und 1944 in Auschwitz ermordet; seine Verse sind in Yad Vashem ausgestellt. Die folgenden Zeilen stammen aus Abrameks berührendem Gedicht «Traum»:

> «Wenn ich zwanzig Jahre alt bin,
> werde ich in einem motorisierten Vogel sitzen
> und zum Ende des Weltraums aufsteigen.
> Ich werde fliegen, ich werde mich emporschwingen
> hoch über eine Welt so schön,
> hinein in den Himmel.
> Die Wolke wird mir Schwester sein,
> der Wind mir Bruder.
> Ich werde fliegen, ich werde schweben über Flüsse und Meere.
> Ich werde den Euphrat und Nil bestaunen,
> die Sphinx und Pyramiden bewundern
> im alten Land der Göttin Isis.

Ich werde über die gewaltigen Niagara-Fälle gleiten,
und die Wärme der Sahara-Sonne in mich aufsaugen.
Ich werde über die von Wolken bedeckten Gipfel Tibets
aufsteigen,
über das geheimnisvolle magische Land der Hindus.
Dann, befreit von der Hitze der Sonne,
werde ich zum Nordpol fliegen,
über die große Insel der Kängurus schweben,
und weiter über die Ruinen von Pompeji.
Von dort werde ich das Heilige Land ansteuern,
wo unser Bund geschlossen wurde.
Ich werde sogar die berühmte Heimat Homers erreichen,
und so beeindruckt sein von der Schönheit dieser Welt.
Ich werde mich emporschwingen in den Himmel.
Die Wolke wird mir Schwester sein,
der Wind mir Bruder.»[193]

Auschwitz steht nicht einfach nur für die grausame Geschichte Europas, noch ist es ausschließlich eine Gedenkstätte, die an den Holocaust erinnert. Für die meisten Menschen auf der Welt ist Auschwitz *der Holocaust selbst,* sowohl sein Symbol als auch der Ort des Verbrechens.

Genau deshalb kam es gerade dort zu diesem wahrhaft historischen Moment: Am 4. September 2003 überflog die israelische Luftwaffe mit F-15-Kampfflugzeugen Auschwitz-Birkenau. Dabei waren auch eine Gruppe von Holocaustüberlebenden und ein Mann, den ich später persönlich in Jerusalem treffen durfte, der amerikanisch-jüdische Kampfpilot *Al Weber.* Ich verstehe sehr gut, warum dieses Ereignis einzigartig war; zwar war ich selbst nicht dabei, doch ein Film zeigt die Reaktionen, Gesichter und Emotionen der Beteiligten. Dieser Überflug erinnert uns daran, dass sich der Staat Israel aus der Asche des Holocaust erhoben hat. Seine Existenz ist ein Wunder.

Sichtlich bewegt hielt der Kommandant der israelischen Luftwaffe kurz vor dem Abheben der Flugzeuge eine Rede: «Wir sind hierhergekommen, um von dem Massenmord, der Vergangenheit, dem blühenden jüdischen Leben, der Kultur und den in der Thora bewanderten Rabbis zu erfahren. Wir sind hierhergekommen, um uns mit geschlossenen Augen eine jüdische Stadt vorzustellen, die einst voller Leben war. Wir sind hierhergekommen, um durch das Ghetto zu gehen, auf den Gräbern des Genozids und den Waldwegen vor den Toren des Todes. Wir wollten einen Ort sehen, der für ein Volk und viele Einzelpersonen zu einer unbeschreiblichen Tragödie geworden ist. Wir sind gekommen, um zu den Opfern zu sprechen – zu denen, die sofort getötet wurden, zu denen, auf deren Asche wir stehen, zu denen, die an Hunger und Kälte starben, zu denen, die im Überlebenskampf ihr Ende fanden. Wir sind gekommen, um zu den Opfern zu sagen: Trotz alledem sind wir hier. Der jüdische Widerstand ist zu einer starken modernen Armee geworden, deren Kampfgeist lebendig ist.»

Nach der Rede des Kommandanten und bevor die israelische Nationalhymne, die *Hatikva,* angestimmt wurde, erklärte ein Kampfpilot direkt aus dem Cockpit: «Wir, die Piloten der israelischen Luftwaffe, die über das Todeslager Auschwitz fliegen, sind hier, weil sich unser Volk aus der Asche erhoben hat. Wir sind hierhergekommen, um dem Mut der Opfer Respekt zu zollen. Wir tragen eure stummen Schmerzensschreie in unseren Herzen. Wir geloben, ein Schutzschild für das jüdische Volk und seinen Staat Israel zu sein.»[194]

Wer hätte sich in der düsteren Zeit des Zweiten Weltkriegs vorstellen können, dass im September 2003 die Luftwaffe des unabhängigen Staates Israel in Auschwitz sein würde? Noch dazu in der Gegenwart von Überlebenden dieses schrecklichen Ortes? In der Finsternis der 1940er Jahre schien es, als könnte niemand das Grauen überleben. Die Mächte des Hasses wirkten unüberwindlich. Wer hätte damals glauben können, dass die israelischen Piloten gemeinsam mit den Überlebenden ein sehr besonderes Lied singen würden? Die Bedeutung dieses Moments für die Überlebenden ist nicht in Worte zu fassen.

Das Lied, in das alle einstimmten, wurde verfasst von unserer jungen Heldin *Hannah Szenes;* soweit wir wissen, schrieb sie es, ohne genau zu wissen, was in Europa geschah. Der Liedtext ist prophetisch. Die ganze Welt, wie man sie bis zum Zweiten Weltkrieg gekannt hatte, kam damals in gewisser Weise zum Stillstand. Jüdische Gemeinden wurden ausgelöscht und Millionen von

Menschen starben. 1945 waren ganze Dörfer vom Erdboden verschwunden.

Ohne davon zu wissen, sang Hanna Szenes folgendes Gebet:

«Eli Eli
Schelo jigamer leOlam
HaChol veha Jam
Rischrusch schel haMajim
Barak haSchamajim
Tefilath haAdam.»

«Mein Gott, mein Gott,
lass niemals aufhören, bis in Ewigkeit,
den Sand und das Meer,
das Rauschen des Wassers,
das Leuchten des Himmels
und das Beten des Menschen.»[195]

7. | Zeitgenossen des Genozids – Wie reagierten die Zuschauer?

✡

«Darauf wird ihnen der König antworten: ‹Ich versichere euch: Die Hilfe, die ihr meinen geringsten Brüdern und Schwestern verweigert habt, die habt ihr mir verweigert.›»[196]

Im August 2009 fliegt meine Freundin Carrie von Chicago nach Amsterdam, während ich mich von Israel aus auf den Weg mache. Wir haben beschlossen, nach Holland zu reisen, um unser Wissen über den Holocaust zu vertiefen. Dort wollen wir einige seiner ursprünglichen Entwicklungsphasen in Europa nachvollziehen. Holland haben wir uns als Reiseziel ausgesucht, weil es in diesem Land viele lohnenswerte Besichtigungsorte gibt. Direkt nach unserer Ankunft in Amsterdam beginnen wir mit unserem Programm. Ohne es im Voraus geplant zu haben, stellen wir fest, dass jeder Ort, den wir besuchen, einen anderen Aspekt des Holocaust beleuchtet.

Unser Besuch im Anne-Frank-Haus beginnt auf besondere Art und Weise. Ich hatte das Museum im Vorfeld angeschrieben, in der Hoffnung, dass sie uns vom stundenlangen Warten draußen vor der Tür befreien würden (die Warteschlangen vor dem Haus sind immer sehr lang). Zunächst bestätigten sie uns einen Besichtigungstermin am 2. August; doch dann erhielt ich eine neue Nachricht, in der sie uns baten, unseren Besuch auf den 4. August zu verschieben. Erst bei unserer Ankunft wird uns die Bedeutung dieses Datums bewusst: Am 4. August 1944 wurden die Familie Frank und ihre jüdischen Freunde, die sie versteckten, verhaftet, da man sie verraten hatte. Die ***Denunzianten*** *bilden eine eigene Gruppe innerhalb der Zeitgenossen des Holocaust. Es ist ein besonderes Gefühl, eine Art trauriges Privileg, an diesem Tag im Haus von Anne Frank zu sein. Wir wissen, dass Miep Gies, die den Franks half, sich jedes Jahr am 4. August einschließt, um zu trauern. Sie gehörte zu den* ***Rettern.*** *Wir können ihre Trauer zumindest ein wenig nachempfinden.*

Wir besichtigen das Niederländische Widerstandsmuseum. ***Widerstand*** *gehörte ebenfalls zur Reaktion der Zeitgenossen auf den Holocaust. Wir besuchen ein jüdisches Theater, in dem die Juden zusammengetrieben wurden, bevor man sie in die Lager schickte. Die nationalsozialistischen* ***Täter*** *stellten eine große Gruppe der Zeitgenossen dar. Auch das jüdische Museum und viele andere Sehenswürdigkeiten besichtigen wir.*

Es fühlt sich merkwürdig an: Während an die Judenverfolgung erinnert wird, spielen sich in unserem Umfeld schreckliche Menschenrechtsverletzungen ab – Amsterdam ist eine Drehscheibe des Menschenhandels; dieses Phänomen der modernen Sklaverei ist unüber-

sehbar, wenn man sich durch die Stadt bewegt. Doch die Bürger Amsterdams, denen gegenüber wir das erwähnen, finden unser Missfallen seltsam. Ähnlich paradox ist der Umstand, dass die Holländer kaum etwas wissen über die Geschichte der Familie ten Boom. Wir besichtigen Haarlem, wo das Haus der Familie als Museum dient, der Uhrenladen steht noch. Es ist verstörend, dass die Helden des Zweiten Weltkriegs fast vollständig in Vergessenheit geraten sind.

Unser Guide erzählt uns, nur Ausländer würden das Haus der Familie ten Boom besichtigen.

Ich bin dankbar für diese Städtetour, die uns allerdings weder Entspannung beschert noch ausschließlich positive Eindrücke. Beunruhigt und tief in Gedanken versunken kehren wir aus Holland zurück.

Hat sich am Verhalten der Menschen irgendetwas geändert?

Der jüdische Zimmermann *Mordechai Gebirtig* (1877–1942) aus dem polnischen Krakau schrieb 1938 in seiner Heimatstadt das sehr bekannte Holocaustgedicht «Es brennt». Gebirtig konnte 1938 nicht wissen, dass im darauffolgenden Jahr, im September 1939, deutsche Truppen Polen überfallen würden – um das Leben der polnischen Juden, der größten jüdischen Gemeinschaft in Europa, für immer zu zerstören. In dem Gedicht appelliert Gebirtig an seine nichtjüdischen Nachbarn, die als Einzige die Flammen der Gewalt auslöschen konnten:

«Es brennt, Brüder, ach, es brennt!
Ach, unser armes Städtchen, alles brennt!
Böse Winde voller Rasen
reißen, brechen und zerblasen,
fahren in die wilden Flammen,
alles ringsum brennt!

Und ihr steht und guckt nur um euch
und regt nicht die Händ.
Und ihr steht und guckt nur um euch,
wenn unser Städtchen brennt.»[197]

Das Gedicht war auch eine Prophezeiung; sein Verfasser, unser Dichter Gebirtig, starb in den «bösen Winden», als die Deutschen Polen besetzten. Er ist vergleichbar mit den Propheten der Bibel, da er in die Zukunft blickte und versuchte, die Menschen zu warnen – und er ähnelt ihnen umso mehr, als seine Warnungen auf taube Ohren stießen: Seine Nachbarn standen einfach nur da und beobachteten alles. Manche von ihnen freuten sich vielleicht sogar darüber, andere litten darunter, während wieder andere in ihrer Beschränktheit völlig gleichgültig blieben. Gebirtigs Brüder starben in den lodernden Flammen. Er selbst hatte wohl begriffen, was wir heute verstehen müssen: Der bestehende Antisemitismus machte die Verfolgung der Juden erst möglich.

Antisemitismus ist kein isoliertes Gedankengut. Der Holocaust ist eine Geschichte über Menschen, vergleichbar einem Theaterstück, inszeniert, geschrieben und produziert von Menschen, die wir in drei Gruppen einteilen können:

1. **Täter**
2. **Schweigende Zuschauer**
3. **Retter**

Wir können deutlich erkennen, dass die Mehrheitsgesellschaft einfach nur zuschaute, als ihre Nachbarn der Gewalt, den Plünderungen und dem Tod zum Opfer fielen. Manche arbeiteten mit den kriminellen Tätern zusammen, andere profitierten nur von den Besitztümern der Opfer, die sie sich aneigneten. Während sich einige eindeutig freuten über das Unglück ihrer Nachbarn, waren viele schlicht und einfach gleichgültig.

Gleichgültigkeit ist oft das Ergebnis von Angst und mangelndem Verständnis; manchmal handelte es sich um moralische Blindheit, ein anderes Mal aber um richtigen Hass. Beides trug bereitwillig zum Schicksal der Juden bei. Die Kirchen, die den ethischen Widerstand hätten anführen sollen, bleiben weithin still. Wie hätte es auch anders sein können, wo sie durch ihre falschen Lehren bereits entsprechend präpariert waren?

Wir erkennen einen Kontrast zwischen der Mehrheit und der Minderheit – nur eine sehr kleine Gruppe von Menschen hatte den Mut, in einer lebensbedrohlichen Situation für die Wahrheit einzutreten. Die Grauzone der Neutralität ist eine unsichere und schwierig zu haltende Position, da sie in Wirklichkeit gar nicht existiert. Nur weil das Böse unsichtbar ist, heißt das noch lange nicht, dass alles gut wäre.

> «Himmel und Erde sind meine Zeugen, dass ich euch heute vor die Wahl gestellt habe zwischen Leben und Tod, zwischen Segen und Fluch. Wählt das Leben, damit ihr und eure Kinder nicht umkommt!»[198]

Jeder, der den Holocaust studiert, kennt die drei Kategorien, die heute genutzt werden, um verschiedenste Situationen zu erklären, zum Beispiel «Mobbing»; sie sind hervorragend geeignet, die menschliche Natur zu verstehen. Die Natur des Menschen ändert sich nicht; genau deshalb ist die Untersuchung der Zeitgenossen eines der interessantesten Forschungsgebiete des Holocaust.

Die Täter

Am meisten wissen wir über die Täter des Holocaust, die Nazi-Kriegsverbrecher, deren Gesichter uns vertraut sind. Wir haben ihre Gesichter aus einem wichtigen Grund betrachtet: Sie repräsentieren für uns das absolut Böse. Ihre gestärkten Uniformen und sogar ihre blankgeputzten Stiefel vermitteln Ordnung.

Wie oft habe ich beobachten können, wie sich eine Person verändert, sobald sie Uniform trägt: Sie wird zu einer Autorität, zu jemandem, der Befehle erteilt, verlässlich und gebieterisch zugleich. Die Nazi-Verbrecher stellen diesen Wandel dar, der durch eine Uniform geschieht. Er wird umso eindrücklicher, wenn man ihn mit dem Erscheinungsbild der Opfer vergleicht; die Täter wirkten wie aus dem Ei gepellt gegenüber den hungrigen, geprügelten und schmutzigen Häftlingen.

Das Ablegen der Uniform wiederum erzeugt einen zweckfreien Moment, in dem sich die betreffende Person in einen absolut gewöhnlichen Menschen zurückverwandelt. Dieses Geschehen wird in der Eichmann-Ausstellung von Yad Vashem dokumentiert; im Folgenden wollen wir den Fall *Adolf Eichmann* näher betrachten.[199]

Adolf Eichmann wurde oft als der Architekt des Holocaust bezeichnet. Er kam in amerikanische Kriegsgefangenschaft, konnte jedoch Anfang 1946 fliehen. Eine Zeit lang lebte er unter falschen Namen in verschiedenen Teilen Deutschlands; Anfang 1950 reiste er nach Italien, wo er sich in Klöstern versteckte.

Ein berühmter Fluchtweg, die «Rattenlinie», wurde vom Vatikan organisiert – so nennt man die Wege, auf denen Nazi-Größen nach dem Krieg über Italien bzw. noch genauer: über den Vatikan nach Südamerika flohen. Auch die berühmte ODESSA-Organisation könnte ihm geholfen haben, das Unterstützungsnetz für ehemalige SS-Offiziere.

In Eichmanns Fall war es Bischof *Alois Hudal* (1885–1963), der dem einstigen SS-Obersturmbannführer zur Hilfe kam. Hudal stammte aus Österreich. Der Bischof, der über ein weitverzweigtes Netzwerk an Kontakten verfügte, beschaffte Visa, Verstecke und alles, was sonst noch benötigt wurde, um hohen Nazis zu helfen.

Eichmanns Familie folgte ihm einige Jahre später nach Argentinien; Eichmann selbst lebte unter falschem Namen bis 1960 im Großraum von Buenos Aires, wo er verschiedenen Tätigkeiten nachging.

Bereits 1954 hatte der Holocaustüberlebende *Simon Wiesenthal* (1908–2005), bekannt als «Gewissen des Holocaust», in Wien Informationen darüber erhalten, dass Eichmann in Argentinien lebte. Wiesenthal gehörte zu den berühmtesten Überlebenden. Nachdem er aus dem Lager Mauthausen befreit worden war, begann er zunächst für die amerikanischen Befreier zu arbeiten; dann fing er an, nach Kriegsverbrechern zu fahnden. Dank seiner Hilfe wurden über eintausend Nazi-Verbrecher vor Gericht gestellt.

Genau wie Wiesenthal erhielt auch der hessische Generalstaatsanwalt *Fritz Bauer* 1957 ähnliche Informationen über Eichmann; seine Quellen waren deutsche Juden, die in Argentinien lebten. Der Fall Eichmann ist eine lange, komplexe und äußerst spannende Geschichte, die ich hier nur kurz skizzieren kann: Nachdem Bauer diese Hinweise bekommen hatte, gab er sie an den israelischen Geheimdienst *Mossad* weiter. Israelische Agenten begannen, Eichmann zu überwachen, der jetzt den Namen *Ricardo Kle-*

ment nutzte. Am 11. Mai 1960 wurde Eichmann von Mossad-Agenten entführt, nach Israel gebracht und dort vor Gericht gestellt.

Der Eichmann-Prozess war aus vielerlei Gründen höchst bedeutend: Erstens führte er der Öffentlichkeit die Realität des Holocaust vor Augen. Endlich erhielten die Überlebenden, die als lebendige Zeugen eines Verbrechens jahrelang geschwiegen hatten, eine Stimme. Die Anhörungen in diesem Prozess gaben Forschern und Historikern viele neue Informationen über Handlungen und Hierarchien des Nazi-Regimes. Die internationale Presse konnte über das Gerichtsverfahren ungehindert berichten, an dessen Ende Eichmanns Verurteilung stand – trotz seiner Einwände, er habe doch nur *die Regeln befolgt.*

Eichmann wurde 1962 durch den Strang hingerichtet, seine Asche streute man außerhalb der israelischen Hoheitsgewässer ins Mittelmeer.

Der interessanteste Aspekt für uns ist die Veränderung, die sich in Eichmann zwischen dem Holocaust und 1960 vollzog: Es gibt nicht viele Fotos von Eichmann während des Holocaust; die Bilder, die ich gesehen habe, zeigen ihn auf dem Höhepunkt seiner Macht, in SS-Uniform, angetan mit der Totenkopf-Dienstmütze und Militärstiefeln.

Betrachten wir jedoch die Aufnahmen, die die israelischen Agenten von Eichmann anfertigten, als sie ihn in Argentinien beschatteten, so sehen wir einen Arbeiter in Zivil. Er fuhr mit dem

Bus zur Arbeit, was für ihn, der es gewohnt war, von Chauffeuren herumgefahren zu werden, ein ziemlicher Schock gewesen sein muss. Er sah tatsächlich recht bemitleidenswert und arm aus und nahm jede Arbeit an, die er bekommen konnte.

Dieser Wandel illustriert, was die Philosophin *Hannah Arendt* treffend als die «Banalität des Bösen» beschreibt. Was war so banal an diesem Mann? Während man in Jerusalem die Ausgeburt des Bösen erwartete, die Eichmann im Zweiten Weltkrieg tatsächlich auch gewesen war, so erblickte man im Prozesses einen Mann, den viele als «ganz gewöhnlich» beschrieben. Er war von durchschnittlicher Größe und Gewicht und trug eine Brille. *Leonhard Cohen* hat ein Gedicht geschrieben über Eichmanns Durchschnittlichkeit; gerade dieser Aspekt war für alle Beobachter so schockierend.

Das absolut Böse schreibt der Mensch leichthin Personen zu, die «anders» sind als «wir». Schließlich könnte doch nur ein äußerst grausames oder böses Wesen derart schreckliche Menschenrechtsverletzungen begehen! Allerdings wird diese Ansicht von Untersuchungen aus unterschiedlichen Teilen der Welt keinesfalls bestätigt; unter den Nazi-Kriegsverbrechern mag es einige wenige gegeben haben, die tatsächlich Probleme hatten mit ihrer psychischen Gesundheit, doch die Mehrheit von ihnen waren ganz normale Menschen. Die aktuelle Forschung jedenfalls konnte bisher unter ihnen keine Person mit besonders grausamer Veranlagung ausmachen.

Betrachten wir andere Verbrechen gegen die Menschlichkeit, etwa die der argentinischen Militärjunta in den 1970er Jahren oder den Völkermord in Ruanda 1994, so können wir feststellen: Viele, wenn nicht sogar alle Täter kehrten später in ihr normales Leben zurück; zumindest von außen betrachtet hatte niemand damit irgendwelche Schwierigkeiten.

Offensichtlich waren diese Personen, die die Menschenrechte so grob verletzten, während einer Zeit des Krieges oder der Verfolgung an die Macht gekommen – und genau diese Position stimulierte sie dazu, Verbrechen zu begehen. Für uns liegt die Herausforderung darin, dass die Verbrecher Menschen waren wie du und ich. Oft hatten sie selbst Kinder und waren gewissenhafte Eltern.

Theodor Adorno (1903–1969) hat bahnbrechende Forschungen darüber angestellt, welcher Typus Mensch zu besonderen Verbrechen fähig ist. Adorno studierte zunächst in Frankfurt und ging später ins Exil. Vermutlich wurden seine Untersuchungen beeinflusst durch seine Erfahrungen unter einem totalitären Regime; allerdings schloss er seine berühmteste soziologische Forschungsarbeit zu diesem Thema in den Vereinigten Staaten ab, 1949 kehrte er nach Frankfurt zurück.

Adorno prägte den Begriff des «autoritären Charakters»; dieser Persönlichkeitstyp verfügt laut Adorno über bestimmte psychologische Eigenschaften, die einen Mangel an Empathie bewirken und die Person gleichzeitig zu einem umso gewissenhafteren Verbrecher machen. Bei seinen Forschungen achtete Adorno weder auf das Umfeld noch auf die Gesellschaft, sondern nur auf die persönlichen Eigenschaften eines Menschen; für eine autoritär geprägte Persönlichkeit ist blinder Gehorsam keine Feigheit, sondern eine Tugend – folglich kann eine Diktatur oder eine totalitäre Regierung solche Menschen für ihre Zwecke benutzen. Natürlich gibt es auch viele Wissenschaftler, die Adorno in diesem Punkt widersprechen.[200]

Die Forschung hat auch die Denkweise der schon erwähnten «ganz normalen Männer» während und nach den Massenerschießungen untersucht. Wie war es ihnen möglich, an diesem schockierenden Völkermord teilzunehmen? Die Erklärungen verschiedener Historiker[201] weisen zumindest folgende Gemeinsamkeiten auf:

1) **Das Töten während des Krieges war «rechtmäßig»**, da sich die Deutschen nur gegen ihre Feinde verteidigten;
2) **Der Krieg macht Menschen brutal und gibt ihnen zu viel Macht,** daher können sie die Dinge nicht so sehen wie in Friedenszeiten;
3) Es war wichtig, **Befehlen zu gehorchen;** das Morden gehörte zur Pflicht und hatte nichts zu tun mit der eigenen Befindlichkeit;
4) **Der Druck ihrer Umwelt** führte dazu, dass diese Männer nicht aus der Masse herausstechen wollten.

Diesen Erklärungen können wir weitere Mechanismen hinzufügen, die den Tätern halfen, weder das Menschsein ihrer Opfer noch ihre eigene Verantwortung zu erkennen. Erstens, die Opfer sahen anders aus als sie; sie waren hungrig und konnten sich nicht waschen. Zweitens, die Täter waren dazu ausgebildet worden zu gehorchen, d. h., Befehlen war unbedingter Gehorsam zu leisten. Drittens, der Mensch kann sich «mehrere Welten erschaffen», die nicht miteinander kollidieren, wie die Trennung von Familie und Arbeit; so war es den Nazi-Tätern möglich, im Konzentrationslager mit äußerster Brutalität vorzugehen und danach als liebevolle Ehemänner und Väter in ihre Familien zurückzukehren.[202]

Der erste «Auschwitz-Prozess» fand zwischen dem 20. Dezember 1963 und dem 19. August 1965 in Frankfurt am Main statt. Vor Gericht standen einstige SS-Angehörige und weitere Täter (die in Auschwitz Dienst getan hatten); dieses Gerichtsverfahren wurde zum Gegenstand einer zweiteiligen Fernsehdokumentation mit dem Titel «Das Ende des Schweigens – 50 Jahre Frankfurter Auschwitz-Prozess», zusammengestellt von Rolf Bickel und Dietrich Wagner.

Das Hauptargument der Verteidigung lautete, die Angeklagten hätten keine Wahl gehabt, da sie den ihnen erteilten Befehlen gehorchen mussten. Generalstaatsanwalt Fritz Bauer war der Meinung, dies entspräche keinesfalls der historischen Realität; seiner Überzeugung nach wäre Hitler ohne die aktive Unterstützung von Männern wie den Angeklagten niemals an die Macht gekommen.[203]

Bei einer Gerichtsverhandlung 1964 in Düsseldorf gab es mehrere Zeugenaussagen zu diesem Themenbereich. Was sahen diese Menschen und wie konnten sie ihre Rollen trotz des Leidens anderer beibehalten? Betrachten wir die Täter, denken wir normalerweise nur an die bekannten Nationalsozialisten, die brutalen KZ-Wächter, die SS-Männer und professionelle Killerkommandos. Die Realität sieht allerdings bedeutend anders aus; an dem Massenmord war eine große Anzahl verschiedener Berufe beteiligt, von Bürokraten über Ärzte, Rechtsanwälte bis hin zu Großindustriellen und vielen anderen.

Die europäischen Eisenbahnen werden für immer mit dem Holocaust assoziiert werden, da sie bei diesem Genozid eine zentrale Rolle spielten. Was sagten nun die Eisenbahnangestellten in diesem Prozess?

> «Ich hatte mit diesen Fragen nur an meinem Schreibtisch zu tun. Meine einzige Tätigkeit bestand darin, mich rein technisch um die Zugfahrpläne zu kümmern.»[204]

> «Ich erstattete ordnungsgemäß Bericht über die Leichen, die man auf den Schienen in meinem Zuständigkeitsbereich fand. Damit hatte ich meine Pflicht getan.»[205]

> «Ich hörte die Erschießungen am Zug, doch ich sah sie nie mit eigenen Augen. Ich wandte nie den Kopf, um zurückzublicken. Ich blickte immer nach vorn.»[206]

Natürlich war nicht jeder in dieser großen Gruppe persönlich bereit, brutale Menschenrechtsverletzungen zu begehen. Nicht alle waren gezwungen, an einem Arbeitsplatz zu bleiben, an dem sie gegen ihr Gewissen handeln mussten. Allerdings entschieden sich die meisten zu schweigen, was weitere Menschenrechtsverletzungen ermöglichte.

Die größte Gruppe der Zeitgenossen des Holocaust waren nicht die Täter, sondern die schweigenden Zuschauer.

Wer oder was machte die Verbrechen also möglich?

Die schweigenden Zuschauer

Wir nennen sie «Zuschauer», da Zuschauen tatsächlich das Einzige war, was sie taten: Sie schauten zu, wie Tag für Tag das Böse siegte. Der Überlebende Kurt Messerschmidt formulierte es so: «Einige Menschen lehnten das Vorgehen der Nazis ab, doch ihre Ablehnung bestand ausschließlich aus Schweigen.»[207] Schweigen hilft dem Opfer niemals, es schützt nur den Täter. Aktuelle Forschungen zu verschiedenen Massenmorden belegen die unbestreitbare Wahrheit dieser Tatsache.

Forscher haben herausgefunden, dass Täter von Menschenrechtsverletzungen sich immer bemühen, ihr Tun vor den Mitmenschen zu verheimlichen. Ist das nicht länger möglich, bringen sie die Zuschauer durch Furcht zum Schweigen, sei es nun vor, während oder nach dem Verbrechen. Auf wessen Seite stehen nun die Zuschauer, wenn sie schweigen? Setzen sie ihren ganz normalen Alltag fort, wenn um sie herum täglich Grausamkeiten verübt werden, dann nützen sie den Tätern – und so werden sie zu Mittätern an den Verbrechen. Je nach Situation können diese schweigenden Zuschauer Einzelpersonen sein oder Gesellschaften, Kirchen, Organisationen, internationale Vereinigungen. Wo standen zum Beispiel die Vereinten Nationen während des Genozids in Ruanda? Waren sie schweigende Zuschauer? Falls meine Leser daran interessiert sind, verschiedene Ereignisse zu vergleichen, lege ich ihnen wärmstens den Film «Hotel Ruanda» ans Herz; so können sie selbst zu einer Schlussfolgerung kommen.

Eli Wiesel beschreibt einen klassischen Zuschauer:

«Seit dem Krieg ist das die eine Sache, die ich verstehen möchte. Nichts anderes. Wie konnte man nur gleichgültig sein. Die Täter konnte ich verstehen, und auch die Opfer, selbst wenn mir das nicht so leichtfiel. Doch die anderen, alle anderen, die weder dafür noch dagegen waren ...» Wiesel fährt fort: «Er sagt weder nein noch ja, und auch nicht vielleicht. Er spricht kein Wort. Er ist da, handelt aber so, als sei er nicht da. Noch schlimmer: er handelt, als seien wir nicht da.»[208]

Wir müssen uns bewusstmachen, dass diese Verfolgung nicht in einem Vakuum geschah; sie gehörte zu einer bestimmten historischen Ära mit ihren eigenen Werten. Ganz grundsätzlich kann man sagen, dass der Mensch nicht das Recht hat, das Leben eines anderen Menschen zu beenden – ganz im Gegenteil, der Mensch trägt die unmittelbare Verantwortung, Leben zu bewahren. Nachdem Eli Wiesel das Grauen von Auschwitz überlebt hatte, sagte er:

«Wir, die wir von der Schöpfung vergessen und vielleicht von ihrem Schöpfer im Stich gelassen wurden, müssen unseren Glauben an beide demonstrieren …Wir, die wir in den Baracken und in der Finsternis alle diese Wege sahen, die in den Tod führten …

Wir, die wir vom Tod beherrscht wurden, proklamieren immer noch, mit jeder Faser unseres Seins, unseren Glauben an die jüdische Tradition: Alles, was das Leben ausmacht, ist lebendig, wie zerbrechlich und verwundbar dieses Leben auch sein mag.»[209]

In einer Gesellschaft, in der ein Mensch das Recht hat, über Leben und Tod zu entscheiden, ist es nur ein kurzer Weg zur Verachtung des Lebens. Diese Tendenz, die wir in der westlichen Gesellschaft heute sehr deutlich erkennen können, wurde in Nazi-Deutschland ins Extrem gesteigert; dort wurde der Wert eines Menschenlebens anhand sehr konkreter Standards bestimmt, ohne Rücksicht auf ethisch-moralische Erwägungen und die Menschenwürde. *Zvi Gill*, der lange Jahre die Organisation der Holocaustüberlebenden in Israel leitete, hat gesagt: «Wir, die wir durch das Tal des Todes torkelten … rangen darum, für unser Volk und für alle Menschen eine sinngebende Botschaft und ein neues Ziel zu entdecken, nämlich eine Botschaft der Menschlichkeit, des Anstands und der Menschenwürde.»[210]

Betrachten wir die Zuschauer als eine Gemeinschaft von Menschen, so kommen wir an den christlichen Kirchen nicht vorbei, hatten sie doch während des Holocaust in Europa viel mehr Macht und Einfluss als heute. Priester, Pfarrer und die Kirchenhierarchie gehörten fast alle zu den schweigenden Zuschauern. Noch 1945 wurden die Kirchen mit Blick auf den Holocaust für schuldlos erklärt, doch seitdem hat sich viel verändert; während zunächst totale Verdrängung herrschte, können wir mittlerweile die Möglichkeit des Bösen zugeben. Die Kirche hatte sich nicht nur durch ihre Taten schuldig gemacht, sondern viel mehr noch durch ihr Schweigen. Kennzeichen dieser Ära ist die Sünde des Schweigens, und zwar sowohl für die katholische als auch für die protestantischen Kirchen.

Der Dichter *Nathan Alterman* wurde 1910 in Warschau geboren, emigrierte jedoch 1925 ins britische Mandatsgebiet Palästina. Obwohl er es in der israelischen Politik zu einer gewissen Bekanntheit gebracht hat, ist sein wahres Vermächtnis die Dichtung. 1942 schrieb er das bekannte Holocaustgedicht «Aus allen Völkern»[211], das Papst Pius XII. gilt. Unzählige katholische Priester, Mönche, Nonnen und einfache Gemeindeglieder in ganz Europa halfen den Juden; doch ihr geistliches Oberhaupt blieb entweder still oder war in seiner Rhetorik so uneindeutig, dass man ihn getrost als klassischen Zuschauer bezeichnen kann.[212] Hier ein Auszug aus Altermans Gedicht:

«Das Schwert fällte Menschen Tag und Nacht,
Doch Roms Heiliger Vater
Kam nicht heraus mit den Ikonen Christi,
Um einen Tag lang dem Pogrom zu wehren.

Um einen Tag lang, einen einzigen nur,
Zu stehen, dort, wo jahrelang,
Wie ein Lamm, ein kleines
Unbekanntes
Jüdisches Kind
Verlassen dasteht.»

1933 kam es in Nazi-Deutschland zu einem interessanten Wandel: Die katholische Kirche in Deutschland war vor der Machtergreifung gegen die NSDAP eingestellt gewesen und hatte ihre Mitglieder davor gewarnt, der Partei beizutreten; mehrere katholische Priester und Theologen sagten voraus, die Nationalsozialisten würden sich als Feinde der Kirche herausstellen. Offensichtlich verstanden sie, dass Hitler schlussendlich die gesamte Gesellschaft kontrollieren wollte, einschließlich der Kirche; dann würde die Kirche ihre Aufgabe nicht länger erfüllen können. Schon vor Beginn der Nazi-Herrschaft hatte die katholische Kirche also eine klare Sicht, wie gefährlich eine solche Regierung sein würde.

Betrachten wir die Situation genauer, so stellen wir fest, dass vor 1933 tatsächlich der größte Widerstand gegen Hitler aus Kreisen des deutschen Katholizismus kam – doch das sollte sich 1933 unerwartet und vollkommen ändern, und zwar aus politischen Gründen: In jenem Jahr unterzeichnete der Vatikan einen Vertrag mit der deutschen Reichsregierung, das «Reichskonkordat»; in diesem wurden die Rechte der Kirche gegenüber dem Staat festgeschrieben.

Hitler hätte diese Vereinbarung wohl kaum unterzeichnet, wenn sie für ihn nicht vorteilhaft gewesen wäre. Dieses Konkordat sicherte der Kirche zwar bestimmte Rechte zu, doch nahm es ihr das wichtigste Recht und ihre größte Verantwortung: sich zu sozialen Fragen zu äußern. Interessanterweise gab es später, als Geistliche in die Konzentrationslager deportiert wurden, unter ihnen mehr katholische Priester als protestantische Pfarrer.[213]

Auch wenn man nicht behaupten kann, die Kirchenführung der Katholiken hätte ihre Meinung grundlegend geändert, um Hitler nun zu unterstützen, so ist es doch zutreffend, dass sie Hitlers erstarkender Macht nicht länger widerstand. Viele Priester glaubten, die Mission der Kirche stehe über irdischem Machtstreben; und selbst die Gegner Hitlers, die im Nazi-Regime eine Bedrohung der Kirche sahen, protestierten nicht gegen die antijüdischen Drohungen und Aktionen, die immer weiter zunahmen.

Ähnlich unterstützte die katholische Kirche in Deutschland seltsamerweise den Krieg, der 1939 begann – obwohl das Hauptziel des Angriffs Polen war, das europäische Land mit der wohl prozentual stärksten katholischen Bevölkerung.

Diese Tatsachen erscheinen uns recht seltsam und widersprüchlich: In ganz Europa versteckten katholische Priester, Nonnen und Mönche Juden in Klöstern und Kirchen, aber die Kirche als Institution arbeitete mit ihrem Feind zusammen. Die offizielle Kirche hatte in jener Zeit keine ethisch-moralische Stimme; vielmehr repräsentierten Einzelpersonen, die gegen den Strom schwammen, das wahre Gesicht des Christentums.

Auch die evangelische Kirche hatte keinen klaren moralischen Kompass zu bieten. Erschreckend: Bereits im Sommer 1932 waren in Berlin Pfarrer, Laien und Führungskräfte zusammengekommen, um darüber zu beraten, wie die NSDAP mehr Macht gewinnen könnte, insbesondere unter den Protestanten! Dieses Treffen wurde von *Wilhelm Kube* einberufen, der als Gauleiter der NSDAP in Brandenburg fungierte und einer der Leiter der Deutschnationalen Volkspartei in der Weimarer Republik gewesen war.

Hitler schlug vor, den Nazi-freundlichen Teil der evangelischen Kirche «Deutsche Christen» zu nennen. Diese Bezeichnung sagte alles – sie bedeutete, Deutschland wäre genauso wichtig wie das Christentum und beide gingen Hand in Hand. Innerhalb kürzester Zeit begrüßten in Deutschland viele Christen, geprägt von einer langen national-religiösen Tradition, die Idee einer gleichgeschalteten «Reichskirche».

Luthers antijüdische Schriften wurden wieder aktuell; der Mitbegründer, «Schirmherr» und Reichsbischof der Deutschen Christen *Ludwig Müller* (1883–1945) erklärte unter anderem, das

Christentum sei nicht aus dem Judentum heraus entstanden, sondern im Gegensatz dazu.[214] Auch wenn die Kirchenleitung das Hitler-Regime im Hinblick auf innerkirchliche Fragen offensichtlich nur tolerierte, wurde die Behandlung der Juden niemals hinterfragt als ein problematischer Punkt, bei dem man Hitler widersprochen hätte.

Noch alarmierender als das Studium von Luthers antijüdischen Schriften war die «Entjudung» der Kirche, die darauf abzielte, den jüdischen Einfluss aus dem Christentum zu verbannen. Der damalige Zeitgeist hielt alles, was jüdischen Ursprungs war, für böse und schlecht; so gehörte nun auch die Bibel, die als jüdisches Buch von Juden verfasst worden war, zu dieser verachteten Kategorie. Demzufolge wurden Maßnahmen ergriffen mit dem Ziel, das Judentum aus den Kirchen zu entfernen; in den letzten Jahren hat sich die deutsche Presse mit diesem Thema befasst.[215]

Das Christentum, das die Worte Jesu nicht unabhängig von ihrem Bezug zur Bibel Jesu, der Thora, interpretieren kann, sollte nun vollständig vom Alten Testament abgetrennt werden. Das Neue Testament musste umgeschrieben werden: Die «ermüdenden und sich ständig wiederholenden» Verweise auf jüdische Bräuche, die Jesus und die Apostel pflegten, waren zu entfernen. Jesus wurde nun zu einem «arischen Jesus». Auch das Gesangbuch und den Katechismus schrieb man um, damit die gesamte Kirche sich ihres jüdischen Hintergrunds entledigen konnte.[216]

Diese Entwicklung ist sowohl haarsträubend als auch gotteslästerlich. Sie zeigt, dass der Zeitgeist die Kirche völlig vereinnahmt hatte, wobei die Kirchenleitung in ihrer geistlichen Einschätzung Hitlers absolut danebenlag. Umso erschreckender ist es, dass wir heute ähnliche Entwicklungen beobachten können; während ich diesen Text schreibe, erkenne ich auf den Websites verschiedener Kirchen und Theologen denselben Versuch: Jesus vom Judentum abzutrennen und das Alte Testament aus den Kirchen zu verbannen.

Zwar gab es evangelische Pfarrer, die sich zum Nationalsozialismus kritisch äußerten und daraufhin im KZ landeten; doch darf man darüber nicht vergessen, dass rund 90 Prozent der deutschen Pfarrer Hitler die Treue schworen – die meisten von ihnen freiwillig; die Kirchen selbst hatten ohne Druck von außen beschlossen, dass ihre Hirten diesen Eid leisten sollten. Das stellte sich als großer Fehler heraus, da es nun der Gestapo leichter fiel, die Widerständler ausfindig zu machen.[217]

Vertreter großer evangelischer Kirchen mit starkem Einfluss auf die Gesellschaft engagierten sich in der NSDAP und allen Bereichen des Nazi-Regimes. Bis Beginn des Zweiten Weltkriegs hatten evangelische Pfarrer den Versailler Friedensvertrag grundsätzlich abgelehnt, da sie an eine besondere Bestimmung des deutschen Volkes glaubten; aus diesem Grund fiel es ihnen leicht, Aspekte von Hitlers Ideologie positiv zu bewerten – immerhin war der, genau wie sie, ein Gegner des Kommunismus.

Ist es möglich, dass Hitler den Kirchen wie «ein Engel des Lichts» erschien, sodass er sie leicht auf seine Seite ziehen konnte? War der Wunsch nach Recht und Ordnung nach dem Chaos der Weimarer Republik so groß, dass Hitler positiv aufgenommen wurde, obwohl seine Reden die Menschen hätten erschrecken und aufrütteln müssen? Waren die geistlichen Hirten denn gar nicht in der Lage, ihn geistlich zu beurteilen? Oder war es einfach zu verlockend, sich auf die Seite einer starken Führungspersönlichkeit zu schlagen? Und schließlich: Wie stark wurden die Kirchen vom existierenden Antisemitismus beeinflusst, der immer wieder in antisemitischen Predigten zutage trat? Eines wissen wir ganz sicher: Hitler war überzeugt, die Pfarrer kontrollieren zu können. Was die Landeskirchen betraf, so war er es, der ihre Gehaltszahlungen einstellen konnte, wann immer er dies für angebracht hielt.[218]

Nach Hitlers eigener Aussage war er bereit, den Kirchen freie Hand zu lassen, solange sie nicht gegen den Staat vorgingen. Sobald Hitler Reichskanzler geworden war, wurde immer häufiger über Römer 13 gepredigt, anscheinend auf Initiative der Pfarrer: «Jeder soll sich den Behörden und Amtsträgern des Staates unterordnen. Denn es gibt keine staatliche Macht, die nicht von Gott kommt; jede ist von Gott eingesetzt. Wer sich also den Regierenden widersetzt, handelt gegen die von Gott gegebene Ordnung und wird dafür von ihm verurteilt werden … Gebt also jedem, was ihr ihm schuldig seid. Zahlt die Steuern, die man von euch verlangt, ebenso den Zoll. Unterstellt euch der staatlichen Macht und erweist denen, die Anspruch darauf haben, den notwendigen Respekt.»[219]

Paulus' Worte wurden hier missbraucht; es ging den neuen Machthabern doch nicht darum, dass die Leute keine Steuern zahlen oder andere Pflichten erfüllen wollten; es war eine Person an die Macht gekommen, die Gottes Eigentumsvolk vernichten wollte! Die Regierung verlangte ein Handeln, das dem Wort Gottes widersprach; Gehorsam dem Gottes Wort gegenüber hätte erfordert, der Regierung entgegenzuhandeln. Ein solches Vorgehen war den Pfarren fremd, da sie von Luthers «Zwei-Reiche-Lehre» geprägt waren; die stellte Gott als den Herrn der Kirche dar und den Kaiser als das Oberhaupt des Staates. In Deutschland war diese Idee tief verwurzelt.

Forscher haben eine eindeutige Verbindung zwischen Protestanten und Nationalsozialisten belegen können, die zum Holocaust beitrug.[220] Zahlreiche Faktoren erklären das Schweigen der Kirchen in dieser schicksalsträchtigen Zeit: Der Antisemitismus wurde in den damaligen Predigten klar und deutlich ausgedrückt. Gleichzeitig versuchte man, die Kirchen als Einrichtungen und Gebäude zu schützen. Das wirft Fragen nach dem Auftrag der Kirche auf, die sich nicht auf die Zeit der Judenverfolgung beschränken: Was ist der Auftrag der Kirche in Krisenzeiten? Sollte sie eine Institution schützen oder in düsteren Zeiten eine ethisch-moralische Stimme sein? Wir alle kennen die

Aussage Jesu: «Nun, dann gebt dem Kaiser, was ihm zusteht, und gebt Gott, was ihm gehört!»[221] Wenn wir Nazi-Deutschland betrachten, stellen wir allerdings fest, dass die Regierung nicht nur das verlangte, was ihr zustand; sie wollte sich auch das aneignen, was Gott gehörte.

Pastor Erwin Lutzer, der sich gründlich mit diesem Problem beschäftigt hat, gelangte zu folgendem Schluss: Die Worte Jesu verlangen von uns keinesfalls, dem Kaiser das zu geben, was Gott gehört. Jesus sagt ausdrücklich, dass jeder den Anteil empfangen sollte, der ihm zusteht; eine totalitäre Regierung jedoch ist bestrebt, ihren Anteil unrechtmäßig zu erweitern, um sich alles zu unterwerfen. In solchen Fällen können wir Christen uns gezwungen sehen, zivilen Ungehorsam zu leisten.

Viele erinnern sich vermutlich an die Geschichte von Pastor *Martin Niemöller* (1892–1984). Enttäuscht von der Weimarer Republik unterstützte er zunächst die NSDAP, erkannte jedoch bald, dass sich das Nazi-Regime in die falsche Richtung bewegte. Niemöller war ein mutiger Mann, den gesamten Krieg verbrachte er eingesperrt im KZ; er wurde zur Ikone des christlichen Widerstands in Deutschland. Sein Gedicht über das Schweigen ist ein Klassiker. Man hat es in vielen verschiedenen Fassungen zitiert, da er es offensichtlich abwandelte je nachdem, wer seine Zuhörer waren.

Im Kern geht es jedoch immer um dasselbe Thema – zu schweigen, wenn man protestieren sollte:

«Als die Nazis die Kommunisten holten,
habe ich geschwiegen,
ich war ja kein Kommunist.

Als sie die Sozialdemokraten einsperrten,
habe ich geschwiegen,
ich war ja kein Sozialdemokrat.

Als sie die Gewerkschafter holten,
habe ich geschwiegen,
ich war ja kein Gewerkschafter.

Als sie mich holten,
gab es keinen mehr,
der protestieren konnte.»[222]

Bereits 1933 etablierte Niemöller innerhalb der Kirche eine Widerstandsbewegung gegen Hitler. Diese Gruppe, der *Pfarrernotbund,* war die erste derartige Bewegung, sie ging hauptsächlich auf ihn selbst und auf Dietrich Bonhoeffer zurück. Später entstand daraus die *Bekennende Kirche,* der theologische Widerstand gegen Hitler.

Allerdings war selbst diese Widerstandskirche gegen den Virus des Antisemitismus nicht gefeit. Mit dem *Betheler Bekenntnis* gab sie sich 1933 eigene Richtlinien, sie erklärte sich solidarisch besonders mit Juden, die zum Christentum konvertiert waren. Die *Barmer*

Erklärung, die der Schweizer Theologe Karl Barth (1886–1968) entworfen hatte, befasste sich speziell mit dem Schutz der Kirche, verlangte jedoch keine Maßnahmen zum Schutz der Juden. Diese Erklärung, die im Mai 1934 verfasst wurde, besagte unter anderem, dass «die Irrtümer der Deutschen Christen und der gegenwärtigen Reichskirchenregierung» die Kirche verwüsteten und die Einheit der Deutschen Evangelischen Kirche sprengen sowie die theologischen Grundlagen «durch fremde Voraussetzungen durchkreuzen und unwirksam» machen würden.[223]

Der Bekennenden Kirche standen alle Möglichkeiten offen, die deutsche Bevölkerung während der Judenverfolgung aufzurütteln; zwar war sie eine Stimme des Widerstandes, setzte sich aber nicht mit Nachdruck für die Belange der Juden ein. Meiner Ansicht nach liegt es daran, dass die Christenheit in Deutschland moralisch nicht vorbereitet war auf eine Konfrontation mit dem Nationalsozialismus, als beide Ideologien aufeinandertrafen.

Wenn wir den Nationalsozialismus und das Christentum als zwei Ideologien oder Religionen ansehen, so wird uns bewusst, dass eine Religion nie stärker sein kann als ihre Anhänger. Unterstützer des Nationalsozialismus waren bereit, für ihre Überzeugungen Schritte zu gehen, die Christen nie in Betracht gezogen hätten. Auch Hitlers Position war in diesem Zusammenhang besonders, da er wahrhaftig der «Messias» der Nazis war, dem seine Anhänger absoluten Gehorsam geschworen hatten. Hitler selbst erklärte, er werde den Deutschen eine neue Religion bringen, und die würde, im Gegensatz zum Christentum, das Volk nicht schwächen. Er glaubte an die Reinkarnation und war daher überzeugt, von zahlreichen Herrschern der Vergangenheit abzustammen.[224]

Der Gedanke ist beängstigend, dass viele Christen einschließlich ihrer Leiter annahmen, sie könnten ein Doppelleben führen, statt die NS-Ideologie zu bekämpfen. An dieser Überzeugung hielten sie fest, obwohl Hitler und andere Nazi-Größen das Christentum hassten und ihre Absicht erklärt hatten, es sobald wie möglich abzuschaffen.[225]

Als die Christen Hitler akzeptierten, stimmten sie auch eklatantem Unrecht und Völkermord zu. Das ist eine Tragödie; aktuelle Forschungen haben ergeben: «Die meisten Juden in Ländern, die von Deutschland besetzt oder mit ihm verbündet waren, entgingen den Deportationen, wenn sich die dortige Mehrheitskirche öffentlich gegen diese Deportationen aussprach, und zwar kurz vor oder direkt nach deren Beginn.»[226]

Jahrhundertelang war Antisemitismus Teil der kirchlichen Lehre gewesen. Mehrere Mitglieder der Deutschen Evangelischen Reichskirche erklärten dazu am 17. Dezember 1941:

«Von der Kreuzigung Christi bis zum heutigen Tage haben die Juden das Christentum bekämpft oder zur Erreichung ihrer eigennützigen Ziele missbraucht oder verfälscht. Durch die christliche Taufe wird an der rassischen Eigenart eines Juden, seiner Volkszugehörigkeit und seinem biologischen Sein nichts geändert. Eine deutsche Evangelische Kirche hat das religiöse Leben deutscher

Volksgenossen zu pflegen und zu fördern. Rassejüdische Christen haben in ihr keinen Raum und kein Recht.»[227]

Martin Niemöller gehört zu den Wenigen, die es wagten, Hitler *in einem Gespräch von Angesicht zu Angesicht* zu widersprechen. Er verbrachte den Krieg im KZ. Das Verhalten dieses Pastors war bewundernswert mutig, doch es hatte nichts mit der Judenverfolgung zu tun. Als der Krieg vorbei war, erklärte er mit Bedauern: «Während des Krieges war ich ein Antisemit … Das Christentum in Deutschland trägt eine größere Verantwortung vor Gott als der Nationalsozialismus, die SS oder die Gestapo. Gerade wir hätten das Leid unseres Bruders anerkennen müssen … auch, wenn er Jude war.»[228]

Niemöller war bereit, für die Juden einzutreten, die zum Christentum konvertiert waren; doch in allen anderen Fällen glaubte auch er, dass es in Deutschland eine «Judenfrage» gab, die gelöst werden musste; auch war er überzeugt, dass die Juden deshalb litten, weil sie zum Tod Jesu beigetragen hatten – eine Denkweise, die seit den frühen Kirchenvätern dem Judenhass Vorschub leistete.

Ich glaube, dieser Fall beweist, dass der Antisemitismus einen großen Einfluss auf die Geistlichen ausübte. Auch wenn der kirchliche Widerstand fast der einzige Widerstand war, den es gab, müssen wir bedauern, dass er den Lauf der Dinge so wenig veränderte. Es ist tragisch, aber der Antisemitismus entschied über Leben und Tod; denn er hielt viele davon ab, den Juden zu helfen, selbst wenn dies für sie kein großes Risiko bedeutete. Hinzu kommt noch, dass es zwischen dem Verhalten anderer Länder gegenüber dem Hitler-Regime und dem Ausmaß des Antisemitismus in diesen Ländern einen direkten Zusammenhang zu geben scheint.

Manche, die zunächst nur Zuschauer waren, fällten am Ende Entscheidungen, die sie in die Reihen des Widerstandes beförderten. Die Nazi-Propaganda gegenüber der Jugend war massiv, da diese zu blindem Gehorsam erzogen werden und auch vor dem Verrat der eigenen Familie oder Spitzeldiensten für die NSDAP nicht zurückschrecken sollte. Daher ist jeder Fall geleisteten Widerstands umso bedeutungsvoller.

Ein bekanntes und sehr bewegendes Beispiel ist die Widerstandsgruppe «Die Weiße Rose», eine gewaltlose Gruppe in München aus mehreren Studenten und einem Professor; sie betätigte sich hauptsächlich an der Universität. Ihre Mitglieder verteilten Flugblätter mit Nazi-kritischen Inhalten und malten Parolen an Hauswände; auch die Geschwister *Hans* und *Sophie Scholl* gehörten dazu. Wie ihre Altersgenossen hatten sie einige Jahre der Hitlerjugend bzw. dem Bund Deutscher Mädchen angehört, doch anders als viele Gleichaltrige durchschauten sie die Slogans der Nazis. Sie hegten eine tiefe Abneigung gegen die Politik der Regierung, auch gegen deren üble Behandlung der Juden.

Die studentische Widerstandsbewegung beunruhigte das Nazi-Regime zutiefst, schließlich betrachtete es die Jugend als entscheidenden Faktor für die Zukunft Deutschlands. Zudem war allein der Gedanke des Widerstands *unter den Deutschen selbst* für die Regierung skandalös und unvorstellbar. Daher verwundert es nicht, dass die Nazis der Bewegung schnell auf die Schliche kamen und Hans und Sophie Scholl 1943 hinrichten ließen. Ein sehr empfehlenswerter Film zu diesem Thema ist «Sophie Scholl – Die letzten Tage». Da er auf den Verhörprotokollen der Gestapo beruht, ist er ein wichtiges historisches Dokument, das die damaligen Geschehnisse wahrheitsgetreu und genau wiedergibt.

Widerstand gegen das Nazi-Regime beinhaltete nicht immer große Risiken für Leib und Leben. Im Mai 1943 versuchten holländische Kirchen den zuständigen deutschen Bevollmächtigten zu überzeugen: «Wir machen uns keine Illusionen. Uns ist vollkommen klar, dass Eure Exzellenz beschließen können, nicht auf uns zu hören. Doch was nach menschlichen Gesetzen unmöglich ist, ist in unserem Glauben möglich. Der allmächtige Gott kann sogar Ihr Herz berühren.»[229] Diese Art höflicher Anfrage, eine Seltenheit, gefährdete tatsächlich niemanden. Doch wo war der Mut der Christen, wenn er erforderlich war?

Können wir überhaupt über Mut sprechen oder sollten wir einfach von Glauben reden – Glauben an die Macht Gottes, den Einfluss der Religion und die Unantastbarkeit menschlichen Lebens? Es ist zutreffend, dass Christen in den 1930er und 1940er Jahren in Deutschland und den besetzten Gebieten in ihrem Glauben herausgefordert waren; dabei ging es nicht nur um die Juden, sondern auch darum, was wir tun sollten, wenn wir uns dem Bösen gegenübersehen. Wollen wir daraus etwas lernen, sollten wir zumindest Folgendes festhalten: Wir können dem Bösen nur widerstehen, wenn wir es als solches erkennen.

Die Gerechten unter den Völkern

An meinem ersten Arbeitstag in Yad Vashem, dem Holocaustmuseum und Bildungszentrum in Jerusalem, habe ich das Privileg, an einer besonderen Feierlichkeit teilzunehmen: Ein Mann aus einem Land in Osteuropa (von wo genau, daran kann ich mich nicht mehr erinnern; jener ganze erste Tag verschwimmt in meinem Kopf wie im Nebel) hatte im Zweiten Weltkrieg einen Juden gerettet: Unter Lebensgefahr versteckte er seinen jüdischen Freund in seinem eigenen Haus. Er gab ihm zu essen und pflegte ihn, als er krank war. An einen Arztbesuch war überhaupt nicht zu denken, das wäre viel zu gefährlich gewesen … Wie durch ein Wunder überlebten beide Männer den Krieg, sowohl der Retter als auch der Gerettete. Sie trennten sich 1945, als der jüdische Mann an Bord eines Schiffes ging, das Überlebende in den Jischuw brachte, die jüdische Gemeinschaft im damaligen britischen Mandatsgebiet Palästina.

2008 standen die Kinder, zahlreiche Enkel und weitere überlebende Verwandte dieses einen Mannes vor einem Baum, der zu Ehren ihres Retters gepflanzt worden war – eine große und laute Ver-

sammlung. Irgendwo hat ein Mann einen Menschen gerettet, und hier steht die ganze Welt vor uns. Mir kommt ein Zitat aus dem Talmud: «Wer ein Menschenleben rettet, dem wird es angerechnet, als würde er die ganze Welt retten.»[230] *Hier ist es tatsächlich wahr geworden, denn in Kindern und Enkeln liegt die ganze Welt.*

Ein nichtjüdischer Mann wird nun anerkannt als Gerechter unter den Völkern, weil er als Einziger anders handelte als der Rest der Welt um ihn herum.

Es ist von allergrößter Wichtigkeit, dass die Namen der Retter nicht in Vergessenheit geraten; daher gibt es in Yad Vashem ein ganzes Areal, den Garten der Gerechten, wo Bäume gepflanzt wurden in Erinnerung an die Nichtjuden, die während des Krieges Juden gerettet haben. Die Bäume dieser Gerechten sind das Erste, was ein Besucher sieht, wenn er Yad Vashem betritt. Es gibt dort Gedenktafeln für über 23.000 dieser «Gerechten», die uns und künftige Generationen daran erinnern, dass es selbst inmitten der Grausamkeiten des Krieges eine Wahlmöglichkeit gab.

Darüber hinaus ist es für uns genauso wichtig, die Geschichten der Retter zu erzählen wie die der Opfer. Der Ungar *Imre Bathory*, für den in Yad Vashem ein Baum gepflanzt wurde, sagte: «Ich weiß, wenn ich am Tag des Jüngsten Gerichts vor Gott stehe, wird man mir nicht dieselbe Frage stellen wie Kain, nämlich: Wo warst du, als das Blut deines Bruders zu Gott schrie?»[231] Irena Steinfeldt, ehemalige Direktorin des Programms für die Gerechten unter den

Völkern in Yad Vashem, erklärte: «In einer Welt, in der Auschwitz Realität war, brauchten das jüdische Volk und die Überlebenden eine Hoffnung für die Menschheit, an der sie sich festklammern konnten, etwas, das ihnen ermöglichte, an ihrem Glauben an menschliche Werte festzuhalten und ihr Leben wiederaufzubauen, nachdem sie einen beispiellosen moralischen Zusammenbruch miterlebt hatten.»[232]

Nach Überzeugung der jüdischen Mystiker zerstört Gott die böse Welt deshalb nicht, weil es Gerechte gibt, die auf ihr leben; diese Überzeugung hat einen biblischen Ursprung und geht auf die Stadt Sodom zurück, für die Abraham vor Gott eintrat. Es mag auf der Erde viel Böses geben, doch es gibt immer Menschen, die gerecht sind.

Dieser Grundsatz bewahrheitete sich in der düsteren Zeit der Verfolgung durch die Nationalsozialisten, als einige Menschen ihr Licht hell erstrahlen ließen, während andere für ihre Taten mit dem Leben bezahlten. Sie gehörten zu einer winzigkleinen Minderheit; vielleicht können wir sie so beschreiben: Sie waren bereit, zu handeln und ihr Leben zu riskieren; sie waren bereit, das zu tun, was notwendig war, statt nur darüber zu reden; sie hielten ihr eigenes Leben nicht für wertvoller als das Leben anderer.

Sie hatten das Wichtigste verstanden: Außergewöhnliche Zeiten erfordern außergewöhnliches Handeln. Die Verbrechen, die sie in ihrem Umfeld wahrnahmen, waren so groß, dass die Angst um ihre eigene Sicherheit daneben verblasste. Anders ausgedrückt:

Sie waren bereit, das Schicksal der Opfer zu teilen, um jemandem das Leben zu retten.

Elie Wiesel beschrieb die Gerechten unter den Völkern und die damalige Situation so: «Zu jener Zeit herrschte überall Dunkelheit. Im Himmel und auf Erden schienen sich alle Tore der Barmherzigkeit verschlossen zu haben. Der Mörder mordete, die Juden starben und die Welt machte mit oder gab sich gleichgültig. Nur wenige hatten den Mut, sich einzumischen. Diese wenigen Männer und Frauen waren verletzlich, ängstlich, hilflos. Worin unterschieden sie sich von ihren Mitbürgern? … Warum waren es so wenige? … Wir wollen uns erinnern: was dem Opfer am meisten wehtut, ist nicht die Grausamkeit des Unterdrückers, sondern das Schweigen der ungerührten Zuschauer. … Lassen Sie uns nicht vergessen, dass immer der Augenblick eintritt, in dem eine moralische Entscheidung getroffen wird …»[233]

Historiker und Verfolgte haben auf vielerlei Weise versucht, die Menschen, die ihnen halfen, zu analysieren. Es ist nahezu unmöglich, einen gemeinsamen Nenner zu finden, der den außerordentlichen Mut und die Stärke der moralischen Werte erklären würde, die jemanden dazu bringen können, für jemand anderen das Leben zu riskieren. Die Retter kamen aus allen möglichen Völkern und Ländern; sie stammten aus unterschiedlichen Gesellschaftsschichten und Berufen; ihr einziger gemeinsamer Nenner war ihre starke Identifizierung mit den Opfern. Oft musste die Entscheidung, zu helfen, von einem Augenblick auf den nächsten getroffen werden, als die Verfolger, zum Beispiel die Gestapo, kurz davor standen, das Opfer zu verhaften. Die *Gestapo,* die *Geheime Staatspolizei,* war das Hauptinstrument des Staates, mit dem er seine Bürger terrorisierte.

Im Dunkel der Nacht klopfte eine verängstigte Person an die Haustür. Man hatte keine Zeit, über seine Entscheidung nachzudenken, die Nachbarn konnten jederzeit die Gestapo informieren. Die Entscheidung, einem Verfolgten Zuflucht zu gewähren, musste sofort getroffen werden. Zu helfen bedeutete nicht immer, jemanden zu verstecken; es konnte auch darin bestehen, falsche Papiere zu besorgen, Lebensmittel oder Medikamente zu kaufen, jemanden über die Grenze zu schmuggeln oder ähnliches – aber immer war es eine Entscheidung über Leben und Tod.

Es ging daher nicht um eine gewöhnliche Alltagsbeziehung zu jemandem, der einen um Hilfe bat; die Frage ging viel tiefer: Hatte diese Person (das potenzielle Opfer) das Recht, weiterzuleben? Man kann annehmen: Jemand, an den Verfolgte sich wenden konnten, hatte seine Rolle erkannt und begriffen, dass er sich unter diesen Umständen der Verantwortung nicht entziehen und sie auch nicht auf jemand anderen abwälzen konnte.[234]

Die Risiken waren enorm: Meist drohte dem Retter, wenn man ihn erwischte, dasselbe Schicksal wie den Juden. Was bedeutete das ganz praktisch? In Westeuropa wurden Menschen, die Juden halfen (beispielsweise, indem sie sie versteckten) in Lager gebracht, wie Corrie ten Boom oder die Helfer von Anne Frank; in

Osteuropa, so in Polen, konnte nicht nur der Helfer, sondern seine gesamte Familie sofort erschossen werden. In Osteuropa war das unmittelbare Risiko am höchsten, doch für viele Retter kam das KZ der Todesstrafe gleich.

Andererseits müssen wir bedenken, dass die Risiken nicht nur von den Deutschen ausgingen; die Helfer wurden vor allem durch ihre Angehörigen und Nachbarn gefährdet: Jeder konnte ein Denunziant sein – und es gibt Fälle, in denen sowohl der Retter als auch der Gerettete bis Kriegsende überlebten, danach wurden beide von antisemitischen Nachbarn ermordet.

Die Retter mussten oft völlig eigenständig handeln, sie konnten mit keinem darüber reden; in Österreich handelten praktisch alle Retter vollkommen allein und unabhängig voneinander.[235] Vergleichen wir diese Helfer mit den Helden der Widerstandsbewegung, so erkennen wir einen bedeutenden Unterschied: Der Retter musste sein Tun vor seinem gesamten Umfeld verheimlichen. Die meisten Retter handelten allein, ohne die Unterstützung einer Gruppe, und sie hatten keine Ahnung, wie lange der Krieg noch dauern würde.

Um zu veranschaulichen, was diese Helfer taten und welche Risiken sie eingingen, insbesondere vonseiten ihrer Nachbarn, möchte ich *Romualda* und *Feliks Ciesielska* erwähnen, die von Yad Vashem als Gerechte unter den Völkern anerkannt wurden: Gemeinsam mit ihrem Sohn wurden sie nach Krakau gebracht, wo man ihnen ein Haus zuwies, das man Juden weggenommen hatte. Sie hatten Mitleid mit den Juden und beschlossen, ihnen auf alle nur erdenkliche Weise zu helfen. Daher nutzten sie ihren Laden, um Juden zu verstecken, bis ihnen 1942 die Gestapo auf die Schliche kam – sie hatte von den polnischen Nachbarn Hinweise erhalten – und die beiden verhaftete. Feliks starb in Mauthausen, Romualda überlebte Auschwitz.

Die Deutschen an sich hatten mit dieser Dynamik nichts zu tun; vielmehr war es tiefverwurzelter Antisemitismus, der die Verräter motivierte. Der Antisemitismus verschwand auch nicht nach Kriegsende; Menschen, die Juden geholfen hatten, mussten wegziehen, um in Frieden leben zu können. Vermutlich haben viele, die damals Juden geholfen haben, später nie darüber gesprochen aus Furcht vor der Reaktion ihrer Mitmenschen.

Auf der Suche nach einer Erklärung für dieses selbstlose Verhalten, das von der Norm abwich, hat die Holocaustforscherin *Eva Fogelman*[236] die Retter nach ihrer Motivation in Gruppen eingeteilt:

Ethisch-moralisch motivierte Retter, deren Verständnis von Richtig und Verkehrt sie zum Handeln verpflichtete. Die Lebensgefahr war für sie in einer Situation, in der großes Unrecht geschah, belanglos.

Philosemiten, die sich mit den Juden verbunden fühlten. Entweder waren sie selbst weitläufig mit Juden verwandt oder sie waren bibelgläubige Christen.

Berufsgruppen, denen ihre Tätigkeit ermöglichte, Juden zu begegnen und ihnen mit Visa, Pässen und Verstecken zu helfen. Zu dieser Gruppe gehörten beispielsweise Diplomaten, Ärzte und Lehrer.

Netzwerke von Rettern, oft zur Widerstandsbewegung gehörend; die Hilfe für Juden gehörte für sie dazu.

Kinder, die zur Tarnung dienten, wenn Menschen an andere Orte gebracht werden mussten. Anders als Erwachsene waren Kinder unverdächtig und konnten daher vielerlei Aufträge ausführen. Schweigepflicht und Geheimhaltung bürdeten den Kindern eine sehr große Verantwortung auf.

Jede Person, die als Gerechter unter den Völkern anerkannt wird, hat ihre eigene Geschichte.

Jan Karski (1914–2000) war ein polnischer Aristokrat und Diplomat, als Kurier der polnischen Widerstandsbewegung für die polnische Exilregierung in London tätig. Als Aristokrat konnte er Zusammentreffen mit westlichen Staatsoberhäuptern auf der ganzen Welt besuchen. Äußerst mutig wagte er sich in das Warschauer Ghetto und eines der Konzentrationslager hinein, um der Außenwelt zu berichten, was genau in Polen vor sich ging. Das Grauen, das er dort erlebte, überzeugte ihn: Diese Informationen musste er weitergeben! Das erwies sich jedoch als äußerst schwierig, nicht so sehr aus praktischen Gründen, sondern weil wirklich niemand seinen Worten Glauben schenken wollte.

Karski schreibt: «Der Herr beauftragte mich, während des Krieges zu sprechen und zu schreiben, als mein Tun – so schien es mir – noch etwas hätte bewirken können. Doch das war nicht der Fall. Als der Krieg zu Ende ging, erfuhr ich, dass die Regierungen, die Politiker, die Wissenschaftler und die Journalisten nicht wussten, was mit den Juden geschehen war. Der Mord an sechs Millionen unschuldigen Menschen war ein Geheimnis … Damals wurde ich zu einem Juden. Genauso wie die gesamte Familie meiner Frau in den Ghettos von Polen ausgelöscht worden war, in seinen Konzentrationslagern und Krematorien, so sind mir alle abgeschlachteten Juden zur Familie geworden. Doch ich bin ein christlicher Jude, ein praktizierender Katholik. Ich bin kein Irrlehrer; aber mein Glaube sagt mir, dass die Menschheit die zweite Erbsünde begangen hat: durch aktives Tun oder durch Unterlassen, durch selbstauferlegte Ignoranz, mangelnde Sensibilität oder Selbsterhaltungstrieb, durch Scheinheiligkeit oder herzloses Wegerklären. Diese Sünde wird die Menschheit verfolgen bis ans Ende der Zeit. Sie verfolgt mich. Und so soll es auch sein.»[237] Was unterschied Karski von seinen Zeitgenossen? Warum nahm er wahr, was sein Umfeld nicht sehen wollte?

Ein weiterer tiefgläubiger Katholik, als Gerechter unter den Völkern anerkannt, hatte vor dem Krieg gesagt: «Ich will mich lieber auf Gottes Seite gegen die Menschen stellen als mit Menschen gegen Gott.»[238] Im Juni 1940 kapitulierte Frankreich vor den Deutschen und das Land wurde geteilt in den besetzten Norden und den unbesetzten Süden. Äußerst tragisch war, dass niemand in Europa die Niederlage Frankreichs vorausgesehen hatte; ebendeshalb waren im Jahr zuvor Flüchtlinge aus dem gesamten Kontinent in dieses Land gekommen. Als Frankreich sich ergab, war es voller Flüchtlinge, darunter Juden und andere Verfolgte. Was nun?

Der Einmarsch deutscher Soldaten in Paris führte überall zu lähmender Verzweiflung; vor den Deutschen waren ja Tausende inzwischen verarmter Menschen aus ihren Heimatländern geflohen! Sofort nach der Besetzung Nordfrankreichs durch die Deutschen versuchten unzählige Flüchtlinge, den Süden zu erreichen; diese traurigen Szenen sind festgehalten in Filmen, Büchern und Memoiren. Wer nicht fahren konnte, ging zu Fuß. Viele Flüchtlinge hatten Jahre zuvor schon allen ihren Besitz zurückgelassen; jetzt hatten sie nur noch ein paar wenige Habseligkeiten dabei. Großeltern waren auf der Flucht, kleine Kinder … Es war zum Verzweifeln wie so vieles im diesem Krieg; für die Flüchtlinge bedeutete es das Ende.

Worauf konnten sie noch hoffen? Hitler hatte praktisch ganz Europa erobert, viele der unbesetzten Länder gehörten zu seinen Verbündeten. England war nicht besetzt, aber dorthin zu kommen, war für sie ein Ding der Unmöglichkeit. Die einzige Hoffnung, die ihnen noch blieb, war, über den Süden Frankreichs durch Spanien nach Portugal zu gelangen, um von dort per Schiff in die Vereinigten Staaten auszureisen. Das war das Ziel ihrer Reise, doch der Weg dorthin war mit Schwierigkeiten gepflastert. Schließlich wurde ganz Europa damals von großem Übel heimgesucht.

Ein Mann namens *Aristides de Sousa Mendes* – Jahre zuvor hatte er deutlich seinen Wunsch geäußert, im Einklang mit dem Willen Gottes zu handeln – war 1938 zum portugiesischen Generalkonsul in Frankreich ernannt worden. Seine Geschichte, die u. a. auch von José Mazeda unter dem Titel «Aristides de Sousa Mendes» verfilmt worden ist, habe ich schon vielen Besuchern erzählt, vor seinem Baum in Yad Vashem:

Im Sommer 1940 warteten 30.000 Flüchtlinge vor dem portugiesischen Konsulat in Bordeaux, direkt vor den Toren seines Büros. Wir wissen nicht, was in Sousa Mendes' Kopf vorging, als er die verzweifelte Menschenmenge erblickte. Dachte er vielleicht, Gott habe ihn für eine Zeit wie diese in seine Position gebracht? Wir wissen es nicht; wir wissen nur, was Sousa Mendes tat: Er setzte seine Position aufs Spiel, seine Karriere, praktisch alles und zwar nicht für einen einzelnen Freund, sondern für eine Ansammlung von Verzweifelten; er beschloss, gegen die Anweisungen seiner Regierung zu handeln – mit der Hilfe seiner Söhne und eines Rabbis stellte er den Flüchtlingen Visa aus zur Durchreise. Nachdem er drei Tage und drei Nächte ohne Pause gearbeitet hatte, brach er zusammen, gerade als er mit den Visa fertig geworden war. Inzwischen hatte die portugiesische Regierung von seinem Tun erfahren und schickte Sicherheitsbeamte, um ihn sofort nach Lissabon zurückzubringen.

Sousa Mendes reiste mit seinen Bewachern ab, in vollem Bewusstsein, welche Art von Empfang ihn in Lissabon erwartete. Auf der Fahrt Richtung spanischer Grenze passierte er das portugiesische Konsulat in Bayonne; dort herrschte auf den Straßen die gleiche Verzweiflung wie in Bordeaux. War Sousa Mendes auch hier verantwortlich? Wie sieht die persönliche Verantwortung eines Menschen ganz grundsätzlich aus?

Sousa Mendes ist ein Vorbild, dem wir nacheifern sollten. Über das, was nun geschah, gibt es zwei Versionen; eine besagt, dass Sousa Mendes sich den Weg in das Konsulat erzwang und begann, Visa auszustellen; die andere Version, die kürzlich in einem portugiesischen Film gezeigt wurde, berichtet, dass man ihn nicht einließ, woraufhin er die Visa in einem nahen Café erteilte. Er wusste, diese Papiere könnten Fragen aufwerfen und möglicherweise beim Grenzübertritt nicht anerkannt werden; daher fügte er handschriftlich den sehr außergewöhnlichen Vermerk hinzu: «Die Regierung Portugals bittet die Regierung Spaniens höchst respektvoll, dem Inhaber dieses Dokuments freie Durchreise durch Spanien zu gewähren. Der Inhaber dieses Dokuments ist ein Flüchtling vor dem Krieg in Europa und befindet sich auf dem Weg nach Portugal.» Die Flüchtlinge begleitete er bis zur spanischen Grenze, um dafür zu sorgen, dass man sie durchließ.

Seine Rückkehr nach Lissabon war nicht leicht; man stellte ihn vor ein Disziplinargericht und entließ ihn aus dem Dienst im portugiesischen Außenministerium. Er verlor seinen Status und seine soziale Anerkennung; bis zu seinem Tod lebte er in Armut. Nachdem sein «staatswidriges Handeln» bekannt geworden war, war Sousa Mendes außerstande, für seine Familie mit dreizehn Kindern zu sorgen. 1954 starb er eines vorzeitigen Todes, unerkannt und ohne jegliche Belohnung; doch er bereute nichts, obwohl er einen so hohen Preis gezahlt hatte. Ganz im Gegenteil – nachdem er alles verloren hatte, sagte er Berichten zufolge kurz vor seinem Tod: «Wenn Tausende von Juden wegen eines Christen [Hitler] leiden, ist es nur angemessen, dass ein Christ für so viele Juden leidet.»[239]

Betrachten wir dieses Verhalten im Licht der Bibel, wo können wir Beispiele für ein ähnliches Handeln finden? Am Anfang dieses Buches habe ich die Tochter des ägyptischen Pharaos erwähnt, die der frühere israelische Oberrabbiner Meir Israel Lau «die erste Gerechte unter den Völkern» nannte. Im Buch Exodus heißt es: «Irgendwann kam die Tochter des Pharaos zum Baden an den Fluss. Ihre Dienerinnen gingen am Ufer hin und her und warteten. Plötzlich entdeckte die Tochter des Pharaos den Korb im Schilf. Sie schickte eine Dienerin hin und ließ ihn holen. Als sie den Korb öffnete, sah sie den weinenden Jungen darin liegen. Sie bekam Mitleid und sagte: ‹Das ist bestimmt eins von den hebräischen Kindern.›»[240]

Pharaos Tochter nahm das Kind in ihre Obhut, weil sie Mitleid mit ihm hatte. Wir wollen diese Geschichte vergleichen mit Vorkommnissen, die 1943 in Italien geschahen. Die deutsche Besatzung hatte gerade begonnen, als eine Frau namens *Yuzzi Galambos*, eine dreifache Mutter, die ihre jüdische Abstammung geheim gehalten hatte, schwer erkrankte. Im Januar 1944, kurz vor ihrem Tod, erzählte sie ihrem jungen italienischen Kindermädchen von ihrem jüdischen Familienhintergrund und bat es, die Kinder zu retten.

Deutschland hatte bereits Norditalien besetzt, und die junge Kinderfrau, *Ida Brunelli,* hatte große Angst um ihr eigenes Leben und das Leben der Kinder. Dennoch nahm sie all ihren Mut zusammen und brachte die Kleinen zu ihrer Mutter, die in einer anderen Stadt lebte. Als ungarische Flüchtlinge getarnt, überlebten sie dort den Krieg.

Das Buch Josua berichtet uns, wie eine Frau namens Rahab die Kundschafter der Israeliten so lange vor dem König von Jericho versteckte, bis dessen Suche beendet war. «Der König schickte sofort Soldaten zu Rahab. Sie befahlen ihr: ‹Bring die Männer heraus! Sie wollen unser Land ausspionieren.› Rahab aber hatte die beiden Israeliten versteckt und stellte sich ahnungslos: ‹Ja, diese Männer sind bei mir gewesen. Ich wusste aber nicht, wo sie herkamen.›»[241] Etwas Ähnliches geschah während der deutschen Besatzung der Niederlande, insbesondere von 1943 bis 1944. Damals versteckte die Familie *ten Boom* in Haarlem Menschen für kurze

Zeit in ihrem Wohnhaus, bis sie aufs Land gebracht werden konnten, wo es sicherere Zufluchtsorte gab.

Manchmal verbargen die Retter andere Menschen jahrelang in ihrer Wohnung und riskierten dabei das eigene Leben. Das zweite Buch der Chronik berichtet uns von einem ähnlichen Vorfall: «Als Ahasjas Mutter Atalja erfuhr, dass ihr Sohn tot war, ließ sie alle königlichen Nachkommen in Juda umbringen. Nur Ahasjas Sohn Joasch überlebte, weil seine Tante Joscheba ihn rechtzeitig vor Atalja gerettet hatte. Joscheba war eine Tochter von König Joram und Schwester von Ahasja. Sie war mit dem Priester Jojada verheiratet. Joscheba hatte Joasch heimlich aus seinem Zimmer geholt und ihn zusammen mit seiner Amme in einer Kammer versteckt, in der Bettzeug aufbewahrt wurde. Auf diese Weise konnte Atalja ihm nichts anhaben.»[242]

In ähnlicher Weise versteckte ein Mitglied der griechischen Königsfamilie, *Prinzessin Alice,* nach der deutschen Besetzung Griechenlands im September 1943 die jüdische Familie von *Haim Cohen* in ihrer Residenz; Prinzessin Alice war die Mutter des kürzlich verstorbenen britischen Prinzgemahls Philipp. Trotz der Suchaktionen der Gestapo schickte sie ihre Schützlinge nicht fort.

In manchen Fällen musste ein Retter so tun, als gehörte er zur feindlichen Seite, um eine große Anzahl von Menschen zu retten, wie im Fall der biblischen Königin Esther: «Ihre jüdische Abstammung verschwieg Esther; so hatte es ihr Mordechai eingeschärft.»[243] In vergleichbarer Weise verbrachte *Oskar Schindler*

Zeit mit Nazi-Offizieren. Er zeigte ihnen nie, dass er ihr Vorgehen ablehnte; vielmehr machte er ihnen Geschenke und sorgte für gute Unterhaltung, sodass er ihre Sympathie erlangte. Dadurch konnte er eine beachtliche Anzahl von Menschen vor dem sicheren Tod bewahren.[244]

Natürlich gibt es weitere biblische Beispiele, doch schon aus den bereits erwähnten können wir das Prinzip ableiten: Eine Person wird aktiv, um in Zeiten der Verfolgung das Leben einer anderen Person zu retten. Die Bibel präsentiert uns diese Menschen als Vorbilder, die wir nachahmen sollten. Im Gegensatz zu ihren Zeitgenossen werden sie immer in einem positiven Licht dargestellt; als gäbe es ein Gesetz, demzufolge wir dafür verantwortlich sind, unseren Nächsten zu helfen und sie beschützen, wenn sie in Gefahr geraten. Diese biblischen Helden sind, genau wie die Retter während des Holocaust, unsere Vorbilder in puncto Gerechtigkeit.

Ein Wort zum Widerstand

Gab es nun Widerstand von christlicher Seite? Hier spreche ich nicht über die Gerechten unter den Völkern, sondern über «den Widerstand»; der war etwas anders gelagert. Die Gerechten unter den Völkern waren Einzelpersonen oder manchmal Personengruppen, die einen oder mehrere Juden vor dem sicheren Tod bewahrten; manchmal gehörten diese Helfer einer umfassenderen

Widerstandsbewegung an – doch jetzt geht es nur um den Widerstand als Bewegung.

Zuallererst denken wir dabei an Gruppen, die an unterschiedlichen Operationen teilnahmen, um die Nazi-Regierung zu stürzen, Aktionen der Wehrmacht zu verhindern, Gefangene der Gestapo zu befreien und ähnliches. Gewiss gab es auch den rein geistlichen Widerstand durch Gebet und Bibelstunden; doch nun meine ich den Widerstand, der praktisch tätig wurde und dabei beeinflusst war vom christlichen Glauben seiner Akteure.

Viele Leser mögen das Buch *Die Zuflucht* kennen, das über die Rettungsaktionen der Familien ten Boom in Holland zugunsten jüdischer Menschen berichtet;[245] sie handelten im Rahmen des Widerstands gegen die deutsche Besatzung der Niederlande. Ich kann dieses Buch nur wärmstens empfehlen.

Manchen wird auch die Rettungsgeschichte *Conspiracy of Goodness* (Verschwörung des Guten) bekannt sein, die sich im protestantischen Dorf *Le Chambon-sur-Lignon* während der deutschen Besatzung ereignete.[246] In den damals besetzten Gebieten Europas gibt es weitere ähnliche Vorkommnisse.

Hier möchte ich mich jedoch auf eine andere Geschichte konzentrieren und den bereits erwähnten deutschen Theologen *Dietrich Bonhoeffer* näher betrachten.[247] Die hier präsentierten Fakten beruhen auf verschiedenen Büchern und dem Film «Bonhoeffer – Die letzte Stufe» aus dem Jahr 2000. Bonhoeffer war ein lutherischer Pfarrer und Theologe; er gehörte der Widerstandsbewegung an und ist zu einem Mythos geworden. Was ihn so bedeutend macht, ist die Präzision, mit der er, anders als die meisten seiner Zeitgenossen, die Manifestationen des Bösen in seinem Umfeld erkannte. Zu der Entscheidung, die er schließlich traf, hätten sich nur wenige durchringen können; als Konsequenz seines Handelns wurde Bonhoeffer in den letzten Wochen des Krieges hingerichtet. Seine Familie erfuhr erst von seinem Tod, als der britische Nachrichtensender BBC darüber berichtete.

Dietrich Bonhoeffer wurde 1906 in einer aristokratischen Familie in Breslau geboren. Sein Vater *Karl Bonhoeffer* war einer der führenden Psychiater und Neurologen jener Zeit, seine Mutter Paula stammte aus einer alten Adelsfamilie. Bereits 1927, im Alter von nur 21 Jahren, erwarb Bonhoeffer an der Berliner Universität den Doktortitel in evangelischer Theologie. Danach hatte er die Möglichkeit zu reisen, wobei ihn sein Aufenthalt in New York am meisten beeindruckte. Dort lernte er die praktische pastorale Arbeit in den armen Gemeinden Harlems kennen. Die Gospel-Musik der schwarzen Bevölkerung hatte es ihm besonders angetan; gleichzeitig wurden ihm die Folgen der Wirtschaftskrise in den Vereinigten Staaten bewusst.[248]

Nach seiner Rückkehr 1931 lehrte Bonhoeffer Theologie an der Universität von Berlin. Damals war er überzeugter Pazifist und hielt selbst die Vorbereitung eines Krieges für falsch. Interessanterweise wurde Bonhoeffers Pazifismus mit der Machtergreifung der Nationalsozialisten nur noch stärker. Noch dachte er nicht daran, jemals bewaffneten Widerstand gegen den Staat zu leisten. Die Bibel diente ihm als Grundlage dafür, sowohl den Krieg als auch Hitler abzulehnen.[249] Bonhoeffer entging es nicht, dass die NSDAP sich im Konflikt mit der Kirche befand; er erkannte auch ihre problematische Politik gegenüber den Juden.

Die NSDAP konnte ihre Macht schnell festigen und der Terror gegen die Bürger nahm schon 1933 zu, wie wir aus dem vorigen Kapitel wissen. In einem Radiovortrag warnte Bonhoeffer die Deutschen, Hitler, der Führer, könne zum Verführer werden;[250] die Übertragung wurde mitten in der Sendung abgebrochen.[251] Er appellierte an die deutschen Pfarrer, doch seine Aussagen schienen mehr zu sein, als diese verkraften konnten. Viele von Bonhoeffers Kollegen beriefen sich auf Römer 13: «Jeder soll sich den Behörden und Amtsträgern des Staates unterordnen. Denn es gibt keine staatliche Macht, die nicht von Gott kommt; jede ist von Gott eingesetzt. Wer sich also den Regierenden widersetzt, handelt gegen die von Gott gegebene Ordnung und wird dafür von ihm verurteilt werden.»[252] Allerdings dürfen wir nicht vergessen, dass Bonhoeffers Haltung gegenüber den Juden 1933 noch unklar war. Wir wissen, dass er es aus Furcht ablehnte, die Beerdigung eines jüdischen Verwandten durchzuführen, als man ihn darum bat; später sagte er allerdings, diese Weigerung bereue er für den Rest seines Lebens.

Im August 1933 erklärte Bonhoeffer gemeinsam mit anderen Pastoren, die gegen Hitler Widerstand leisteten, die deutsche Kirche sei bereits gespalten. Die Mehrheit der Landeskirchen unterstützte Adolf Hitler. Nachdem sie erfolglos versucht hatten, die Kirche von innen heraus zu verändern durch einen Bekenntnisentwurf, der von Pfarrerkollegen unterzeichnet werden sollte, gründeten Bonhoeffer und Martin Niemöller schließlich den Pfarrernotbund; aus diesem ging dann die Bekennende Kirche hervor. Ende Mai 1934 trafen sich die ihm angehörenden Pfarrer in Barmen, wo die Barmer Theologische Erklärung entstand, die zum grundlegenden Manifest der Bekennenden Kirche wurde. Die Bekennende Kirche stellte nun die Opposition innerhalb der Kirche dar. Bonhoeffer erkannte die damit verbundenen Gefahren schon früh, und er deutete diesen Konflikt in seinen Predigten an, wobei er den Propheten Jeremia als Thema wählte.[253]

Nachdem sich die politische Lage verschlechtert hatte, reiste Bonhoeffer im Oktober 1933 nach London. Er glaubte, die Zeit sei gekommen, den Rückzug aus dieser schwierigen Lage anzutreten. Karl Barth kritisierte Bonhoeffer dafür, die deutsche Kirche in einem solchen Moment zu verlassen. Im April 1935 kehrte Bonhoeffer nach Deutschland zurück, um zunächst in Berlin und später in Finkenwalde Predigerseminare zu leiten. 1937 verbot die Reichsregierung das Predigerseminar, das setzte seine Tätigkeit im Untergrund unter Bonhoeffers Leitung fort. Es bildete Pastoren der Bekennenden Kirche aus, die den wachsenden Einfluss der Nationalsozialisten in der *Reichskirche* kritisierte – so wurden Pfarrer jüdischer Herkunft nicht mehr eingestellt.[254]

Das Jahr 1938 begann auf sehr besondere Weise, manche Autoren haben es als «prophetisch» bezeichnet: Im Januar wurde Bonhoeffer kurzzeitig von der Gestapo verhaftet, da er gegen ein staatliches Aufenthaltsverbot in Berlin verstoßen hatte.[255] Im selben Jahr nahm er über seinen Schwager *Hans von Dohnanyi* erstmals Kontakt zu den Hauptbeteiligten an der Verschwörung gegen Hitler auf. Im September half er seiner Schwester Sabine und ihrem jüdischen Ehemann, zuerst in die Schweiz und von dort nach England zu fliehen. Als es im November 1938 zur Reichskristallnacht kam, war Bonhoeffer einer der wenigen Pastoren, die dieses schreckliche Geschehen verurteilten.[256]

Etwa um diese Zeit begannen die Verschwörer, offen über die Möglichkeit eines politisch motivierten Mordes an Adolf Hitler zu sprechen. Direkt vor Kriegsausbruch reiste Bonhoeffer aber zunächst in die USA. Am letzten Tag vor der Abreise kam es zwischen ihm und Hans von Dohnanyi zu einer Diskussion über die Aussage Jesu: «Denn wer das Schwert nimmt, der wird durchs Schwert umkommen.»[257] Bonhoeffer vertrat die Ansicht, die Worte Jesu seien wörtlich zu nehmen; Christen müssten verstehen, dass es für sie keine Entschuldigung gebe, wenn sie Gewalt wählten als Mittel, um diese Situation zu klären. Andererseits war ihm auch bewusst, dass es Menschen brauchte, die bereit waren, die Strafe für ein derartiges Tun auf sich zu nehmen. Nach allem, was wir wissen, suchte Dohnanyi nach einer christlichen Rechtfertigung für den geplanten politischen Mord; Bonhoeffers Antwort war nicht eindeutig, da er verstanden hatte, dass die schwere Last der Verantwortung auf seinen Schultern ruhte. Zudem konnte er nicht leugnen, dass nur eine extreme Lösung wie die Tötung Hitlers die politische Lage verändern würde.

In den Vereinigten Staaten wäre Bonhoeffer in Sicherheit gewesen, doch als er seine Bibel las, spürte er ein Drängen, nach Deutschland zurückzukehren. Eine weitere historische Besonderheit war, dass Bonhoeffer im Sommer 1939 mit dem letzten Schiff, das vor Kriegsausbruch den Atlantik überquerte, nach Deutschland zurückkam.

Nach Kriegsbeginn schloss das Nazi-Regime Bonhoeffers Predigerseminar, im August 1940 wurde er mit einem Predigtverbot im gesamten Reich belegt und im März 1941 weiteten die Nazis dieses Verbot auf schriftliche Werke aus. Nun schloss sich Bonhoeffer endgültig und auch in der Praxis den Verschwörern gegen Hitler an. Er versuchte, seine kirchlichen Kontakte zu nutzen, um mit den Alliierten in Verhandlungen zu treten.

Bonhoeffer wurde Mitarbeiter der sogenannten *Abwehr,* des militärischen Geheimdienstes der Wehrmacht. Er und Dohnanyi nutzten ihre Beziehungen auch dazu, Juden bei der Flucht in die Schweiz zu helfen.[258] In der Bekennenden Kirche fiel seine Verschwiegenheit auf – Bonhoeffer konnte niemandem von seinen Aktivitäten erzählen, und so ging ein übles Gerücht um: Er würde im Auftrag der Nazis die Kirche ausspionieren.[259]

Bonhoeffers Haltung gegenüber Hitler und seinem Regime veränderte sich während des Krieges erheblich: Vor dem Krieg war er ein Befürworter des pazifistischen Widerstands gewesen; durch die fortschreitende Brutalisierung des Krieges und die immer extremer werdende Judenverfolgung sah er sich jedoch dazu gezwungen, die Lage neu zu bewerten. Er lehnte einen bewaffneten Putsch oder einen Angriff auf Hitler nicht länger ab, da er es ohne die Unterstützung führender Generäle für unmöglich hielt, Hitler allein durch zivilen Widerstand zu entmachten. Als Hitler einen militärischen Sieg nach dem anderen errang, nahm die Überzeugung der Generäle, ihn stürzen zu können, immer weiter ab.[260]

Wir können nur versuchen, uns vorzustellen, was in Bonhoeffer vorging: Ein Mordanschlag ist ein extremes Mittel und kein sündloses Handeln. Ihm war bewusst, dass er nach dem Krieg seine berufliche Position verlieren würde, weil er an einem Putsch teilgenommen hatte. Was ihn zudem beschwert haben muss, war das Bewusstsein, seine gesamte ethische Integrität zu verlieren.

Wie wir wissen, scheiterten die Anschlagspläne gegen Hitler; Männer aus dem Kreis der Verschwörer versuchten im März 1943 erfolglos, ihn zu ermorden. Im April 1943 wurde Bonhoeffer verhaftet, weil eine Hausdurchsuchung bei Hans von Dohnanyi Dokumente zutage gefördert hatte, die Bonhoeffers Beteiligung an der Widerstandsbewegung belegten. Er wurde in das Berliner Gefängnis Tegel gebracht und vor ein Militärgericht gestellt.

Zu diesem Zeitpunkt gelang es den hochrangigen Offizieren, die zur Widerstandsbewegung gehörten, die Ermittlungen zu unterdrücken, sodass die Situation nicht besonders ernst aussah. Im Gefängnis konnte Bonhoeffer sowohl den Wärtern als auch den Mitgefangenen seinen Glauben bezeugen. Seine Briefe, die aus dem Gefängnis herausgeschmuggelt wurden, erschienen später in Buchform. Eine Flucht aus dem Gefängnis hätte organisiert werden können, doch Bonhoeffer wollte niemanden gefährden; ein erfolgreicher Fluchtversuch hätte zweifellos zu Vergeltungsaktionen geführt.

Wie in dem Film «Operation Walküre – Das Stauffenberg-Attentat» (2008) dargestellt, verübte *Claus Schenk Graf von Stauffenberg* (1907–1944) am 20. Juli 1944 einen Bombenanschlag auf Hitler im Führerhauptquartier «Wolfsschanze» bei Rastenburg (Ostpreußen, heutiges Polen).

Stauffenberg war kein x-beliebiger Zeitgenosse des Naziführers; er hatte an Hitlers Feldzügen teilgenommen und war an der Front verwundet worden. Im Osten hatte er schreckliche Kriegsverbrechen miterlebt, die er gegenüber anderen Offizieren erwähnte. Daher handelte es sich bei dem Grafen um eine gutinformierte und verlässliche Persönlichkeit.[261]

Am Morgen des Attentats allerdings ging alles schief, was nur schiefgehen konnte; der Anschlag verfehlte sein Ziel, Hitler überlebte mit nur leichten Verletzungen.[262] Nun entstand ein weiteres Problem: Das Attentat hatte offenbart, dass die Verschwörung gegen Hitler die höchsten Kreise der Wehrmacht erreicht hatte. Hitler selbst misstraute der Wehrmacht von Anfang an, daher bestätigte das Geschehen seine bereits bestehenden Vorurteile. Infolge der Gestapo-Ermittlungen wurden mehrere hochrangige Offiziere aus den Reihen der Verschwörer verhaftet und vor dem «Volksgerichtshof» für den Umsturzversuch zum Tode verurteilt.

Damit kommen wir zum Kern der Geschichte: Bonhoeffer verlor auf diese Weise seine wichtigsten Beschützer, als deren Beteiligung am Attentat ans Licht kam. Folglich wurde er am 8. Oktober 1944 von der Gestapo in Gewahrsam genommen und zum Verhör in ihr berüchtigtes Hauptgefängnis in die Prinz-Albrecht-Straße verlegt.

Im Februar 1945 wurde Bonhoeffer ins KZ Buchenwald bei Weimar transportiert, von dort brachte man ihn ins bayerische KZ Flossenbürg. Im April 1945 legte man Hitler die Tagebücher von *Admiral Wilhelm Canaris* (1887–1945), Leiter der Abwehr, vor, woraufhin er die sofortige Hinrichtung aller Mitglieder der Verschwörung vom 20. Juli anordnete. Gemäß Hitlers Befehl verurteilte das SS-Standgericht Bonhoeffer und die übrigen Männer am 9. April 1945 zum Tod durch den Strang. Als die Wärter kamen, um Bonhoeffer zur Hinrichtung abzuholen, schrieb er eine letzte Notiz, die er einem englischen Kriegsgefangenen übergab: «Das ist das Ende. Für mich der Beginn des Lebens.»[263]

Bonhoeffer lebte in einer Zeit, in der die Mehrheitsgesellschaft und die Kirchenleitung das Böse nicht erkannten, obwohl es ihnen direkt ins Gesicht starrte. Der Mann, der 1933 den Pazifismus befürwortet hatte, war nicht derselbe, der 1945 sein Leben hingab. Er durchlief eine Verwandlung, doch diese geschah auf persönlicher Ebene und ohne die gesamte Kirche zu erreichen.

Die Jahre vor der Machtergreifung der Nationalsozialisten hatten die Gemeinden nicht darauf vorbereitet, sich den Herausforderungen zu stellen. Zudem hatten sie keinen Blick dafür entwickelt, dass es sich um eine Schlacht zwischen Gut und Böse handelte. Folglich waren es nur Einzelpersonen, die damals das wahre Gesicht des Christentums repräsentierten, und nicht die Großkirchen als Ganzes. Bonhoeffer selbst erklärte, auch wenn sich das Böse mit Güte, gutem Willen und Loyalität tarnte, bewiese dies nur, wie tiefgehend es sei.

Bonhoeffers Leben gibt uns ein Beispiel, wie man dem Bösen widerstehen kann, wenn man sein Wesen erkannt hat; dabei geht es auch darum, Verantwortung zu übernehmen. Der Punkt ist nicht, dem Bösen dadurch auszuweichen, dass wir schweigend zuschauen, wie es so oft bei der Judenverfolgung geschah, sondern dass wir Christen Verantwortung übernehmen. Falls Gottes Reich, wie Bonhoeffer glaubte, mit den Geschehnissen auf der Erde zusammenhängt, dann wirkt Gott auf dieser Welt und wir sollten die Werkzeuge sein, durch die er handelt.

Leider wählte die Deutsche Reichskirche und mit ihr viele Pfarrer und Einzelpersonen einen anderen Weg: Sie passten sich dem Bösen an und ordneten sich ihm unter. Wie es scheint, wurde niemandem rechtzeitig bewusst, was tatsächlich geschah, um das Übel noch aufhalten zu können. Die Manifestationen des Bösen waren sichtbar, doch sie wurden nicht ernst genommen. Keiner kam auf den Gedanken, dass ein Eintreten gegen das Böse irgendwie Auftrag der Kirche sein könnte.

Die gesellschaftlichen Veränderungen gingen sehr schnell vonstatten, und doch geschahen sie schrittweise – aber je stärker das Böse die Gesellschaft veränderte, desto schwieriger wurde es, darauf zu reagieren. Dieser Gefahr sieht sich jede Generation gegenüber. Daher möge der Hinweis genügen, dass Bonhoeffers Gedanken zur «billigen Gnade» für unsere Zeit genauso relevant sind, wie sie es für die Nazizeit waren.

Die Werte, der Druck und der Verfall der Gesellschaft sind Elemente, die eine christliche Gemeinschaft zu einer Kirche der «billigen Gnade» machen können, wie Bonhoeffer es in seinem Buch *Nachfolge* beschreibt: «Billige Gnade heißt Gnade als Schleuderware, verschleuderte Vergebung, verschleuderten Trost, verschleudertes Sakrament ... Billige Gnade ist darum Leugnung des lebendigen Wortes Gottes ... Billige Gnade ist Gnade ohne Nachfolge, Gnade ohne Kreuz, Gnade ohne den lebendigen, menschgewordenen Jesus Christus.»[264]

Demgegenüber beschreibt Bonhoeffer die teure Gnade als etwas, das uns dazu bringt, unser ganzen Leben dem zu weihen, der sich für uns geopfert hat: «Teure Gnade ist der verborgene Schatz im Acker, um dessentwillen der Mensch hingeht und mit Freuden alles verkauft, was er hatte; die köstliche Perle, für deren Preis der Kaufmann alle seine Güter hingibt ... der Ruf Jesu Christi, auf den hin der Jünger seine Netze verlässt und nachfolgt … Teuer ist die Gnade vor allem darum, weil sie Gott teuer gewesen ist, weil sie Gott das Leben seines Sohnes gekostet hat … Gnade als lebendiges Wort, Wort Gottes, das er selbst spricht, wie es ihm gefällt.»[265]

Am 19. Dezember 1944, wenige Monate vor seinem Tod, schrieb Bonhoeffer als Weihnachtsgruß ein Gedicht an seine Verlobte und an seine Familie. Dieses Gedicht «Von guten Mächten wunderbar geborgen» ist auf der ganzen Welt zu einem sehr beliebten Kirchenlied geworden:

«Von guten Mächten treu und still umgeben,
behütet und getröstet wunderbar,
so will ich diese Tage mit euch leben
und mit euch gehen in ein neues Jahr.

Refrain:
Von guten Mächten wunderbar geborgen,
erwarten wir getrost, was kommen mag.
Gott ist bei uns am Abend und am Morgen
und ganz gewiss an jedem neuen Tag.

Noch will das Alte unsre Herzen quälen,
noch drückt uns böser Tage schwere Last.
Ach Herr, gib unsern aufgeschreckten Seelen
das Heil, für das du uns geschaffen hast.

Und reichst du uns den schweren Kelch, den bittern
des Leids, gefüllt bis an den höchsten Rand,
so nehmen wir ihn dankbar ohne Zittern
aus deiner guten und geliebten Hand …

Wenn sich die Stille nun tief um uns breitet,
so lass uns hören jenen vollen Klang
der Welt, die unsichtbar sich um uns weitet,
all deiner Kinder hohen Lobgesang.»[266]

8. | Glaube und Erkenntnis nach dem Holocaust – Lehren aus dem Grauen

✡

«Die verborgenen Schätze und die versteckten Reichtümer gebe ich dir.»[267]

Direkt nach meinem Langstreckenflug über den Atlantik fliege ich von der Ostküste der Vereinigten Staaten an die Westküste. Das tagelange Reisen hat mich erschöpft und ich kann meine Augen kaum offenhalten. Man hat mich eingeladen, über den Holocaust zu sprechen auf einer Konferenz eines bekannten theologischen Instituts. Gemeinsam mit den anderen Referenten sitze ich in der ersten Reihe, das Publikum befindet sich hinter uns.

Obwohl ich müde bin, höre ich dem Vortrag zu. Die Inhalte stehen im Widerstreit zu meinen Überzeugungen und der Redner ist kein Holocaustforscher. Ich höre Wörter, die Unwissenheit oder antisemitische Einstellungen erkennen lassen. Mir ist bewusst, dass der Referent glaubt, die Bibel könne man auf unterschiedliche Arten auslegen. Ich schaue mich um in der Hoffnung, jemand würde aufstehen und Einwand erheben; doch durch den Nebel meines Jetlags hindurch wird mir klar, dass offensichtlich ich diejenige bin, die ihm wi-

dersprechen muss. Ich spüre die Last der Verantwortung – schließlich repräsentiere ich in diesem Forum die bibelgläubige Christenheit. Schweigen würde bedeuten, die Ansichten des Referenten zu akzeptieren. Mir graut davor. Ich bin erschöpft. Mein Wunsch, mein Gebet nach «jemand anderem» dröhnt in meinem Kopf. Ich kann nicht, ich habe keine Kraft, ich weiß nicht, wie.

Der Sprecher hat seinen Vortrag beendet; nun haben die Zuhörer Gelegenheit, sich zu äußern. Ich spüre die angespannte, merkwürdige Atmosphäre im Saal. Sicher bin ich nicht die Einzige, die sich stört an der arroganten, akademischen Atmosphäre der Konferenz. Irgendwie gelingt es mir schließlich, aufzustehen und das Mikrofon zu ergreifen: «Ich möchte einfach sagen, dass ich dem Referenten nicht zustimmen kann. Seine Ausführungen sind ungenau und sie grenzen an Antisemitismus.» Im Saal wird es totenstill. Durch den Nebel hindurch wird mir bewusst, dass man mich hier nie wieder einladen wird; aber ich bereue es keine Sekunde, dass ich für die Wahrheit aufgestanden bin.

Ab diesem Moment behandeln mich die Veranstalter mit eisiger Höflichkeit; doch am nächsten Morgen erwartet mich eine Überraschung, die mir Tränen der Rührung in die Augen steigen lässt: Als ich den Vortragssaal betrete, umringt mich das bodenständige amerikanische Publikum. Einer der Männer nimmt seine Kappe ab und sagt: «Also … wir möchten Ihnen danken. Wir alle wollten diesem Referenten gestern etwas entgegensetzen. Doch wir wussten einfach nicht, wie.»

Da der Holocaust eine so große und fast unbeschreibliche Tragödie war, die mit verschiedenen politischen Ereignissen und unterschiedlichen Volksgruppen zu tun hatte, ist seine Erforschung nicht einfach. Die Lektionen, die wir aus ihm gelernt haben, kann man daher nicht mit ein paar wenigen Sätzen erschöpfend beschreiben. Gerade weil seine Folgen so weitreichend sind, können nicht einmal die Überlebenden erklären, wie wir ihn untersuchen, geschweige denn begreifen sollten. Höchst begabte Überlebende wie der Autor Elie Wiesel haben den Holocaust bezeichnet als etwas, das sich außerhalb der Weltgeschichte ereignete, in einem abgeschiedenen Klassenzimmer.[268]

Raul Hilberg, ein Veteran der Holocaustforschung und Politikwissenschaftler – sein erstes Buch veröffentlichte er 1961 – würde dem vehement widersprechen; nach seiner Auffassung kann alles erforscht, abgemessen, analysiert und präsentiert werden. Andere, wie *Yehuda Bauer*, ein weiterer führender Experte der Holocaustforschung aus Israel, vertreten die Ansicht, der Holocaust sei ein einzigartiges, höchst besonderes Ereignis gewesen.

In diesen voneinander abweichenden Einschätzungen liegt das Geheimnis des Holocaust und seiner schwierigen Erforschung; doch bieten diese Sichtweisen auch eine Erklärung für den Holocaust, da sie trotz ihrer Widersprüche einander nicht zwingend ausschließen.

Das Thema «Einzigartigkeit» wirft viele Fragen auf: In welcher Beziehung steht der Holocaust zu anderen Massenmorden oder

Genoziden? Ist er tatsächlich einzigartig? Manche halten ihn für beispiellos aufgrund der Anzahl der Opfer; gleichzeitig befürchtet man, der Holocaust könnte aufgrund der riesigen Opferzahlen unwirklich erscheinen – und was unwirklich und schwer verständlich ist, das kann man leicht vergessen. Aus diesem Grund betont die Holocaustpädagogik innerhalb aller Volksgruppen die Individuen und ihre Erfahrungen; anhand derer können dann die größeren Zusammenhänge veranschaulicht werden.

Der Holocaust ist deshalb einzigartig, weil alle Juden seine Opfer waren – auch die Juden, die ihn nicht selbst erlebten, sollten nach dem Willen der Nazis zu seinen Opfern werden. Nicht jeder Jude hatte eine direkte Holocaust-Erfahrung, doch es war beabsichtigt, dass die Schoah zum Schicksal jedes Juden werden sollte.

Betrachten wir die Opfer, erkennen wir nur bei den Juden und möglicherweise den Roma eine ähnliche Absolutheit; alle anderen wurden wegen eines bestimmten Umstands zu Opfern, entweder aufgrund ihrer Handlungen oder ihrer Meinung; anders ausgedrückt: Diese Menschen waren nicht als ganzes Volk zur Vernichtung bestimmt.

Die historischen Entwicklungen, die zum Völkermord führten, samt den Erklärungen sind von den besten Wissenschaftlern der Welt analysiert worden; allerdings bin ich davon überzeugt, dass alle Erklärungsversuche unvollständig sind, wenn sie nicht die besondere Rolle des jüdischen Volkes in Gottes Plänen berücksichtigen:[269] Die Bibel erklärt den Hass auf das jüdische Volk mit der

Feindschaft gegen Gott und gegen seine Erwählung; dieser Hass erhebt immer wieder neu sein abscheuliches Haupt.

Daraus können wir schlussfolgern, dass es der Hass auf die Juden ist, der den Holocaust einzigartig macht, wenngleich Gewaltakte und Massenmord in der Weltgeschichte wahrlich nicht beispiellos sind. Rassenlehre und Blutreinheit – das waren im Holocaust nachrangige Aspekte im Vergleich zu dem Angriff auf den Gott, für den die Juden stehen.

Letztendlich wurde im jüdischen Volk Gott verkörpert, und der Krieg richtete sich ausdrücklich gegen den jüdischen Glauben und gegen den jüdischen Geist. Das Judentum hatte der Welt Konzepte von Freiheit, Gleichheit und Gerechtigkeit gegeben, und all das wollten die Nationalsozialisten zerschlagen. Dieses Gedankengut entstammte der Bibel.[270] Die entscheidende Frage lautet also: Haben die Nazis, wie schon so viele vor ihnen, letztendlich versucht, den allmächtigen und allgegenwärtigen Gott zu beseitigen?

Zu den bekanntesten Künstlern des Holocaust gehört *Samuel Bak*, er wurde 1933 im litauischen Wilna geboren. Von den 800.000 Juden in Wilna überlebten nur rund 250 den Zweiten Weltkrieg und den Holocaust; unter ihnen Bak und seine Mutter, wobei Bak zu einem der größten Künstler unserer Zeit geworden ist.

Kunst war für ihn immer eine Frage, auf die er Antwort suchte. In seiner Kunst vereint er den Holocaust und das Judentum auf eine Art und Weise, die mit Worten schwer zu beschreiben ist. Da das Judentum davon ausgeht, dass die Schriftzüge und Texte der

Bibel einen Teil der Schöpfung darstellen, bedeutet es, Gott selbst zu attackieren, wenn man die Zehn Gebote oder die Heilige Schrift attackiert: denn durch sie hat Gott der Schöpfung eine bestimmte Ordnung gegeben.

In mehreren seiner Gemälde schreibt Bak den Anfangsbuchstaben des Gottesnamens unter die zerbrochenen Gesetzestafeln oder in das zerstörerische Feuer; dadurch symbolisiert er, dass sich das Zerbrechen der Gesetzestafeln im Holocaust gegen Gott selbst richtete.[271]

Der Philosoph *Emil Fackenheim* (1916–2003) gehörte zu den begnadetsten Denkern unserer Zeit. Der in Deutschland geborene Rabbi und Philosoph wurde in das KZ *Sachsenhausen* deportiert, doch ihm gelang die Flucht. Nach seiner Auffassung hatte der Holocaust im Zweiten Weltkrieg große Ähnlichkeit mit dem Genozid an den Armeniern im Ersten Weltkrieg; laut Fackenheim gab es diese Gemeinsamkeiten:

1. **Eine ganze Nation** wurde als Opfer zur Vernichtung bestimmt;
2. Der Massenmord ereignete sich **während eines Krieges;**
3. Er wurde so effektiv wie möglich **vertuscht;**
4. Die **Opfer wurden an weit entfernte Orte transportiert;**
5. Als dies geschah, **war vom Rest der Welt kaum Protest zu hören.**[272]

Zwischen diesen Massenmorden gab es jedoch auch Unterschiede, insbesondere in der praktischen Umsetzung:

1. Im Holocaust wurden **die Opfer sorgfältig und genau identifiziert und ausgewählt;**
2. **Gesetze wurden erlassen,** um den Juden ihre bürgerlichen Rechte und ihre Besitztümer zu nehmen, wodurch man den Anschein von Rechtmäßigkeit wahrte;
3. Eine großangelegte **technische Operation** wurde durchgeführt, einschließlich der Eisenbahnen und Mordinstitutionen selbst;
4. **Eine große Zahl von Menschen wurde rekrutiert,** von denen manche als Mörder und andere als deren Helfer fungierten.

Laut Fackenheim wurden alle diese Verfahren begünstigt durch die Tatsache, dass Nazi-Deutschland als Staat tatsächlich eine Doppelnatur hatte. Damit meint er, dass man zusätzlich zu den traditionellen rechtlichen und akademischen Strukturen eine SS-Struktur schuf, die einen Staat im Staate darstellte.[273] Ihre Elemente, die vor dem Massenmord etabliert sein mussten, waren erstens der politische Wille, durch den die SS einen großen Teil der Bevölkerung mobilisierte; zweitens gehörten politische Planungen dazu, durch die der Massenmord organisiert wurde, und drittens bereitwillige Beteiligte.

Höchstwahrscheinlich verstanden viele dieser Beteiligten weder ihre eigene Rolle noch deren immense Bedeutung für den Erfolg des ganzen Plans. Vermutlich führte erst die Verachtung, die ihnen die Welt während der Nürnberger Kriegsverbrecherprozesse entgegenbrachte, dazu, dass sie sich selbst in einem anderen Licht sahen – doch da war es schon zu spät.

Untersuchen wir den Holocaust, stoßen wir auf viele geistliche und emotionale Fragen, welche die gesamte Menschheit betreffen. Der Mensch steht im Mittelpunkt der Geschichte, denn das Geschehen zeigt insbesondere, welche Folgen unsere Entscheidungen haben. Wie treffen wir Entscheidungen in Extremsituationen? Wie kommt es, dass Menschen aus derselben Kultur zu so unterschiedlichen Lösungen gelangen?

Wir können unsere Aufmerksamkeit dabei keinesfalls nur auf die Führungsriege der Nazis oder ihre Opfer richten; die meisten Menschen jener Zeit führten ein ganz normales Leben, genau wie meine Leser und ich. Ihre Geschichten sind in Vergessenheit geraten; aber könnte es sein, dass in der Normalität ihres Lebens und seinen Umständen viele Antworten verborgen sind? Wir müssen die Kluft zwischen unserem Alltag und dem der Zeitgenossen des Holocaust überwinden und sie als Menschen wie du und ich betrachten.

Gleichzeitig können wir lernen, unser Umfeld aus einer anderen, kritischeren Perspektive zu beleuchten: Wer oder was bestimmt unsere Überzeugungen? Inwieweit ist ein Bürger verpflichtet, den geltenden Gesetzen zu gehorchen? Was ist die Verantwortung jedes Einzelnen, wenn Gesetze ethisch-moralischen Grundsätzen widersprechen?

Welche Gefahren der modernen Technik bedrohen unsere Freiheit? Zwar war die Technik zur Zeit des Holocaust im Vergleich zu heute fast rudimentär, dennoch spielte sie bei dem Völkermord eine wichtige Rolle.

In welcher Form tritt Antisemitismus heute auf, und was begünstigt sein Auftreten? Welche Meinungen sind verboten? Wohin führt das Verbot bestimmter Ansichten uns als Gesellschaft?

Diese und viele weitere Fragen stellen sich, wenn man den Holocaust genauer untersucht.

In jenem ganzen Prozess halte ich die Leichtigkeit und Ungezwungenheit, mit der die Strukturen der Gesellschaft verändert wurden, für das beängstigendste Element. Ein Schritt in die falsche Richtung, ein neues Gesetz, eine ignorante Person, die eine falsche Entscheidung trifft – mehr braucht es nicht. Tatsächlich besteht unser Leben aus vielen einzelnen Entscheidungen, die wir tagtäglich treffen; wie viele davon sind gut informierte und bewusste Entscheidungen? Wie oft wählen wir den Weg des geringsten Widerstandes, ohne die Umstände in ihrer Gesamtheit zu beurteilen?

Nazi-Deutschland ist nur ein Beispiel dafür, wohin falsche Entscheidungen führen können; damals wurde schon lange vor der Wahl Hitlers ein Gesamtprozess in Gang gesetzt. Nach seiner Wahl entwickelten sich die Dinge in einem höheren Tempo, doch jeder neue Schritt, jedes neue Gesetz und jeder neue Mord gaben den Zuschauern die Möglichkeit, darauf zu reagieren.

Hätte ein Zugführer den Zug auch am falschen Ort halten lassen können? Hätte ein Arzt einen behinderten Menschen auch für gesund erklären können? Wählen wir das Schweigen, weil wir den Gedanken an das Opfer nicht ertragen können, das wir erbringen müssten, wenn wir die Wahrheit sagten? Das Problem wird aktuell, wenn eine grundsätzlich gute Gesellschaft sich so verändert, dass wir mit ihren Werten nicht mehr übereinstimmen können. Wie reagieren wir in einer solchen Lage?

Allein Naturkatastrophen entziehen sich in solchem Maße unserem Wissen und unserer Kontrolle, dass wir sie weder verhindern noch uns auf sie einstellen können; Taten wie die Zerstörung des zweiten Tempels, die Massaker der Kreuzfahrer, die Inquisition und der Holocaust jedoch sind geplante Handlungen, die von Menschen vorbereitet und durchgeführt werden – sie verlangen nach einer Reaktion des Menschen.[274] Auch wenn niemand behaupten würde, das Christentum sei für den Holocaust ursächlich gewesen, so ist es doch offensichtlich, dass es ein historischer Faktor war, der zum Holocaust beitrug. Alle Prozesse, die wir bisher betrachtet haben, vom Mittelalter bis in die 1930er Jahre, förderten den Antisemitismus, der die Ermordung der Juden ermöglichte.

Natürlich gibt es gute Gründe, den Nationalsozialismus als antichristliche Ideologie anzusehen; doch müssen wir uns eingestehen, dass antisemitische Lehren die Europäer jahrhundertelang darauf vorbereitet hatten, die Idee des Judenmordes zu akzeptieren. Zwar ist Antisemitismus auch außerhalb christlicher Gesellschaften aufgetreten; doch können wir zweifelsohne sagen, dass der Hass und die Feindschaft des Christentums auf das Judentum in der Geschichte beispiellos sind.

Bei diesem schrecklichen Gedanken wollen wir jedoch nicht stehenbleiben, sondern einen Schritt tun in Richtung Erkenntnis: Wenn wir als Christen uns der Vergangenheit stellen müssen, wie sollten wir das tun?

Christliche Interpretationen des Holocaust

> «Denn Gott ist Geist. Und wer Gott anbeten will, muss von seinem Geist erfüllt sein und in seiner Wahrheit leben.»[275]

Eine Methode, den Glauben (in diesem Falle meinen christlichen Glauben) zu betrachten, besteht darin zu untersuchen, wie er sich den Menschen in meinem Umfeld bzw. mir selbst gegenüber positioniert. Nehmen wir dieses Prinzip als Grundlage, können wir es auf die Situation der christlichen Welt nach dem Holocaust anwenden. Es ist sehr einfach, mit dem Finger auf Menschen zu zeigen, die vor uns gelebt haben. Doch das Problem besteht darin, dass wir in Wirklichkeit nicht besser sind als sie. Wenn die christliche Welt die Zeit des Zweiten Weltkriegs *nur mit knapper Not überstanden hat,* was sagt das über unsere Gegenwart aus? Warum ist die Beschäftigung mit dem Holocaust an und für sich wichtig? Der katholische Priester und Holocaustexperte *Michael McGarry* hat den Holocaust als Teil der christlichen Geschichte bezeichnet. Er betonte, dass für Christen folgendes Verständnis wichtig sei: Wir beschäftigen uns nicht nur deshalb mit dem Holocaust, weil es sich um jüdische Geschichte handelt: «Wir erforschen also nicht, was mit ihnen geschehen ist, sondern was mit uns passiert ist.»[276]

Wir alle kennen die Helfer von Anne Frank oder die Geschichte der Familie von Corrie ten Boom. Die Christen der damaligen Zeit haben wir entweder als Helden in Erinnerung oder als furchterregende, unchristliche KZ-Aufseher; doch um die Wahrheit zu erkennen, müssen wir einen tieferen Blick wagen.

Bis in die 1990er Jahre überließ man es allein den Juden, an den Holocaust zu erinnern und ihn zu erforschen. Der Gedanke erscheint uns unmöglich, doch tatsächlich waren es jahrzehntelang nur die Opfer des Verbrechens, die an dieses Thema erinnerten, es ergründeten und darüber lehrten. Obwohl die Täter, die schweigenden Zuschauer und die wenigen Retter Nichtjuden waren, überließ man die Erinnerung an das Verbrechen ausschließlich den Opfern.

In diesem kritischen Moment, in dem christliche Werte hätten praktiziert werden sollen, funktionierten sie nicht. Wir müssen verstehen, warum das geschah. – Könnten unsere Werte erneut auf den Prüfstand gestellt werden? Leider müssen wir diese Frage bejahen. Werte sind zudem nur dann nützlich, wenn sie sich im Moment der Krise bewähren. Schließlich: Hat es jemals eine Generation gegeben, deren Werte nicht getestet wurden?

Der deutsche Pastor *Jobst Bittner* ist ein Pionier; er arbeitet daran, das Schweigen über den Holocaust zu brechen, das Christen in Deutschland gefangen hält. Er erläutert, wie das Schweigen, das Verdrängen und die Vermeidung des Themas einen Fluch hervorbringen über Einzelpersonen, Gemeinden, Städte und ganze Länder.[277] In Deutschland setzt er sich sehr engagiert dafür ein, das Schweigen zu beenden; denn solange es anhalte, so Bittner, bleibe der Fluch bestehen und verhindere eine geistliche Erneuerung. Heilung für Menschen und Gemeinschaften werde es nur geben, wenn das Schweigen zu schwierigen oder schambehafteten Zeiten der Geschichte bewusst gebrochen wird.[278] Das gelte auch für die Kinder von Nazi-Kriegsverbrechern, deren Eltern ihnen nicht die Wahrheit gesagt haben; diese Kinder mussten sich Jahrzehnte später auf höchst schmerzliche Weise mit den historischen Fakten auseinandersetzen.

In seinem Buch *Die Decke des Schweigens*[279] erzählt Bittner die Geschichte von Tilman Jens. Sein Vater Walter Jens, ein berühmter Rhetorikprofessor, ließ seine Nazivergangenheit in seiner Biographie unerwähnt und entwickelte später Demenz. Sein Sohn erläutert in seinem Artikel «Vaters Vergessen»[280] die Überzeugung, dass die Demenz seines Vaters eine direkte Folge des absichtlichen Vergessens war. Tatsächlich war das kein Vergessen, sondern ein bewusstes

Tun. Der Sohn des Professors bezeichnete diese «Vergesslichkeit» als die «Krankheit einer ganzen Generation»[281]. Mit anderen Worten: Nach dem Krieg beschloss man einfach, es sei besser, alles zu vergessen. Erst in den letzten Jahren hat sich dieser Zustand in Deutschland verändert.[282]

Unter Christen hört man immer wieder bestimmte Aussagen, wenn es um den Holocaust geht. Ich werde sie hier erörtern, damit wir uns mit ihnen auseinandersetzen können – und möglicherweise erkennen, warum oberflächliche Erklärungen nicht ausreichen. Wir können nicht einfach die unangenehmen Seiten aus unseren Geschichtsbüchern herausreißen, sondern müssen uns der Wahrheit stellen.

Wie konnte im christlichen Europa der Holocaust geschehen? Hier eine Erklärung, die ich auf christlichen Konferenzen, insbesondere in evangelikalen Kreisen, schon oft gehört habe: Der Nationalsozialismus war eine antichristliche Ideologie; da das Christentum seine Wurzeln im Judentum habe, könne es niemals antijüdisch sein.

Natürlich enthält diese Behauptung ein Körnchen Wahrheit: Der Nationalsozialismus war antichristlich, das wissen wir von Hitler selbst; doch leider *schenkten die Kirchenführer Hitler keinen Glauben,* sie gingen lieber Kompromisse ein und arrangierten sich mit ihm.

Der zweite Satz, das Christentum könne gar nicht antijüdisch sein, ist schwieriger zu akzeptieren und zu verstehen; denn betrachten wir das Christentum und seine Geschichte, so fällt es schwer, dieser Aussage Glauben zu schenken: Diese schlichten Worte sprechen über eine blutige Zeitspanne von fast zwei Jahrtausenden, die kann man nicht einfach wegwischen. Verfällt man ins andere Extrem, so behauptet man, das Christentum sei die eigentliche Ursache des Holocaust gewesen. Da wir die historischen Entwicklungen bereits erörtert haben, wissen wir, dass diese Aussage für sich allein betrachtet nicht der ganzen Wahrheit entspricht. Vielleicht sollten wir Einzelpersonen aus der Diskussion herausnehmen und nur die Theologie in Erwägung ziehen; mittlerweile ist uns ja bewusst, dass bestimmte theologische Konzepte den Weg für den Völkermord an den europäischen Juden freigeräumt hatten.

Folglich müssen wir theologische Konzepte unter die Lupe nehmen, um dafür zu sorgen, dass die Faktoren von damals in unseren heutigen Kirchen und Gemeinden nicht mehr präsent sind. Aus eigener Erfahrung weiß ich, dass es in weiten Teilen des Protestantismus wenig bis gar kein Bewusstsein gibt darüber, in welchem Ausmaß der christliche Antisemitismus zum Nationalsozialismus beigetragen hat.[283]

Haben die Kirchen ihre Rolle im Holocaust überprüft? Eine derartige Untersuchung würde erfordern, den Antisemitismus der Kirchen genau zu studieren; anschließend müsste man versuchen abzuschätzen, wie sehr er den Nationalsozialismus und die Mechanismen des Holocaust beeinflusst hat: Wirkte er sich möglicherweise aus auf die Menschen, die den Juden nicht halfen, obwohl sie es gekonnt hätten, da sie durch den bereits präsenten Antisemitismus in ihrer Gesellschaft blockiert waren? Im Folgenden ein paar Beispiele von Kirchen, die sich ihrer Vergangenheit gestellt haben:

1947 kamen im schweizerischen *Seelisberg* jüdische und christliche Führungspersönlichkeiten zusammen, um das Thema «Antisemitismus» zu diskutieren und eine gemeinsame Erklärung abzugeben.[284] Das *Zweite Vatikanische Konzil* verabschiedete 1965 das Dokument *Nostra Aetate* (lateinisch für «In unserer Zeit»);[285] darin distanzierte sich der Vatikan vom Antisemitismus und unterstrich sehr deutlich, dass Antisemitismus dem wahren Christentum fremd sei. Das Dokument ging sogar noch weiter, indem es erklärte, dass den Juden der Tod Jesu nicht zur Last gelegt werden dürfe. Die Tatsache, dass es sich bei Judentum und Katholizismus um sehr alte Religionsgemeinschaften handelt, macht uns die Bedeutung dieses Themas umso bewusster. 1998 verabschiedete der Vatikan eine weitere Erklärung mit dem Titel «Wir erinnern: Eine Reflexion über die Shoah»[286]. Viele einzelne katholische Kirchen haben sich, genau wie alte protestantische Landeskirchen, daran ein Beispiel genommen und Erklärungen zu diesem Thema abgegeben. Die Evangelische Kirche im Rheinland verabschiedete 1980 einen entsprechenden Synodalbeschluss,[287] die Landeskirche in Baden erließ 1984 eine ähnliche Erklärung,[288] die Deutsche und Österreichische (katholische) Bischofskonferenz 1988.[289] Zahlreiche lutherische Gemeinden distanzierten sich in den 1970er Jahren von Luthers judenfeindlichen Lehren, die Presbyterianische Kirche in den Vereinigten Staaten von Amerika gab ihre Erklärung 1987 ab, die Vereinigte Methodistenkirche äußerte sich 1996 zum Thema.[290] Diese Stellungnahmen haben wahrheitsgemäß den fortbestehenden Bund zwischen Gott und den Juden betont, ebenso wie die Forderung, das Judentum als eigenständige Religion zu betrachten und nicht nur durch die Brille des Christentums wahrzunehmen.

Bei dem Versuch, den Holocaust zu begreifen, scheint die Rolle der Theologie in der Diskussion über christliche Werte keine bedeutende Rolle zu spielen. Es ist durchaus möglich, dass der Holocaust die Überzeugung mancher Kreise noch verstärkte, die Juden seien verflucht und hätten keinen Bund mehr mit Gott. So wirkte die Gründung des Staates Israel wie eine Schockbehandlung, die alle diese Auffassungen auf den Kopf stellte: Wenn sich nun die Prophetien über die Rückkehr des Volkes Israel in sein Land erfüllten, so bedeutete dies, dass Gott immer noch unter den Juden wirkte. Obwohl die Erklärungen der Kirchen Bedauern und Schmerz über den christlichen Antisemitismus ausdrückten, der zum Holocaust beigetragen hatte, zeigte sich gleichzeitig eine eigenartig kühle Haltung gegenüber dem Staat Israel. In Privatgesprächen mit führenden Holocaustexperten der großen Kirchen ist mir diese sehr problematische Einstellung ebenfalls aufgefallen.

Der katholische Theologe und Denker Pater *John Pawlikowski,* mit dem ich mehrmals über diese Themen sprechen konnte, hat erklärt, moralische Sensibilität sei eine unverzichtbare Vorbedingung für moralisches Denken. Laut seiner Aussage greift Gott in Situationen am häufigsten durch Menschen ein; doch an seinem Eingreifen könnten wir nur teilhaben, wenn wir Verantwortung übernähmen. Andererseits haben Theologen die Ansicht vertreten, nach dem Holocaust bliebe der Menschheit nichts anderes übrig, als ihre Fehlerhaftigkeit zuzugeben und sich damit abzufinden, dass Gott uns nicht mehr gebrauchen werde. Der deutsch-amerikanische Aktivist und Pfarrer *Reinhold Niebuhr* hingegen erklärte, es sei unmoralisch, sich zurückzuziehen, wenn das wahrhaft Böse anwesend sei; die richtige Reaktion auf das Böse sei Zorn.[291] Warum nur gab es unter uns während des Holocaust so wenig Zorn? An welchem Punkt überschritten die Zuschauer die unsichtbare Linie und wurden zu Mördern?

Betrachtete Gott erneut diese Welt und sagte dasselbe, was er schon vor Jahrtausenden erklärt hatte? «Der HERR war tieftraurig darüber und wünschte, er hätte die Menschen nie erschaffen.»[292]

Über das Leiden

«Ich an deiner Stelle würde mich an Gott wenden
und ihm meinen Rechtsfall vortragen.

Was Gott tut, ist groß und gewaltig,
niemand kann es begreifen;
seine Wunder sind unzählbar.»[293]

Ein Aspekt, den man in der christlichen Interpretation des Holocaust ignoriert hat, ist die Rolle Gottes in dieser schockierenden Abfolge von Ereignissen. Da Gott allmächtig ist, sah er alles, was geschah. Wenn Gott im Holocaust geschwiegen hat, tut er dies auch zu anderen Zeiten? Eine der größten und schwierigsten Fragen zum Holocaust lautet: Wo war Gott?

Dass Christen diese höchst bedeutende Frage ignoriert haben, liegt unter anderem daran, dass wir uns nur sehr selten bewusst machen: Der Gott der Juden (unserer älteren Brüder) ist auch unser Gott, derselbe Schöpfer des Himmels und der Erde. Wenn er im Holocaust tatsächlich schweigsam geblieben ist, hätte das unweigerlich auch etwas mit uns zu tun.

Ein weiterer Grund ist meiner Ansicht nach, dass unsere Vorstellung von uns selbst und wie *der Glaube uns dienen sollte* in den vergangenen Jahrzehnten einen dramatischen Wandel erfahren hat; in gewisser Weise können wir nicht einmal die Vorstellung ertragen, dass Gott uns leiden lassen könnte – wir halten uns ja für den Mittelpunkt der Welt. Daher ist der Gedanke an eine Verfolgung, der Christen anderswo gerade ausgesetzt sind, für viele Gläubige im Westen ein Ding der Unmöglichkeit.

Der dritte Grund hat meiner Überzeugung nach mit unserem

Verständnis von Bosheit und Ungerechtigkeit zu tun. Ein Forscher, der die Ansichten christlicher Kinder in den USA zum Thema Holocaust untersucht hat, stieß dabei auf ein Schlüsselelement: Auf der Grundlage ihrer christlichen Überzeugung glaubten diese Kinder, man könne den Holocaust mit übernatürlichen Elementen erklären, als Teil der Schlacht zwischen Gut und Böse. Was macht die Ansichten dieser Kinder problematisch? Natürlich glauben wir, dass das Weltgeschehen tatsächlich Teil eines größeren Konflikts ist. Die Grundidee dieses Buches ist, dass Gott die Geschichte sieht und in ihr handelt; das Problem an der Sichtweise der Kinder liegt darin, dass sie die Rolle und die Entscheidungen von Menschen im Kontext des Holocaust vollkommen ignorierten. Der Holocaust war ein unmenschliches Ereignis, für das jede daran beteiligte Einzelperson eine Verantwortung trägt, genauso wie Regierungen und Staatsoberhäupter. Moralische Klarheit ist wichtig; sie geht verloren, wenn wir für unsere verkehrten Entscheidungen das abstrakte Böse verantwortlich machen. Daher halten Holocaustforscher es für sehr wichtig, Kindern die Entscheidungen zu verdeutlichen, die sie in ihrem Leben vermutlich treffen werden müssen.

Kehren wir nun zurück zu dem Gedanken des Leidens und der Allmacht Gottes: Das Erleiden von Unrecht und die Tatsache, dass Gott gerecht ist, stellen uns vor Herausforderungen. Wir können zwar das Buch Hiob in den Fokus nehmen, doch das Ausmaß des Holocaust scheint viel größer zu sein. Der Mord an sechs Millionen Menschen, davon eineinhalb Millionen Kinder, ist unfassbar niederschmetternd.[294] Wie erlebten nun die Zeitgenossen des Holocaust diese Katastrophe? Wir verfügen nur über wenige Quellen, um das herauszufinden; eine ganz besondere namens *Esch Kodesch* (Heiliges Feuer) wurde verfasst von Rabbi Kalonymus Kalman Shapiro (1889–1943) im Warschauer Ghetto.

Esch Kodesch ist eine Sammlung von Predigten, die der Rabbi während des Holocaust im Ghetto hielt; deshalb geben sie uns einen einzigartigen Einblick in die geistliche Situation dort. Sie sind erhalten geblieben, weil Shapiro sie vor der Deportation unter den Bodenbrettern seines Wohnraums versteckte. In der Zeit dieser Predigtreihe wurden ihm seine Familie und andere Mitmenschen entrissen und in die Vernichtungslager abtransportiert; deshalb sind die Predigten ein authentischer Beleg dafür, wie er Gott in diesem Jammertal während der tragischen Ereignisse sah – kurz vor seinem eigenen Tod.

Uns erwartet eine große Überraschung: Der Rabbi spricht überhaupt nicht über die alltäglichen Schrecken, sondern konzentriert sich auf die Gegenwart Gottes im Leiden und auf die Freude, die darin zu finden ist. Rabbi Shapiro glaubte, dass Gott vom Schicksal der Juden Kenntnis hatte. Er stellte die Situation dar als einen übernatürlichen Kampf zwischen den Nazis und ihren Gegnern, der Teil eines noch viel größeren Konflikts war; doch inmitten dieser Situation war Gott selbst an der Seite seines Volkes und litt mit ihm. Man könnte die Gedanken des Rabbis so zusammenfassen:

Leid gehört zum Glauben dazu und verwandelt sich in Freude, wenn es den Menschen mit Gott vereint.[295]

Viele jüdische Denker, zum Beispiel *Abraham Joshua Heschel* (1907–1972), ein bekannter jüdisch-amerikanischer Rabbi polnischer Abstammung, vertreten die Ansicht, dass jeder Grund für den Holocaust allein beim Menschen zu suchen sei. Laut Heschel führt ein Prozess der Verhärtung und Gleichgültigkeit innerhalb einer Gesellschaft unausweichlich zu einem Ereignis wie der Schoah; in einer seiner zentralen Thesen sieht er Gleichgültigkeit (nicht Bosheit) als Gegenteil des Guten an. Heschel vertritt auch, dass im westlichen Denken Gott zu jemandem mutiert sei, nach dem der Mensch Ausschau halte, während seiner Ansicht nach Gott immer nach dem Menschen suche.[296]

Andere Philosophen haben als Reaktion auf Heschel und seine Anhänger argumentiert, Heschel sei so traumatisiert gewesen, dass er keinesfalls in der Lage war, irgendeine theologische Antwort auf den Holocaust zu geben;[297] ein weiteres Argument lautet, die jüdische Welt habe schon vor dem Holocaust unter vielerlei Verfolgungen und Katastrophen gelitten. Die jüdische Reaktion bestand immer darin, für diese Feindseligkeiten nach Erklärungen zu suchen; die bestanden in der Sünde und dem Erfordernis, Buße zu tun. Mit anderen Worten: Die jüdische Antwort auf alle Katastrophen war theologischer Natur.

Ich persönlich würde mich der Bibel zuwenden und mir bewusst machen, wie es Hiob nach seinem Leiden erging: «Der HERR segnete Hiob von jetzt an mehr als zuvor.»[298]

Doch die Antwort auf den Holocaust ist anders, sehr konkret und praktisch, ja, weltlich; ein Teil dieser Antwort ist der Staat Israel. Allerdings haben einige jüdische Denker darauf hingewiesen, dass der Staat Israel auch eine theologische Erwiderung auf die Schoah sei; anders ausgedrückt: Die Existenz des Staates Israel habe das Judentum nach dem Holocaust gerettet.[299] Wenn das tatsächlich zutrifft und wir davon ausgehen, das Judentum sei nach dem Holocaust durch den Staat Israel bewahrt worden, was könnte dann die christliche Welt nach dem Holocaust retten? Setzt diese Welt nämlich ihren bisherigen Weg weiter fort, ohne sich den Tatsachen der Vergangenheit zu stellen, wird sie wohl oder übel die gleichen Fehler machen – oder sogar noch schlimmere.

Oft wird der Holocaust interpretiert als Ursache für die Entstehung des Staates Israel. Diese Ansicht zeigt Unkenntnis über die Pläne der Nazis, die Welt zu beherrschen, und darüber, was damals im britischen Mandatsgebiet Palästina geschah.

Seit der Zeit des Römischen Reiches und der Zerstörung des zweiten Tempels hatten auf dem Gebiet des heutigen Staates Israel ja immer Juden gelebt, ganz gleich, wer diese Region beherrschte; Ende des 19. Jahrhunderts zwang der Antisemitismus in Europa, insbesondere in den östlichen Gebieten und in Russland, die Juden zur Auswanderung. Viele emigrierten in das Osmanische

Reich, wo sie im Land ihrer Väter malariaverseuchte Sümpfe trockenlegten, Siedlungen errichteten und begannen, das Land zu bebauen. Die größten Wellen der Migration ereigneten sich 1882–1903, 1904–1914 und 1919–1923. Die jüdischen Gemeinschaften verwalteten sich selbst, sowohl politisch als auch zur Verteidigung.

Als der Erste Weltkrieg zu Ende ging, übernahm Großbritannien die Kontrolle über die Region. Daraufhin nahm die Einwanderung der Juden Fahrt auf, insbesondere in den 1930er Jahren, als die Lage in Europa immer instabiler wurde. Die jüdische Gemeinschaft im britischen Mandatsgebiet nannte sich *Jischuw* und forderte Unabhängigkeit, dabei pochte sie auf die Balfour-Deklaration, die ihr ein eigenes Heimatland versprochen hatte. Es war nur eine Frage der Zeit, bis Großbritannien sein Mandat in Palästina aufgeben musste; dies geschah 1947, als die Vereinten Nationen beschlossen, die Region in zwei Teile aufzuteilen, einen für die Araber, den anderen für die Juden.

Wir müssen verstehen, dass der jüdische Staat bereits vor dem Zweiten Weltkrieg am Entstehen war; Großbritannien konnte Israel nicht zwingen, unter der Mandatsherrschaft zu verbleiben – und Israel gab es bereits in Form einer bestehenden Gemeinschaft mit eigener Führung. Manchmal ist es das Beste, seine Gedanken so klar so formulieren, dass man ganz sicher verstanden wird: Nicht Hitler erschuf den Staat Israel; der entstand durch Gottes Wirken. Was im Laufe der Geschichte für Israels Feinde galt, vom

Pharao Ägyptens bis zu Haman, dem Mächtigen in Persien, zeigte sich auch in diesem Fall: Kurz vor der Umsetzung von Gottes Plan nahm die Macht des Bösen erstaunliche Proportionen an. Als Gott beschlossen hatte, die Israeliten aus Ägypten zu befreien, verschlechterte der Pharao umgehend ihre Arbeitsbedingungen.

Hitlers Absichten im Zweiten Weltkrieg beschränkten sich nicht auf die sechs Millionen, die er ermorden konnte – sie betrafen alle Juden auf der gesamten Welt. Hitlers Angriff auf die Juden richtete sich gegen die Entstehung des Staates Israel, denn seitdem haben sich die Zeiger an der Uhr der Weltgeschichte entscheidend vorwärtsbewegt. Wir müssen begreifen, dass der Staat Israel nicht aufgrund des Holocaust entstanden ist, sondern ihm zum Trotz.

> «Jesus verdeutlichte es ihnen noch mit einem Vergleich: ‹Seht euch den Feigenbaum an oder die anderen Bäume. Wenn ihre Zweige Blätter treiben, wisst ihr, dass es bald Sommer ist. Ebenso ist es, wenn all diese Ereignisse eintreffen. Dann könnt ihr sicher sein, dass Gottes Reich unmittelbar bevorsteht.›»[300]

Der Zweite Weltkrieg endete mit der absoluten Kapitulation Deutschlands am 8. Mai 1945; wenige Tage zuvor, am 30. April, hatte Hitler Selbstmord begangen, als die sowjetischen Truppen Berlin erreichten. Einzig und allein der Sieg der Alliierten war der

Grund dafür, dass der Völkermord an den Juden ein Ende nahm. Die Nazis hatten geplant, alle Juden zu vernichten, und diesem Ziel waren sie näher gekommen als alle anderen vor ihnen; im Verein mit ihren gleichgesinnten Helfern in ganz Europa hatten sie den Völkermord Wirklichkeit werden lassen.

Wie wir wissen, war das jüdische Volk das Ziel des Genozids; doch bedenken wir dabei, dass die Nazis durch den Mord an den Juden auch die Menschheit töteten; sie ermordeten auch uns, denn wir können nie wieder auf dieselbe Art Mensch sein wie vor dem Holocaust. Wenn ich die Bilder der jungen Offiziere betrachte, die Millionen in den Tod schickten, stirbt mein Vertrauen in die Menschheit. Aus diesem Grund spreche ich.

Ich berichte über etwas, das ich selbst nicht erlebt habe. Ich bin Zeugin eines Ereignisses, das vor meiner Zeit geschah. Mit den Worten Elie Wiesels bin ich eine Zeugin des Holocaust geworden, weil ich den Zeitzeugen zugehört habe.

Ein Zeitzeugen-Bericht

Luna Kaufman und ich lernen uns im Winter 2009 in New York kennen. Bisher weiß ich nur, dass sie als Holocaustüberlebende ihr Leben dem Ziel gewidmet hat, interreligiöse Beziehungen zu fördern. Unser Treffen findet statt, weil Luna daran interessiert ist, mit der Christlichen Abteilung zusammenzuarbeiten, die kurz zuvor in Yad Vashem eröffnet worden ist. Ihre Autobiographie «Luna's Life» hat sie gerade fertiggestellt.

«Luna's Life» erscheint nur drei Monate nach unserem ersten Treffen in New York; Luna bittet mich, die Begleitveranstaltungen zu moderieren, und zur Vorbereitung interviewe ich sie über ihr Buch und ihr Leben. Die Events im Holocaust-Museum von New York, bekannt als «Museum of Jewish Heritage», und an der «Seton Hall University», einer katholischen Universität, werden für uns beide zu einem großen Erfolg: Lunas Buch stößt auf großes Interesse, ich gewinne eine bemerkenswerte Anzahl neuer und wichtiger Kontakte für meine Arbeit.

2013 sind wir bereits enge Freundinnen geworden und treffen uns jedes Mal, wenn ich geschäftlich in die Vereinigten Staaten reise. Im Sommer 2013 bin ich mehrere Tage bei ihr zu Gast. Luna hat einen weiten Weg zurückgelegt: aus dem Krakauer Ghetto an die noble Upper East Side von Manhattan. In ihrem Buch berichtet sie von dem traurigen Moment, als ihre ganze Familie in das Ghetto ziehen musste, das die Deutschen 1941 in Krakau errichtet hatten. Sie beschreibt auch, wie ihr Vater und ihre Schwester in Zwangsarbeiterlager außerhalb des Ghettos gebracht wurden, um nie wieder zurückzukehren.

Dennoch blickt sie mit einer positiven Einstellung auf ihr Leben zurück. Die Lebensbedingungen im KZ Płaszów unter der brutalen Herrschaft des Kommandanten Amon Göth waren fürchterlich, dennoch glaubt sie an das Gute. Sie hat weder ihre Lebenslust verloren noch die Hoffnung; vor allem glaubt Luna an ein geschwisterliches Miteinander und den Dialog zwischen Juden und Christen. Es ist mir eine Ehre, ihre Gedanken über das Verhältnis dieser beiden Geschwister zu Papier zu bringen.

Luna wurde am 28. November 1926 in Polen geboren. Ihre Kindheit in Krakau war trotz des bestehenden Antisemitismus kaum von antijüdischen Vorfällen geprägt; ihre Mitschüler waren größtenteils Christen, doch Luna hat positive Erinnerungen an diese Zeit. Eine davon gilt einem katholischen Priester, der an ihrer Schule Religionsunterricht erteilte. Für die kleine Luna waren die allwöchentlichen Diskussionen mit diesem Priester eine besonders wichtige Erfahrung; wie sie selbst sagt, hatte sie dabei das Gefühl, ihrer Zeit voraus zu sein. Die schrecklichen Phasen in den Ghettos und Lagern später während des Holocaust konnte sie natürlich nicht einfach abschütteln, da ein großer Teil ihrer Familie und ihrer Freunde dadurch zugrunde ging.

Nach dem Krieg verließ Luna Polen gemeinsam mit ihrer Mutter, weil der Antisemitismus dort immer noch stark war. Sie schreibt in ihrem Buch, viele Polen hätten keine Rückkehr der Juden nach dem Holocaust gewünscht; dabei lebten Juden schon vor der Spanischen Inquisition in diesem Land. Doch für Luna bestand das Leben aus viel mehr, als «nur» den Holocaust zu überleben.

1952 erhielt Luna ein amerikanisches Visum, da sie inzwischen mit einem Amerikaner verheiratet war. Über Israel reiste sie in die

Vereinigten Staaten ein – und erkannte bald: In Amerika gab es viele Christen, die mehr erfahren wollten über die Juden und das Judentum.

So begann sie, als sich ihr die Möglichkeit bot, als Lehrerin für die amerikanische *Anti-Defamation-League* zu arbeiten, die sich einsetzt für Toleranz zwischen Juden, Christen und Muslimen. In den 1970er Jahren begegnete sie *Schwester Rose Thering*, einer dominikanischen Nonne, die als Visionärin zwischen Christen und Juden Brücken baute. Zusätzlich zu ihrem sonstigen öffentlichen Engagement war Schwester Rose Professorin an der Seton Hall University – den Oskar-nominierten Film über ihr Leben «Sister Rose's Passion» aus dem Jahr 2004 kann ich meinen Lesern nur wärmstens ans Herz legen.

Schwester Rose war eine Pionierin, für eine Zusammenarbeit mit Luna zeigte sie sich sehr offen. Gemeinsam begannen die beiden Frauen, an Schulen zu sprechen und den Medien Interviews zu geben. Gleichzeitig arbeitete Luna persönlich mit dem Gouverneur von New Jersey zusammen, um an Schulen einen Lehrplan über den Holocaust zu etablieren; der Lehrplan war verfasst worden von der Anti-Defamation-League und ist heute an Schulen in ganz Amerika im Gebrauch. Bei all ihrer Tätigkeit ließ Luna sich leiten von diesen unerschütterlichen Überzeugungen: Erstens, religiöse Feindseligkeit hat zum Holocaust beigetragen; zweitens, Vorurteile entstehen durch Unkenntnis; drittens, Bildung ist der Schlüssel zur Entkräftung von Vorurteilen.

Schwester Rose trug immer einen goldenen Davidsstern, den sie, mit einem Kreuz verflochten, als Geschenk von Yad Vashem erhalten hatte; er repräsentierte ihren Glauben an die Einheit zwischen Juden und Christen. Nach dem Tod von Schwester Rose gab Luna eine Nachbildung in Auftrag, die sie seither trägt, um zu zeigen, dass sie Roses Arbeit fortsetzt.

1994 war Luna Ehrengast bei einem geschichtsträchtigen Konzert, zu dem der Vatikan Holocaustüberlebende eingeladen hatte. Die Veranstaltung wurde moderiert von ihrem früheren polnischen Mitstudenten *Karol Józef Wojtyła,* der mittlerweile *Papst Johannes Paul II.* geworden war. Vermutlich hat niemand so viel für die jüdisch-katholischen Beziehungen getan wie dieser Papst, dessen einzigartige Position die öffentliche Unterstützung dieser Annährung ermöglichte und einen Wandel bewirkte in der katholischen Kirche auf der ganzen Welt. Papst Johannes Paul II. gehört zu den christlichen Führungspersönlichkeiten, die in der jüdischen Welt am meisten geschätzt werden; bis heute spricht Luna mit großer Bewunderung von ihm.

Luna arbeitet in den interreligiösen Beziehungen mit anderen Pionieren zusammen. Seit dem Ende des Holocaust hat sich viel geändert, aber es gibt noch viel zu tun. In unserer Zeit zeigt sich allerdings unter jungen Polen eine neue Bewegung, die darauf abzielt, positive Beziehungen zu ihren jüdischen Altersgenossen aufzubauen. Auch die Unterstützung Israels durch amerikanische Christen stimmt Luna optimistisch; amerikanische Touristenreisen nach Israel betrachtet sie als eine positive Fortsetzung ihrer gemeinsamen Arbeit mit Schwester Rose, denn die beiden Frauen setzten sich dafür ein, insbesondere in Krisenzeiten christliche Reisegruppen nach Israel zu bringen. Niemand kehrte unverändert von diesen Reisen zurück.

Luna musste mehrere Entscheidungen treffen, bei denen es um Leben und Tod ging. Als die Lage in Krakau immer schlechter wurde, bot man ihr und ihrer Familie ein Versteck an; allerdings war diese Zuflucht sowohl für sie als auch für ihre christlichen Gastgeber höchst riskant. Aufgrund des hohen Risikos verzichteten sie.

Luna erinnert sich an eine weitere Begebenheit: In den letzten Kriegsmonaten, sie musste in Leipzig Zwangsarbeit leisten, gab eine SS-Frau ihr extra Essensrationen. Das war eigentlich nur eine kleine Geste, unter diesen Bedingungen konnte sie allerdings über Leben und Tod entscheiden. Luna hat nie verstanden, warum dies geschah, doch sie erkannte darin die Eigentümlichkeit der menschlichen Natur: Dieselbe SS-Frau konnte andere Gefangene sehr grausam behandeln, doch aus irgendeinem Grund beschloss sie, Luna zu helfen.

Der dritte Fall betraf ein Wohnhaus, das Lunas Familie gehörte. Als sie ins Ghetto deportiert wurden, eigneten es sich die Polen an. Nach dem Krieg kehrte Luna mit ihrer Mutter zu diesem Haus zurück. Eine polnische Mieterin weigerte sich, sie in ihre Wohnung hineinzulassen, die mittlerweile für Lunas Familie noch wertvoller geworden war; schließlich stellte sie nach dem Tod vieler Angehöriger ihre einzige Verbindung zur Vergangenheit dar. Diese Frau hatte sich einfach widerrechtlich eine jüdische Wohnung angeeignet, wie es damals häufig geschah. Allerdings wurden sie von einem weiteren polnischen Nachbarn, der im selben Gebäude lebte, sofort hereingebeten. Wie sind solch unterschiedliche Reaktionen zu erklären?

Die Nachkriegssituation war kompliziert: Die physische Bedrohung bestand größtenteils nicht mehr, doch die Haltungen blieben unverändert.

Luna hat ihr Leben dem Kampf gegen Vorurteile gewidmet und uns ein Beispiel gegeben, wie Christen und Juden sich die Hände reichen sollten. Das Judentum ist der große Bruder des Christentums. Beide Religionen betonen dasselbe Prinzip: Liebe deinen Nächsten wie dich selbst. Nach Lunas Aussage ist die Zeit gekommen, unsere Weltsicht wahrhaftig zu erweitern und jeden Menschen zu unserem Nächsten zu erklären.[301]

9. | Die Totengebeine werden lebendig – Die Rückkehr

✡

«Einmal wurde ich vom HERRN ergriffen und hatte eine Vision. Darin hob mich Gottes Geist empor und brachte mich in ein weites Tal, das mit Totengebeinen übersät war. Dann führte er mich durch die ganze Ebene, und ich sah dort unzählige Knochen verstreut liegen. Sie waren völlig vertrocknet. Gott fragte mich: ‹Du Mensch, können diese Gebeine je wieder lebendig werden?› Ich antwortete: ‹HERR, mein Gott, das weißt du allein!›

Da sagte er zu mir: ‹Sprich zu diesen dürren Knochen und fordere sie auf: Hört, was der HERR euch sagt: Ich bringe Geist in euch zurück und mache euch wieder lebendig! Ja, das verspreche ich, Gott, der HERR. Ich lasse Sehnen und Fleisch um euch wachsen und überziehe euch mit Haut. Meinen Atem hauche ich euch ein, damit ihr wieder lebendig werdet. Daran sollt ihr erkennen, dass ich der HERR bin.›

Ich tat, was Gott mir befohlen hatte. Noch während ich seine Botschaft verkündete, hörte ich ein lautes Geräusch und sah, wie die Knochen zusammenrückten, jeder an seine Stelle. Vor meinen Augen wuchsen Sehnen und Fleisch um sie herum, und darüber bildete sich Haut. Aber noch war kein Leben in den Körpern. Da sprach Gott zu mir: ‹Du Mensch, ruf den Lebensgeist und befiehl ihm in meinem Namen: Komm, Lebensgeist, aus den vier Himmelsrichtungen und hauche diese toten Menschen an, damit sie wieder zum Leben erwachen!› Ich tat, was Gott mir befohlen hatte. Da erfüllte der Lebensgeist die toten Körper, sie wurden lebendig und standen auf. Sie waren so zahlreich wie ein unüberschaubares Heer.

Da sprach Gott zu mir: ‹Du Mensch, die Israeliten gleichen diesen verdorrten Gebeinen. Du weißt, wie sie klagen: ‹Wir sind völlig ausgezehrt und haben keine Hoffnung mehr, uns bleibt nur der Tod!› Darum richte ihnen diese Botschaft von mir aus: Ich, Gott, der HERR, öffne eure Gräber und hole euch heraus, denn ihr seid doch mein Volk! Ich bringe euch heim ins Land Israel. Wenn ich euch wieder lebendig mache, werdet ihr erkennen, dass ich der HERR bin. Ich erfülle euch mit meinem Geist, schenke euch noch einmal das Leben und lasse euch wieder in eurem Land wohnen. Ihr werdet sehen, dass ich meine Versprechen halte. Mein Wort gilt!›»[302]

Eine Holocaustüberlebende erzählt vor einer christlichen Besuchergruppe ihre Geschichte. Ich beobachte, wie Taschentücher gezückt werden. Man hört Schneuzen im Raum. Jemand macht sich Notizen, doch plötzlich stockt die Hand mitten in der Bewegung. Meine Freundin, die diese Geschichte erzählt, ist bereits 90 Jahre alt. Leesha war ein junges Mädchen, das im Zweiten Weltkrieg in Holland lebte. Ihre gesamte Familie, um die 100 Menschen, wurde nach Auschwitz deportiert. Sie selbst arbeitete im Jüdischen Krankenhaus von Amsterdam und konnte mit knapper Not entkommen.

Leesha schloss sich der Widerstandsbewegung an. Unter dem Codewort «Tulpen sind rot»[303] *gelang es ihr, Hunderte von Juden zu retten, die sie in sichere Verstecke brachte. Auf ihren Kopf war eine Belohnung ausgesetzt, da sie der Gestapo dreimal entwischte. Leesha ist eine wahre Heldin, die handelte, als so viele andere aus Angst untätig blieben.*

Am Ende des Krieges war sie wie so viele andere Juden die einzige Überlebende ihrer Familie. Während des Krieges gab es viel zu tun und Leesha musste mutig sein, doch nun war sie allein. Welche Bedeutung hatte ihr Leben noch, da alle ihre Angehörigen ermordet worden waren? Ihre ganze Welt hatte einfach aufgehört zu existieren. Leesha wollte nur noch sterben. Jedes Mal, wenn ich diesen Teil der Geschichte höre, bin ich sehr aufgebracht. Niemand hat eine so tiefe Einsamkeit erleben müssen wie die Überlebenden des Holocaust. Was könnte diese Einsamkeit lindern?

Wir alle erinnern uns an die Bilder: Nach dem Ende des langen Krieges kommt es überall auf der Welt zu spontanen Menschenansammlungen. Voller Freude und Erleichterung feiern sie auf den Straßen das Kriegsende. Frauen verteilen Blumen an Soldaten und an Mitglieder der Widerstandsbewegung, die ihre Verstecke verlassen haben.

Doch die Wahrheit ist sehr viel komplexer. Grund zur Freude hatten nur die Menschen, die in ihr altes Leben zurückkehren konnten. Manche waren wirklich frei, andere waren nur befreit worden. Auf das größte Problem waren die Alliierten überhaupt nicht vorbereitet: die Heimatlosen nach dem Krieg, die in der historischen Forschung als *Displaced Persons* (Vertriebene) bezeichnet werden, abgekürzt DPs – damals nannte man sie auch «Flüchtlinge» –; dazu gehörten Millionen von ehemaligen KZ-Häftlingen, Deportierten und Kriegsgefangenen, die alle in Europa unterwegs waren und versuchten, irgendwie nach Hause zurückzukehren.

Als die Alliierten anrückten, um die Konzentrationslager zu befreien, war ihnen der wahre Umfang des Problems noch nicht bewusst. Russische Soldaten befreiten am 27. Januar 1945 das KZ Auschwitz, die Briten kamen am 15. April 1945 nach Bergen-Belsen und die Amerikaner erreichten am 29. April 1945 Dachau. Unter allen Heimatlosen waren die früheren KZ-Häftlinge, etwa 90.000 Personen, aber nur die Spitze des Eisbergs. Riesige Menschenmengen strebten eine Rückkehr an oder suchten nach einem neuen Heimatland.

Für die Juden war die Situation allerdings am schwierigsten, da ihre Wiederansiedelung in vielen Fällen unmöglich war. Am Ende des Krieges hofften insbesondere diejenigen, die sich in den Konzentrationslagern befanden, ihr Leid würde die Aufmerksamkeit der Alliierten erregen; doch dieser Wunsch erfüllte sich nicht, wahrscheinlich aus dem einfachen und menschlich nachvollziehbaren Grund, dass die Soldaten die sehr komplexen Probleme der Juden in ihrer besonderen Lage nicht erfassen konnten – und die Militärverwaltung war höchst unzureichend ausgerüstet, um Zivilisten nach Hause zu bringen.

In der amerikanischen Besatzungszone begann sich die Lage allerdings zu verbessern, nachdem *Earl Harrison* im Auftrag von *Präsident Harry S. Truman* die Lager besucht und einen wahrheitsgemäßen und sehr kritischen Bericht an den Präsidenten weitergegeben hatte; die Auswirkungen dieses Berichts waren auch in der amerikanischen Öffentlichkeit zu spüren. Kurz nach seiner Bekanntgabe wurden in der amerikanischen Besatzungszone DP-Lager speziell für Juden eingerichtet und ein Sondergesandter für jüdische Angelegenheiten ernannt.

Während es in Westeuropa Länder gab, in denen ein hoher Prozentsatz von Juden gerettet wurde, überlebten nur zirka 10 % der polnischen Juden den Holocaust. Im Vergleich dazu blieb in Italien und Frankreich rund 75 % der jüdischen Bevölkerung am Leben, während in den Niederlanden vier von fünf Juden ermordet wurden, dort überlebten nur 20 %. In der Slowakei, Ungarn und

Griechenland fanden fast alle Juden den Tod; im Gegensatz dazu überlebten in Bulgarien um die 75 % der Juden.[304]

Wie wir aus Luna Kaufmans Zeitzeugenbericht bereits wissen, waren jüdische Menschen an ihren früheren Wohnorten oft nicht willkommen, da ihre Nachbarn sich die Wohnungen angeeignet hatten. Der Antisemitismus war auch nach dem Krieg immer noch sehr stark. Folglich starben in den Nachkriegspogromen in Polen unzählige weitere Juden, ihre Zahl geht in die Tausende. Aus diesem Grund war die Lage der Juden im Nachkriegseuropa sehr schwierig. Unmittelbar nach dem Krieg wurden Flüchtlinge in Deutschland, Österreich und Italien in Lagern untergebracht, doch Ende 1946 befanden sich dort immer noch 250.000 Personen.

Viele wollten nach Italien und von dort auf dem Seeweg weiter ins damalige britische Mandatsgebiet Palästina. Trotz des Schreckens, den sie durchgemacht hatten, gelang es den befreiten Juden, sich in den Flüchtlingslagern selbst zu organisieren; zusätzlich zu einer eigenen politischen Organisation, die ungehinderte Einwanderung insbesondere in das britische Mandatsgebiet Palästina verlangte, errichteten sie in den Lagern ein vielfältiges religiöses und kulturelles System.[305]

Von Anfang an war offensichtlich, dass alle Juden gegen die Einwanderungsbeschränkungen kämpfen würden, die das britische Mandat festgelegt hatte. Diese Beschränkungen wurden festgeschrieben in den sogenannten Weißbüchern, politischen

Grundsatzpapieren. Entscheidungen über Palästina fielen dabei für die arabische Führung grundsätzlich günstiger aus als für die jüdische. Die jüdische Gemeinschaft im Mandatsgebiet schickte ihre Repräsentanten in die DP-Lager, um die Flüchtlinge Hebräisch und Landwirtschaft zu lehren; gleichzeitig gelang es ihr, sie trotz der britischen Blockade nach Palästina zu bringen. Schätzungen zufolge erreichte rund ein Drittel aller heimatlosen Juden schließlich das Mandatsgebiet Palästina, das bald als Staat Israel bekannt werden sollte; die Vereinigten Staaten von Amerika sowie Lateinamerika, Kanada und andere Länder nahmen weitere jüdische Flüchtlinge auf.

Zwischen 1945 und 1948 gelang es zirka 70 % der Flüchtlinge in Italien, nach Palästina bzw. in den Staat Israel einzuwandern. Manche von ihnen wurden zunächst von der britischen Kriegsmarine auf dem Seeweg oder direkt nach ihrer Ankunft im Hafen von Haifa gestoppt und in Internierungslager auf Zypern verschifft, welche die Briten extra zu diesem Zweck errichtet hatten.[306] Man schätzt, dass sich zirka 1,5 Millionen jüdische Überlebende in Israel niederließen; rund ein Drittel der Überlebenden blieb in Europa.[307]

Vom *Sykes-Picot-Abkommen* über die arabischen Aufstände in den 1920er Jahren bis zum Ende des Zweiten Weltkriegs hatte die Führung des Jischuw in Palästina auf die Errichtung ihres eigenen Staates gewartet. Das Sykes-Picot-Abkommen war eine geheime Übereinkunft zwischen Frankreich und Großbritannien, die vor dem Ende des Ersten Weltkriegs getroffen wurde; es legte hauptsächlich die französischen und britischen Einflusssphären fest, falls es Paris und London gelingen sollte, das Osmanische Reich zu besiegen.[308] Nachdem dieses zerfallen war, definierte der Völkerbund ein bestimmtes Territorium als britisches Mandatsgebiet; dabei handelte es sich genau um die Ländereien, die zur nationalen Heimstätte des jüdischen Volkes werden sollten.

Die Idee und das Versprechen eines jüdischen Staates hatten in der Balfour-Erklärung ihren Ausdruck gefunden, einem Brief vom 2. November 1917, den der britische Außenminister *Arthur Balfour* an *Lord Lionel Walter Rothschild,* den Präsidenten der Zionistischen Föderation von Großbritannien und Irland, schrieb; der Brief wurde auch in der Presse veröffentlicht. Da die britische Regierung jedoch die Konsequenzen fürchtete, die eine Einlösung ihres Versprechens mit sich gebracht hätte, beschränkte sie mehrfach die jüdische Immigration ins Mandatsgebiet. Die Balfour-Erklärung wurde 1920 in der Resolution von San Remo bestätigt, die wurde 1922 von den Mitgliedern des Völkerbunds angenommen und ratifiziert.

Am 29. November 1947 musste Großbritannien sein Mandat aufgeben, da die Vereinten Nationen beschlossen hatten, es zu beenden und die Region in zwei Staaten aufzuteilen («Teilungsplan»). Unmittelbar nach dieser Entscheidung brach der Unabhängigkeitskrieg aus. Viele Menschen, die gerade den Holocaust durchlitten hatten, mussten im Dienst für den werdenden bzw.

jungen Staat Israel nun zu den Waffen greifen; Schätzungen zufolge waren bis zu 50 % der israelischen Soldaten Holocaustüberlebende.

Zweifellos hatte ihr Beitrag in den Anfangsjahren des neuen Staates eine besondere Bedeutung. Man geht davon aus, dass etwa ein Drittel der Opfer des Unabhängigkeitskriegs Überlebende der Schoah waren.[309] Auch wenn diese Tatsache traurig klingt: Viele Zeitzeugen haben mir versichert, dass der Kampf für den eigenen Staat mit all seinen Risiken ein Privileg war, das den Schmerz des Holocaust linderte. Der junge Staat Israel, für den sie nun kämpften, wurde wie durch ein Wunder an einem Tag geboren, als Ergebnis der Abstimmung in der UNO-Vollversammlung.

Doch war diese plötzliche Geburt des Staates Israel tatsächlich etwas Neues und Überraschendes?

Der Prophet Jesaja wirkte etwa von 740 bis 700 v. Chr. Auch sein Name ist prophetisch, seine hebräische Form *Jeschajahu* bedeutet «Gott ist unsere Rettung». Dieser Prophet diente vier Königen. Aufgrund seines eleganten Schreibstils geht man davon aus, dass er hochgebildet und möglicherweise mit dem Königshaus verwandt war; laut der jüdischen Tradition war Jesaja ein Neffe von König Amazja.

Die Prophezeiung des Jesaja ist eines der interessantesten biblischen Bücher, da es sich genau in der Mitte der Bibel befindet und 66 Kapitel hat, was der Anzahl aller biblischen Bücher entspricht. Es ist das einzige Buch, das als vollständiges Werk in den Höhlen von

Qumran gefunden wurde. Obwohl es Geschichte enthält (d. h. Geschehnisse zu Lebzeiten des Propheten) und Zukunftsvorhersagen (d. h. Ereignisse, die nach dem Tod Jesajas eintrafen), stellt es zweifellos eine Einheit dar. Dazu gibt es abweichende Meinungen, doch in dem entdeckten Werk konnte man keine Hinweise auf mehrere Autoren finden. Manche Forscher betonen, der Schreibstil des Buches sei einheitlich trotz verschiedener Epochen und Themen (allerdings behaupten andere genau das Gegenteil).

Das Buch Jesaja enthält Prophetien über die Zukunft des Volkes Israel und die künftige Herrlichkeit Jerusalems; darüber hinaus ist es zweifellos ein messianisches Buch, das die Ankunft des Messias vorhersagt. Die jahrtausendealte jüdische Überlieferung besagt, dass Jesaja eines fürchterlichen Todes starb – er wurde zersägt. Es ist durchaus möglich, dass der Verfasser des Hebräerbriefs ihn meint, wenn er schreibt: «… mit der Säge qualvoll getötet …»[310]

Dieser Jesaja sah die Wiedergeburt des Staates Israel klar voraus, was für uns eine wichtige Information ist. Die Metapher «an einem einzigen Tag zur Welt kommen» ist bemerkenswert präzise, da die Unabhängigkeitserklärung des Staates Israel nach der UNO-Abstimmung erfolgte und die dauerte tatsächlich nur einen kurzen Moment. «Wer hat so etwas schon gesehen oder davon gehört? Kann ein ganzes Land an einem einzigen Tag zur Welt kommen? Wird ein Volk in einem Augenblick geboren? Ja, Zion wird es so ergehen! Kaum spürt sie die ersten Wehen – schon sind ihre Kinder da.»[311]

Offensichtlich gab es für die jüdischen Flüchtlinge keine Heimat, solange der jüdische Staat nur ein Traum war. Ungeachtet der Tatsache, dass viele von ihnen Angehörige in verschiedenen Teilen der westlichen Welt hatten, wollten doch die meisten in ihr uraltes Heimatland zurückkehren; das wissen wir aus den Formularen, die sie während ihres Flüchtlingsdaseins ausfüllen mussten. In Italien führte man dazu in den DP-Lagern eine umfangreiche schriftliche Befragung durch.

Die entwurzelten Menschen konnten nicht wissen, was 1948 geschehen sollte; doch die Prophetien der Bibel erfüllten sich auf dramatische Weise und in einem erstaunlichen Tempo – direkt vor den Augen einer misstrauischen Welt: Menschen, die Skeletten glichen, dürre Knochen im wahrsten Sinne des Wortes, wie sie der Prophet Hesekiel schildert, erhoben sich aus ihren Gräbern, um in ihr Heimatland zurückgebracht zu werden; und wie es der Prophet Jesaja vorausgesagt hatte, wurde der neue Staat in einem Moment geboren. Betrachten wir die Ereignisse rein verstandesmäßig, so scheint uns eine solche Deutung unmöglich, doch im Lichte der Bibel ist es eine logische Entwicklung.

Es ist bemerkenswert, dass der Begriff «Heimatlose» oder «Flüchtlinge» im Hebräischen nicht gebraucht wird, auch wenn die Forschungsliteratur die jüdischen Überlebenden des Zweiten Weltkrieges so bezeichnet. Im Hebräischen gebrauchen wir den biblischen Begriff *sch'erit ha-pletah* – «Rest» wie in Jesaja 37,32: «Denn in Jerusalem wird ein Rest meines Volkes übrigbleiben und vom Berg Zion aus das Land wieder bevölkern. Ich, der HERR, der allmächtige Gott, sorge dafür und verfolge leidenschaftlich mein Ziel.» Laut der Bibel würde nur ein Rest des Volkes übrigbleiben, und dieser Überrest von 1945 suchte in verschiedenen europäischen Ländern nach einem Weg ins Mandatsgebiet Palästina (später: Israel). Wie in der Bibel prophezeit, kehrte nur ein Rest zurück; diese wenigen Menschen kämpften im Unabhängigkeitskrieg, und ein noch kleinerer Überrest überlebte und baute in seiner historischen Heimat einen Staat auf, der alt und neu zugleich war.

Die ersten Jahre des jüdischen Staates

«Steh auf, Jerusalem, und leuchte! Denn das Licht ist gekommen, das deine Finsternis erhellt. Die Herrlichkeit des HERRN geht auf über dir wie die Sonne. Dunkle Wolken bedecken die Erde, alle Völker leben in tiefer Nacht. Doch über dir leuchtet das Licht des HERRN auf, und seine Herrlichkeit erscheint über dir. Andere Völker werden von diesem Licht angezogen, ihre Könige eilen herbei, um den strahlenden Glanz zu sehen, der über dir aufgegangen ist. Schau dich um! Aus allen Richtungen strömen sie zu dir: Von weit her kommen deine Söhne, und deine Töchter werden auf den Armen herbei-

> getragen … Ausländer werden deine Mauern wieder aufbauen, und ihre Könige werden dir dienen. Der Herr sagt: ‹Ich war zwar zornig über dich und habe dich bestraft. Doch nun habe ich Erbarmen mit dir und will dir wieder meine ganze Liebe schenken.›»[312]

Nachdem das Wunder geschehen war, gab es heftigen Widerstand. Nachdem der Staat Israel seine Unabhängigkeit erklärt hatte, vergingen keine 24 Stunden, bis *Ägypten, Jordanien, Syrien, Libanon* und *Irak* dem jungen Land den Krieg erklärten. Sofort war der neugeborene Staat gezwungen, seine Souveränität zu verteidigen. Die Armee Israels ist bekannt unter dem Namen *Tzava Hagana LeIsrael,* Israel Defense Forces (IDF), zu Deutsch: Israelische Verteidigungsstreitkräfte. Damals konnte man sie allerdings kaum als «Armee» bezeichnen; sie war nicht nur schlecht ausgerüstet und in der Unterzahl, sondern auch unerfahren. Dabei wurde sie von übermächtigen Feinden bedrängt.

Der Krieg dauerte gut fünfzehn Monate; in dieser Zeit kam ungefähr ein Prozent der Bürger Israels ums Leben. Damals umfasste die israelische Bevölkerung nur 650.000 Menschen; zurzeit (2013) sind es acht Millionen, davon sechs Millionen Juden.[313] Wie konnte dieser Krieg gewonnen werden? Die Weltöffentlichkeit ging davon aus, dass der Staat Israel fallen würde, noch bevor er sich entwickeln konnte, doch diese Prognose erwies sich als falsch.

Die Friedensverhandlungen unter Aufsicht der UNO begannen

Anfang 1949; jedes angreifende Land bekam die Möglichkeit, Forderungen gegen den jüdischen Staat geltend zu machen – außer dem Irak, der sich weigerte, überhaupt mit Israel zu verhandeln. Am Ende der Friedensverhandlungen war Jerusalem eine geteilte Stadt, sie stand teils unter jordanischer, teils unter israelischer Kontrolle; der Gazastreifen wurde von Ägypten regiert, während Judäa und Samaria von den Jordaniern kontrolliert wurden.[314]

Solange der jüdische Staat ununterbrochen ums Überleben kämpfen musste und von Feinden umgeben war, konnte sich die Welt irgendwie für ihn erwärmen und für sein bedrohtes Dasein Verständnis aufbringen. In gewisser Weise stellte die Existenz des jüdischen Staates eine Sühnung der Sünden Europas dar, insbesondere, da sich dieser Staat nach westlichen Vorstellungen entwickelte; zudem bot er eine symbolische und vielleicht sogar materielle Entschädigung für das Trauma des Holocaust. Außerdem nahm man die feindlichen arabischen Armeen als so starke Bedrohung wahr, dass ihre Ankündigung, die Juden ins Meer zu treiben, als realistische Möglichkeit angesehen wurde.

Es gab keine Sicherheit. Die Lage an den Grenzen Israels veränderte sich ständig. Nach dem Ende des Unabhängigkeitskrieges verübten arabische Terroristen grenzüberschreitende Anschläge, denen Hunderte von Menschen zum Opfer fielen; diese Attacken lösten jedoch mehr Bedauern aus, als dass sie in den Augen der Welt entschlossene Vergeltungsschläge gerechtfertigt hätten. Der ägyptische Präsident *Gamal Abdel Nasser* (1918–1970) erhöhte schließlich 1956 die Eskalationsstufe, indem er den Suezkanal verstaatlichte; das führte zu einem Krieg, nach dessen Ende Israel Garantien erhielt, den Kanal für seinen Transportbedarf nutzen zu dürfen. Eine Krise war vorbei. Völlig unerwartet, ein paar Jahre später, geschah es dann – eines der größten Wunder der Neuzeit.

Rund 2000 Jahre zuvor hatte Jesus über die Zeichen der Zeit gesprochen. Er sagte voraus, dass die Situation im heutigen Jerusalem eines der deutlichsten Signale sein würde: «... Jerusalem aber wird von nichtjüdischen Völkern besetzt und zerstört sein, bis deren Zeit abgelaufen ist.»[315] Jesus sagte, es sei wichtig, die Zeichen der Zeit zu erkennen, denn selbst wenn wir den Moment seiner Wiederkunft nicht wüssten, so müssten wir doch verstehen, in welchen Tagen wir leben.[316] Was geschah nun 1967?

Die grenzüberschreitenden Angriffe auf Israel aus Ägypten und Jordanien setzten sich jahrelang ungehindert fort. Zusätzlich wurden israelische Dörfer an der libanesischen Grenze im nördlichen Galiläa von Syrien aus unter Artilleriefeuer genommen. Parallel zu diesen ständigen Feindseligkeiten fand in der arabischen Welt eine massive militärische Aufrüstung statt; das konnte nur eines bedeuten: Am Horizont drohte Krieg.

Die Vorbereitung dieses Krieges gipfelte im Mai 1967 in zwei Ereignissen: Erstens verlegte Ägypten eine große Anzahl von Soldaten in die Wüste Sinai. Zweitens befahl es den UNO-Friedenstruppen, die Region zu verlassen, in der sie seit 1957 als Beobachter tätig waren. Da beide Maßnahmen Erfolg hatten, bildete Ägypten in einem nächsten Schritt eine militärische Allianz mit Jordanien und riegelte die Meerenge von Tiran ab.

Israel war nun von feindseligen und gut ausgerüsteten arabischen Armeen umringt; es war offensichtlich, dass jeden Moment ein Großangriff losbrechen konnte, der die Existenz des Staates Israel bedrohte. In einer solchen Situation hat ein Staat nicht nur das Recht, sondern auch die Pflicht zu handeln, um seine Bürger zu schützen.[317] Israel nutzte diesen im Völkerrecht verankerten Grundsatz, um am 5. Juni 1967 einen Präventivschlag zur Landesverteidigung zu unternehmen, und zwar an drei Fronten: im Süden gegen Ägypten, im Osten gegen Jordanien und im Norden gegen die syrischen Truppen auf den Golanhöhen.

Zur großen Überraschung aller Welt hatte Israel nach nur sechs Tagen, am Ende des «Sechstagekrieges», Judäa und Samaria, den Gazastreifen und die Golanhöhen unter seine Kontrolle gebracht. Judäa und Samaria sind das biblische Kernland; dort befinden sich biblisch so bedeutsame Orte wie Hebron, Tekoa, Bethlehem, Jericho und Sichem. Nach Jahrtausenden war zudem Jerusalem erneut als ungeteilte Stadt in jüdischer Hand.

Beim Lesen der Bibel wird uns die tiefe Symbolik bewusst, die in diesen Ereignissen verborgen liegt: Gott erschuf in sechs Tagen die Welt und am siebten Tag ruhte er; der Sabbat, der siebte Tag, ist ein Zeichen des Bundes, den Gott mit seinem Volk geschlossen hat. Nach Auffassung der jüdischen Rabbis ist die Zahl sieben auch für die Menschheitsgeschichte wichtig, was in vieler Hinsicht deutlich wird, auch in Prophezeiungen. Dass Jerusalem infolge des Sechstagekrieges wieder den Juden gehört, das bestätigt den Bund Gottes mit seinem Volk; damit beginnt ein Countdown für die gesamte Menschheit.

Schon Jahrhunderte zuvor hatte der Regensburger *Rabbi Jehuda Ben-Samuel* (zwischen 1140 und 1150–1217) diese Entwicklung sehr genau vorhergesagt. Rabbi Ben-Samuel war auch bekannt als *Jehuda ha-Chasid* – «Jehuda der Fromme»; der Name zeigt, dass er als besonders gesetzestreu und gerecht galt. Laut den Studien des Rabbis anhand der jüdischen *arithmetischen Gematrie,* der Deutung biblischer Wörter anhand ihres Zahlenwertes, benennt die Bibel eindeutig die Anzahl von Erlassjahren (laut der Bibel «das fünfzigste Jahr»,[318] auch «Halljahr», «Jobeljahr» oder, davon abgeleitet, «Jubeljahr» genannt), die Jerusalem in den Händen der Heiden verbleiben würde; Rabbi Ben-Samuel ging davon aus, dass die letzten Herrscher die Türken des Osmanischen Reiches sein würden, und er hatte recht. Erst nach der Zeit, die er der Bibel entnahm, würden die Juden Jerusalem noch einmal in Besitz nehmen und damit brächen die letzten Tage an, die «Endzeit».

Der Rabbi hat die Erfüllung seiner Prophezeiungen natürlich nicht erlebt; aber wir wissen heute: Im Jahr 1967, demselben Jahr, das Ben-Samuel vorausgesagt hatte, kam die Stadt Jerusalem wieder vollständig unter jüdische Herrschaft.[319] Viele bekannte Rabbis sind später im Hinblick auf die Endzeit zur selben Schlussfolgerung gelangt. Ich glaube, dass Gott selbst Rabbi Ben-Samuel seine Pläne offenbarte; anders können wir sein präzises Wissen über Zukünftiges, Jahrhunderte vor dem Eintreffen, nicht erklären. Der Rabbi nutzte seine ganze Zeit zum Bibelstudium, und Gott belohnt eine solche Ehrfurcht vor seinem Wort. Wir haben es da viel leichter – Prophetien haben sich vor unseren Augen erfüllt.

Dem Sechstagekrieg folgten weitere Kriege, so 1973 der *Jom-Kippur-Krieg,* den Israel fast verloren hätte, und 1982 der *Erste Libanonkrieg;* doch ist der kurze und triumphale Sechstagekrieg der Inbegriff von allem, was die Feinde Israels hassen.

Wie der Name nahelegt, begann der Jom-Kippur-Krieg am *großen Versöhnungstag,* der fiel damals auf den 6. Oktober 1973. An diesem Tag kommt das ganze Land zur Ruhe, um zu fasten und zu beten. Niemand hört Nachrichten oder weiß, was während dieser 25 Stunden außerhalb seines Zuhauses vor sich geht: Doch nicht nur deshalb traf der gemeinsame Angriff der ägyptischen und syrischen Truppen die israelische Staatsführung und die Armee völlig überraschend, sondern auch, weil sie überhaupt nicht damit gerechnet hatten.

Die Bibel verheißt immer wieder, dass der Herr für Israel kämpft; auch das Wunder, dass Israel diesen Krieg gewann, ist nicht anders zu erklären – der biblische Begriff «Herr der Heerscharen» ist im Übrigen eine korrekte Übersetzung des hebräischen *Adonai Tzebaot.* Nach einem entbehrungsreichen und schwierigen Beginn hätte Israel im weiteren Kriegsverlauf zusätzliche Gebiete erobern können, hätte seine politische Führung den Konflikt nicht vorzeitig beendet.

> «Doch ich, der HERR, verspreche: Genau das wird geschehen! Dem Tyrannen werden die Opfer entrissen, und der mächtige Herrscher wird seine Beute verlieren. Wer dich angreift, den greife ich an! Ich selbst werde deine Kinder befreien.»[320]

Dem *Ersten Libanonkrieg* ging ständiger Raketenbeschuss Israels durch die *PLO* (engl. Abkürzung für Palästinensische Befreiungsorganisation) von *Jassir Arafat* voraus, die UNO-Friedenstruppen blieben untätig und schauten nur zu. Im Juni 1982 griff Israel schließlich die PLO-Stellungen an, was den Krieg auslöste. Der Zweite Libanonkrieg war die Folge eines Angriffs der Terrororganisation Hisbollah im Sommer 2006.

Für viele christliche Kirchen und Gemeinden waren sowohl die Geburt des Staates Israel als auch die Rückkehr der Juden in ihre Heimat eine bittere Pille; schließlich mussten angesichts dieser Entwicklungen alle Stimmen verstummen, die behaupteten, Gott hätte mit Israel nichts mehr vor, jetzt seien die Christen an seine Stelle getreten. Dieser Schock trat bereits 1948 ein, doch die Ereignisse von 1967 intensivierten ihn um ein Vielfaches; alle derartigen Bibel-Auslegungen mussten erneut auf den Prüfstand gestellt werden.

Löst die Erfüllung von Gottes Plänen in christlichen Kirchen und Gemeinden keine Freude aus, zeigt dies nur, wie weit sie schon von der klaren Offenbarung der Bibel abgedriftet sind. Führt die Erfüllung biblischer Prophetie bei Christen zu Gram statt zu Freude, sind diese irgendwo falsch abgebogen. Wer an Israel zweifelt und an der Tatsache, dass dieses Land dem jüdischen Volk zusteht, der sollte sich daran erinnern, dass die Erde dem Herrn gehört; dieses Prinzip zeigt sich erstmals bereits ganz am Anfang der Bibel: «Als der Allerhöchste den Völkern ihr Erbe zuteilte, als er die Söhne Adams voneinander trennte, legte er die Grenzen der Völker fest entsprechend der Zahl der Kinder Israel.» Im Neuen Testament sagt Paulus über Gott: «Er hat auch bestimmt, wie lange jedes Volk bestehen und in welchen Grenzen es leben soll.»[321] Gott hat die absolute Hoheitsgewalt über die ganze Erde, wobei er bestimmte Gebiete bestimmten Völkern zugewiesen hat. Also steht außer Frage, dass Gott entscheidet, wer ein Land haben soll.

Im Falle Israels ist die Sache noch offensichtlicher; die Bibel bezeichnet nur das Land Israel als das Gebiet, auf dem Gott wohnt, und darin ist Jerusalem die Stadt, die Gott für sich selbst auserwählt hat. Folglich haben die Worte Jesu sich 1967 erfüllt, und wir wissen, dass der Countdown zur Ewigkeit seit diesem Krieg seinem Ziel näher gekommen ist als je zuvor. Auch wenn es manchem schwerfällt, diese Fakten zu akzeptieren: Völlig säkulare israelische Journalisten haben geäußert, die christlichen Zionisten verstünden das Schicksal Israels sowie seine Vergangenheit und seine Zukunft besser als alle anderen.[322]

Selbst wenn man die Bibel beiseitelässt und die Zweistaatenlösung umsetzt, wird dies im Nahen Osten keinesfalls zum Frieden führen; denn in Israel haben die Palästinenser mehr Freiheiten als ihre Brüder in anderen Ländern der arabischen Welt – und dennoch ist unter ihnen kein wahrer Wille zum Frieden erkennbar, was der Abzug Israels aus verschiedenen Gebieten und die jeweilige palästinensische Reaktion zweifellos belegen.

Natürlich behaupte ich nicht, alle Palästinenser wären gegen eine friedliche Lösung; über die Jahre habe ich mit vielen Arabern zusammenarbeiten dürfen, und ich würde über sie niemals auch nur ein schlechtes Wort verlieren. Was mich allerdings traurig stimmt, ist die Tatsache, dass friedliebende Araber die eiserne Hand ihrer eigenen Terrororganisationen fürchten müssen; daher haben sie keine Stimme in ihrer Gesellschaft, die sich immer weiter auf den radikalen Islam zubewegt.

10. | Holocaustleugnung

✡

«Denkt zurück an ferne Zeiten, an Jahre, die längst vergangen sind! Fragt eure Eltern, was damals geschah! Die alten Leute werden es euch sagen.»[323]

Ich muss zugeben, dass ich diese Bibelstelle nicht selbst ausgesucht habe – sie hat ihren Platz ganz allein gefunden. Die weltbekannte Historikerin Deborah Lipstadt, die der Holocaustleugner David Irving verklagte (und vor Gericht gegen sie verlor), hat diesen Satz an den Anfang ihres Buches über Holocaustleugnung gestellt.

Auf einer meiner Reisen in die Vereinigten Staaten bin ich zu Gast bei meinen Freundinnen Becky und Caren im Staat New York. Sie wissen, wie sehr ich die Buchläden von Barnes and Noble liebe, in denen man gemütlich Kaffee trinken kann, während man einen Bücherkauf in Erwägung zieht. Daher haben sie beschlossen, unsere Besprechung vor meiner Vortragsreise in einer Filiale dieser Buchladenkette abzuhalten. Wir suchen nach einem passenden Tisch und entdecken einen etwas weiter weg. Als wir mit unserem Kaffee zu ihm zurückkehren, erkenne ich an Beckys Gesichtsausdruck, dass gerade etwas Merkwürdiges geschehen sein muss.

Auf dem Tisch liegt ein Buch mit der Rückseite nach oben, der schwarze Einband ist ohne Text. Instinktiv hebe ich es hoch, um den Titel zu entziffern, nur um es überrascht und erschrocken gleich wieder fallen zu lassen: Es ist «Mein Kampf» von Adolf Hitler. Von allen möglichen literarischen Werken liegt genau dieses Buch voller Lügen und Flüche auf unserem Tisch, den wir uns nur Minuten zuvor ausgesucht hatten! Ein merkwürdiges Gefühl überkommt uns, da wir in den nächsten Tagen über den Holocaust sprechen sollen – als würde der Anblick dieses Buches unseren Blick für die Macht des Bösen schärfen. Warum lag «Mein Kampf» gerade auf unserem Tisch …? Natürlich können wir den Verkauf des Buches nicht verhindern, doch wir wundern uns schon, wer da wohl vor uns in dieses Café gekommen ist, um darin zu blättern …

2010 und 2011 habe ich die Ehre, auf der «Holocaust Education Week» zu sprechen, einer Bildungswoche zum Holocaust, die jedes Jahr von der kanadischen Regierung veranstaltet wird. Sie findet im ganzen Land statt; eine Woche im November können die Kanadier auf Hunderten von Events Fakten erfahren über den Holocaust und seine vielen Facetten. Die kanadische Regierung hat eine Vorreiterrolle beim Holocaustgedenken inne, so bekämpft sie den Antisemitismus.

Mein wichtigster Vortragstermin findet in einer großen anglikanischen Kirche in Toronto statt, ich spreche über den Holocaust und die Christenheit. Nach meinem Vortrag, der knapp eine Stunde dauert, haben meine Zuhörer die Möglichkeit, Fragen zu stellen. Der wissenschaftliche Mitarbeiter einer Universität meldet sich. Er hat noch nie gehört, dass Hitler Katholik war, und es macht ihm große Schwierigkeiten, diese Neuigkeit zu akzeptieren. Ein junger Engländer erklärt, sein Vater glaube nicht, dass der Holocaust überhaupt geschehen sei; daher sei er nicht sicher, inwieweit er historischem Forschungsmaterial Glauben schenken könne. Nicht selten hören wir die absonderlichsten Kommentare über den Holocaust.

Holocaustüberlebende sind noch unter uns; wir können ehemalige Konzentrationslager und die dazugehörigen Museen besuchen. So unglaublich es auch scheinen mag: Die Leugnung, das Herunterspielen und die verzerrte Darstellung des Holocaust sind nach wie vor Teil unserer Welt.

In den letzten Jahren haben wir einen Angriff auf das Gedächtnis erlebt – es fällt mir schwer, dies anders zu formulieren – und ich bin überzeugt, dass wir Holocaustleugnung zum Thema machen müssen, weil es einen immer größeren Teil unserer Welt betrifft. Es handelt sich um einen Angriff auf die historische Wahrheit; deshalb sollten wir uns mit Fakten wappnen und eintreten für die Wahrheit und gegen die Lüge. Wir kennen die Wahrheit; viele Zeitgenossen des Holocaust können ihn bezeugen und keine gegenteilige Meinung kann etwas daran ändern.

Der Holocaust war für die Menschheit eine so große, ja, extreme Krise, dass er uns herausfordert, die menschliche Natur zu überdenken, die Rolle der Gesellschaft und die Verantwortung jedes Einzelnen. Überall dort, wo große ethisch-moralische Fragen erörtert werden, ist der Holocaust zum Forschungsthema geworden. Da der Holocaust der weltgrößte Völkermord war, kann man eine Leugnung in vielerlei Hinsicht als «antisemitisch» bezeichnen; diese Leugnung setzt den Genozid fort.

General Dwight D. Eisenhower, der Oberbefehlshaber der Alliierten, sah die Orte des Schreckens mit eigenen Augen. Er erklärte: «Ich habe jede Ecke und jeden Winkel des Lagers besichtigt, denn ich betrachtete es als meine Pflicht, von nun an in der Lage zu sein, aus erster Hand über diese Dinge zu berichten, sollte jemals in der Heimat der Glaube oder die Annahme entstehen, die Geschichten über die Brutalität der Nazis wären nur Propaganda … Ich erstattete den Regierungen in Washington und London Bericht und forderte beide auf, umgehend eine Zufallsauswahl von Zeitungsreportern nach Deutschland zu schicken … Die Beweise sollten sofort der Öffentlichkeit in Amerika und Großbritannien vorgelegt werden in einer Art und Weise, die für zynische Zweifel keinen Raum lässt.»[324]

Nach dem Sieg der Alliierten im Frühjahr 1945 verschwanden die Unterstützung des Nationalsozialismus und der Judenhass nicht; ganz im Gegenteil: Der Hass auf die Juden war nach dem Krieg in Osteuropa, Deutschland und Österreich eine höchst bedeutsame Ideologie. Aus den Erzählungen der jüdischen Flüchtlinge wissen wir, wie schwer es Juden in der Nachkriegszeit dort hatten; und in ebendiesem besonderen Zeitabschnitt liegen die Wurzeln der Holocaustleugnung. Im Westen lebte der Antisemitismus weiter als verstecktes und schambehaftetes Phänomen, das von Zeit zu Zeit an der Oberfläche auftauchte; in Osteuropa kam es nie aus der Mode.

Der Wissenschaftler *Israel Charny* unterteilt Holocaustleugner in folgende Kategorien, die man als «motivationsbezogen» bezeichnen kann:

- **Scheinheilige Leugner** geben vor, wir hätten nicht genug Informationen über das Geschehen, oder fordern, es sei nun an der Zeit, einen Schlussstrich zu ziehen und nach vorne zu blicken;
- **Wissenschaftliche Leugner** behaupten, das Thema müsse noch weiter erforscht werden;
- **Politiker** ziehen es vor, nicht über den Holocaust zu sprechen;
- **Geschichtsverfälscher** unterschlagen bestimmte Fakten, weil die Gegenwart dies verlange;
- **Nebensächlichkeitsfanatiker** lenken den Blick auf Belangloses, um nicht über die entscheidenden Fragen sprechen zu müssen.[325]

Für die Zeitzeugen des Holocaust, die das Grauen selbst erlebt haben, ist die Leugnung ihrer Erfahrung ein weiterer Angriff, der umso mehr schmerzt, weil er für sie eine Fortsetzung des Genozids darstellt. Es besteht die Gefahr, dass die Leugnung mit der Zeit zu einem akzeptierten Teil des historischen Diskurses wird, wenn die Zeugen des Völkermords nicht mehr unter uns sind.

Um diese Akzeptanz zu erreichen, versuchten die klassischen Holocaustleugner (die nur wenige Jahre nach Ende des Zweiten Weltkriegs damit begonnen hatten), sich beschönigend als «Revisionisten» zu bezeichnen; dabei ist der Revisionismus als solcher ein absolut akzeptables Modell der Geschichtsforschung: Er gebraucht bestimmte Methoden, um bestehende Informationen zu überprüfen und neue Forschungsergebnisse hinzuzufügen. Natürlich sind dies nicht die Ziele der Holocaustleugner; sie gehen davon aus, die Wahrheit bereits zu kennen. Ihre Absicht besteht nicht darin, neue Informationen zu liefern, sondern die bereits bestehenden Fakten zu leugnen.

Die Leugner treten unter anderem Namen auf, um ihre Identität zu verschleiern; man kann Menschen leichter dazu bringen, einer Behauptung zu glauben, wenn sie mit einem wissenschaftlichen Anspruch präsentiert wird. Oft äußern die Leugner ihre Überzeugung, der Holocaust habe nicht stattgefunden, nicht direkt, sondern liefern vernünftig klingende Argumente, zum Beispiel, die Zahl der Opfer sei möglicherweise falsch beziffert, oder Ähnliches.

> «Wer vor Gericht die Wahrheit aussagt, fördert die Gerechtigkeit; ein falscher Zeuge unterstützt den Betrug … Lügen haben kurze Beine, die Wahrheit aber bleibt bestehen.»[326]

Holocaustleugner bestreiten üblicherweise folgende Fakten:

- Die Nazis hatten eine **anti-jüdische Ideologie,** die sich als Mordpolitik gegen die Juden manifestierte;
- **Millionen von Juden** (allgemein anerkannte Zahl: sechs Millionen) wurden ermordet;
- **Vernichtungslager** wurden errichtet zum Zweck des Völkermords;
- **Juden wurden anders behandelt** als andere Einwohner besetzter Gebiete oder feindlicher Länder.

Holocaustleugner behaupten zudem, **der Holocaust sei eine Lüge,** von Juden erfunden und verbreitet.

Holocaustleugnung ist eine Form des Antisemitismus. Ihre Verfechter machen geltend, die Alliierten hätten nur deshalb begonnen, vom Holocaust zu sprechen, weil sie antideutsche Propaganda gebraucht hätten, um den Krieg zu gewinnen. Viele Holocaustforscher halten es für besser, mit Holocaustleugnern gar nicht zu diskutieren, da eine Reaktion auf ihre Argumente den Anschein erwecken könnte, ihre Behauptungen seien in irgendeiner Form legitim. Da diese bereits für sich entschieden haben, wie die Geschichte dargestellt werden sollte, werden wir sie auch kaum überzeugen können.

Andererseits müssen wir die relevanten Fakten kennen, damit wir in der Lage sind, Einfluss zu nehmen auf Menschen, die von den Tatsachen schlicht und einfach keine Ahnung haben; deshalb möchte ich auf die häufigsten Behauptungen ausführlich eingehen. Lesern, die weitere Informationen brauchen, empfehle ich das Buch meines Freundes Manfred Gerstenfeld, *The Abuse of Holocaust Memory: Distortions and Responses,* das alle Probleme dieses Themenbereichs detaillierter behandelt, ebenso wie die Frage, wie wir der Holocaustleugnung in der Gesellschaft entgegentreten können.[327] Es reicht keinesfalls aus, sich über dieses Thema nur zu informieren; wenn sich Verzerrungen und Angriffe zeigen, sollten wir den Mund aufmachen können.

Erstens: Von allen Völkermorden der Geschichte wurde der Holocaust am genausten dokumentiert. Wir verfügen nicht nur über Beweise der Opfer und Aussagen der Überlebenden, sondern wir haben auch Dokumente, Listen und Fotos von den Nazis, d. h. von den Tätern selbst erstellte Belege. Uns liegen die Namen der Opfer vor und wir wissen, wie sie ermordet wurden. Die Soldaten der Alliierten stießen auf Berge von Beweisen, beispielsweise nicht begrabene Leichen der Opfer, trotz der Versuche der Nazis, sie am Ende des Krieges zu beseitigen. Lokale Widerstandsbewegungen haben die Taten der Nazis dokumentiert.

Man kann mit Fug und Recht sagen, dass die Nazis als Erste den Holocaust leugneten, da sie versuchten, vor dem Eintreffen der Alliierten in den Lagern die Beweise zu vernichten; zuletzt öffneten sie sogar Massengräber in dem Versuch, die Leichen noch schnell zu verbrennen.

Gleich hinter dem Eingang zum historischen Museum von Yad Vashem sehen wir teilweise verbrannte Fotos, Ausweise, Tagebücher und andere persönliche Papiere; sie stammen aus dem KZ Klooga in Estland, in dem die Deutschen gemeinsam mit einheimischen Kollaborateuren wenige Tage vor der Ankunft der Roten Armee 2000 Juden ermordeten; allerdings reichte die Zeit nicht, um alles zu vernichten. Zur Dokumentation dieser Tatsache befinden sich diese Beweisstücke heute im Museum; sie dienen als Anschauungsbeispiel dafür, dass schon während des Krieges versucht wurde, das Gedenken an den Holocaust zu vereiteln.

Zweitens: Leugnung beginnt oft mit Verharmlosung: Die Erinnerungen von Zeitzeugen werden kleingeredet und zynisch für politische Zwecke missbraucht. Europa hat sich durch den Zweiten Weltkrieg und den Holocaust verändert, es ist keine Kolonialmacht mehr. Seine Schuldgefühle über den Holocaust und den Kolonialismus sind auf den Staat Israel projiziert worden; dem wird nun vorgeworfen, sich in Bezug auf die Palästinenser der gleichen Untaten schuldig zu machen. In der Regel differenzieren die europäischen Medien irgendwie zwischen Israelis und in Europa lebenden Juden, doch diese Unterscheidung ist nur konstruiert; sie bietet den Juden Europas keinerlei Schutz, wenn es im Nahen Osten zu einer Krise kommt, an der Israel beteiligt ist.[328]

Die antisemitischen Gewaltakte, die 2012 in Frankreich stattfanden, sind ein Beispiel für die Richtigkeit dieser Einschätzung; und wenn man für die abscheulichsten Terrorakte einfach Wörter gebrauchen darf wie «Kampf» oder «Freiheitskampf», werden Begriffe missbraucht und Abgrenzungen verwischt. Die linksgerichteten Medien in Europa haben sich offensichtlich an die islamischen Extremisten angepasst, und diese Einigkeit ist nicht einfach zu erklären. Die Sicht der arabischen Medien, die nicht unterscheiden zwischen Israelis, Juden und Zionisten, sondern diese Wörter als Synonyme gebrauchen, verändert den Sprachgebrauch in Europa – diese Gleichsetzung wird immer mehr zum anerkannten Sprachgebrauch.[329]

Ein Mitarbeiter des früheren ägyptischen Präsidenten Mohamed Morsi hat erklärt: «Der Mythos des Holocaust ist eine Industrie, die Amerika erfunden hat.»[330] Palästinenserpräsident *Mahmoud Abbas* hat die Zahl der sechs Millionen jüdischen Holocaustopfer angezweifelt[331] und in einer antisemitischen Rede die Schuld am Holocaust dem jüdischen Volk zugeschoben.[332] Holocaustleugnung ist in der arabischen Welt weit verbreitet, das gilt insbesondere für Organisationen wie die Hamas.[333] Den Holocaust für politische Zwecke zu instrumentalisieren, ist eine Form seiner Leugnung, da unwahre Behauptungen benutzt werden, um Angriffe auf das jüdische Volk zu rechtfertigen.

Drittens: 2006 veranstaltete die iranische Regierung in Teheran eine Konferenz für Holocaustleugner; 67 Personen aus 30 verschiedenen Ländern nahmen teil. Das Ziel dieser Konferenz beschränkte sich nicht darauf, die historische Tatsache des Holocaust zu leugnen; es bestand auch darin, dem Staat Israel das Existenzrecht abzusprechen. Nach Ansicht der iranischen Regierung gibt der Holocaust dem jüdischen Staat seine Daseinsberechtigung, die Überlebenden der Katastrophe brauchten ja eine Heimat – wenn allerdings diese Katastrophe sich gar nicht ereignet hätte, könnte man auch den Staat Israel abschaffen.

Die nationale Vielfalt der Teilnehmer verlieh ihr einen gewissen Anschein von Legitimität, was diese Veranstaltung noch gefährlicher machte. Der Iran ist auf internationale Unterstützung angewiesen; doch welche Mittel wurden eingesetzt, um Teilnehmer aus dem Westen nach Teheran zu locken? Für dieses Phänomen gibt es verschiedene Erklärungen: Natürlich ist es möglich, dass westliche Holocaustleugner es einfach nicht besser wissen und Lügen Glauben schenken; aber letzten Endes ist es unwichtig, ob sie durch Unwissenheit motiviert sind oder durch politische Ziele – beides ist gleichermaßen gefährlich, und auch Nichtwissenwollen ist eine Entscheidung. Der Kampf tobt um die Wahrheit, und die streiten sie ab, wie immer sie ihre Aussagen auch begründen mögen.[334]

Während der Iran sich in der internationalen Arena um die Rechtfertigung seiner Aggressionen gegen Israel bemüht, droht er dem jüdischen Staat gleichzeitig mit dem Einsatz von Atomwaffen[335], die das Land entwickelt und bald einsetzen könnte.[336] Angesichts dessen ist es offensichtlich, dass die Holocaustleugnung durch den Iran zu seinen Vorbereitungen zum Völkermord gehört. Gleichzeitig versucht das Land, seine Position in der arabischen Welt zu stärken, indem es sich für die Rechte der Palästinenser ausspricht.

Viertens: Anlässlich des Holocaustgedenktags am 27. Januar 2013 hob der *Schweizer Bundespräsident Ueli Maurer* in seiner Rede die im Krieg neutrale Schweiz lobend hervor.[337] Allerdings unterließ er es zu erwähnen, dass Tausende von Juden gerettet worden wären, hätte man sie nicht an der Grenze abgewiesen, als sie dort um Asyl baten.[338] Dabei muss ich an das Nazigold denken und an die Kunstschätze, die bis heute in Schweizer Schließfächern ruhen. Hat auch das mit Holocaustleugnung zu tun oder, um genauer zu sein: Ist das vielleicht eine Umdeutung von Geschichte?

Eine solche Geschichtsklitterung kann ebenso in dem Versuch bestehen, den Opfern das Gedenken an den Holocaust zu rauben. Ich möchte das detaillierter erklären: Die Politisierung des Holocaustgedenkens nahm ihren Anfang in den kommunistischen Ländern; dort wurde aber verschwiegen, dass die Opfer Juden waren; anders ausgedrückt: Die Juden der Sowjetunion wurden nun als «sowjetische» Opfer des Nationalsozialismus bezeichnet. Das ist insofern problematisch, als die sowjetischen Juden nicht ihrer sowjetischen Herkunft wegen ermordet wurden, sondern speziell, weil sie Juden waren. Hinzu kommt, dass die Einheimischen sich oft an den Mordaktionen beteiligten, manchmal eifriger als die Deutschen. Um sich der europäischen, in diesem Fall: der sowjetischen, Schuld zu entledigen, musste man also die jüdische Identität der Opfer verschweigen.

Fünftens: Dieser Gedankenansatz hat zu einem zusätzlichen Phänomen geführt, bei dem Israelis als «Nazis» bezeichnet und nazi-ähnlicher Aktionen bezichtigt werden.[339] Eine neue Form der Holocaustleugnung bestreitet daher nicht den Holocaust als historisches Ereignis, sondern redet die Rolle der Juden als größter Opfergruppe klein. Auch wenn es sich dabei um eine eklatante Lüge handelt, die an und für sich leicht zu erkennen und zu widerlegen ist, haben sich derartige Aussagen leider sogar in Menschenrechtsgruppen verbreitet.

Human Rights Watch, eine international anerkannte Gruppe, die sich für Menschenrechte einsetzt, musste einen Mitarbeiter ausschließen, der zuvor bei den Vereinten Nationen gearbeitet hatte; seine antisemitische Haltung war vom UNO-Generalsekretär selbst kritisiert worden. Diese Person hatte diese Lügen bei ihrem Einsatz für die Menschenrechte weiterverbreitet; erschreckend daran ist auch, dass sie erst entlassen wurde, als eine andere Organisation, die UN Watch, Beschwerde erhob und dazu eine lautstarke öffentliche Kampagne in Gang setzte.[340] Selbst der Gründer von Human Rights Watch, *Robert L. Bernstein,* hat den wachsenden Antisemitismus der Organisation kritisiert.[341]

Gibt es irgendeinen Aspekt im Konflikt zwischen Israelis und Palästinensern, der solche Behauptungen rechtfertigen würde? Meiner Ansicht nach ist diese Frage an sich schon so absurd, dass sie keine Antwort verdient. Da mir allerdings Art und Ausmaß der

Falschinformationen bewusst ist, denen heute viele Menschen ausgesetzt sind, möchte ich diese Frage dennoch beantworten.

Vergessen wir für einen Moment die geistliche Dimension des Konflikts und konzentrieren wir uns nur auf die harten politischen Fakten. Wir haben bereits festgestellt, was der Holocaust war: ein Versuch, alle Juden Europas umzubringen – die Zahlen der Wannseekonferenz bezifferten sie auf elf Millionen –; dies sollte geschehen unter Einsatz des bestehenden bürokratischen Staatssystems und eines beachtlichen Militärapparats. Das gesamte Parteiprogramm der Nazis, ihre Rassedoktrin, ihr Kampf gegen den Kommunismus und ihre Entschlossenheit, Lebensraum im Osten zu erobern, das alles war letztlich darauf ausgerichtet, das jüdische Volk zu vernichten; und es führte tatsächlich zur Ermordung von sechs Millionen Juden. Uns sollte bewusst sein, dass zu keinem Zeitpunkt im Nahostkonflikt irgendetwas Derartiges geschehen ist.

Sechstens: Der Konflikt zwischen Israel und den Palästinensern ist nationaler und politischer Natur; da es dabei auch um territoriale Fragen geht, handelt es sich um einen regionalen Konflikt. Dieser Konflikt hat unterschiedliche Phasen gehabt – Terrorwellen, Kampfhandlungen, die Verwaltung bestimmter Gebiete und Verhandlungen zwischen beiden Parteien in der Gegenwart von Vermittlern.

Leider gehört der Konflikt auf beiden Seiten zum Leben der Menschen dazu und wir müssen uns davor hüten, ihn zu beschreiben mit unzutreffenden und hochemotionalen Begriffen; falsche Begrifflichkeiten lassen den Konflikt noch größer und schwieriger erscheinen, als er tatsächlich ist. Zudem führen sie zu einer Verzerrung der Fakten. Hinzu kommt, dass Falschbezeichnungen die Entstehung neuer, mörderischer Ideologien und Organisationen fördern, was die Lage nur weiter verschärft.

Der Kampf gegen Holocaustleugnung ist ein Kampf um die Wahrheit. Manche westliche Regierungen haben Gesetze erlassen, die Holocaustleugnung unter Strafe stellen; die Europäische Union hat versucht, ein EU-weites Gesetz einzuführen, was jedoch an mehreren Mitgliedsstaaten scheiterte, damals hauptsächlich an Großbritannien und den skandinavischen Ländern; die beriefen sich auf die Notwendigkeit, das Gleichgewicht zu wahren zwischen dem Kampf gegen Rassismus und der Meinungsfreiheit. Gemäß der geltenden Praxis können EU-Mitgliedsstaaten Holocaustleugner bestrafen, wenn sie es wünschen.

Ich persönlich kann Gesetze gegen die Freiheit der Meinungsäußerung nur schwer akzeptieren und würde sie keinesfalls unterstützen; doch ist mir bewusst, dass das umstritten ist. Wir wissen aus der Geschichte, dass die Meinungsfreiheit zu den ersten Rechten gehört, die in einer Diktatur abgeschafft werden. Durch Regierungswechsel kann sich die Definition von strafbarer Hassrede in den kommenden Jahren erheblich ändern; vermutlich ist es das Beste, an der Meinungsfreiheit festzuhalten, auch wenn wir uns dafür unrechtmäßige Aussagen werden anhören müssen.

Antisemitismus ist mittlerweile von der EU definiert worden, zunächst von der EUMC, der Europäischen Stelle zur Beobachtung von Rassismus und Fremdenfeindlichkeit; die wurde 2007 abgelöst von der Agentur der Europäischen Union für Grundrechte, englisch abgekürzt FRA.

Die EUMC hat in einer Arbeitsdefinition 2005 Antisemitismus folgendermaßen beschrieben:

«Eine Wahrnehmungsweise von Juden, die als Judenhass ausgedrückt werden kann, sowie gegen Juden bzw. jüdische Einrichtungen gerichtete verbale oder physische Handlungen, wobei sich diese auch gegen Nicht-Juden, wenn diese ‹jüdische Interessen› unterstützen oder fälschlich für Juden gehalten werden, und gegen den Staat Israel als jüdisches Kollektiv richten können.»[342]

Diese Definition wurde von der Internationalen Allianz zum Holocaustgedenken, englisch abgekürzt IHRA, am 26. Mai 2016 übernommen und von der EU-Kommission bestätigt.[343]

Bezüglich Israel kann sich Antisemitismus laut der IHRA u. a. folgendermaßen äußern:

1. Das Aberkennen des Rechts des jüdischen Volkes auf **Selbstbestimmung;**
2. Die Anwendung **doppelter Standards,** indem man von Israel ein Verhalten fordert, das von keinem anderen demokratischen Staat erwartet oder gefordert wird;

3. Das Verwenden von Symbolen und Bildern, die mit **traditionellem Antisemitismus in Verbindung stehen** (z. B. der Vorwurf des Christusmordes oder die Ritualmordlegende), um Israel oder die Israelis zu beschreiben;
4. Vergleiche der aktuellen **israelischen Politik mit der Politik der Nationalsozialisten;**
5. **Das kollektive Verantwortlichmachen von Jüdinnen und Juden** für Handlungen des Staates Israel.[344]

Natürlich ist diese Definition nicht vollkommen, sie hat in fast allen Punkten viel Kritik erfahren. Dennoch bietet sie hilfreiche Anhaltspunkte, um antisemitische Äußerungen von sachlicher Israelkritik abzugrenzen und sich nicht unversehens in falscher Gesellschaft wiederzufinden.

> «Der Gerechte sollte sich seine Freunde sorgfältig aussuchen. Denn der Weg der Gottlosen führt sie in die Irre.»[345]

Wie schon gesagt, geht es beim Kampf gegen Holocaustleugnung um das Eintreten für die Wahrheit. Man kann aus dem Holocaust in religiöser und philosophischer Hinsicht viel lernen, doch wir dürfen nicht vergessen, dass er auf menschlicher Ebene stattgefunden hat; daher ist Holocaustleugnung mit all ihren Nebenwirkungen ein ernstzunehmendes Problem. Dieses Problem wächst aufgrund neuer Kommunikationsmittel, insbesondere der Sozialen Medien, sehr schnell. Wer stellt sicher, dass wahrheitsgemäße Informationen verbreitet werden, und wie kann dies geschehen?

Der Kampf gegen die Wahrheit, der durch die Leugnung des Holocaust geschieht, ist auch ein geistlicher Kampf. Könnte man die historische Tatsache des Holocaust widerlegen, wäre alles, was ich in diesem Buch geschrieben habe, eine Lüge. Das Wort Gottes ist jedoch sehr klar: «Du freust dich, wenn ein Mensch von Herzen aufrichtig ist; verhilf mir dazu und lass mich weise handeln!»[346] Jesus hat dieses alte Prinzip und die befreiende Auswirkung der Wahrheit bekräftigt, als er sagte: «Ihr werdet die Wahrheit erkennen, und die Wahrheit wird euch befreien!»[347]

Wenn uns etwas Wichtiges bewusstwird, sind wir dafür verantwortlich, es anderen mitzuteilen. Die Notwendigkeit, vor Gefahr zu warnen, ist ein biblisches Prinzip. Der Prophet Jesaja erklärt dazu: «Dann befahl mir der Herr: ‹Stell einen Beobachter auf Posten. Er soll dir genau berichten, was er sieht.›»[348]

11. | Die atomare Bedrohung

✡

«Doch alle Waffen, die man gegen dich richtet, Jerusalem – sie treffen ins Leere. Wer dich vor Gericht anklagen will, den wirst du als den Schuldigen entlarven. Das gilt für alle, die in meinem Dienst stehen; ich sorge für ihr Recht. Mein Wort gilt!»[349]

Im Winter 2008 bin ich beim Europaparlament in Brüssel in einer wahrhaft strategischen Position: Mithilfe verschiedener Parlamentarier habe ich die Möglichkeit, zahlreiche Events zu organisieren, die die Wahrheit ans Licht bringen. So organisieren wir beispielsweise eine Informationsveranstaltung für die Abgeordneten und ihre Mitarbeiter über die Muslimbruderschaft, eine Untersuchung zur Menschenrechtslage der entführten israelischen Soldaten und viele andere wichtige Events.

Doch eine Situation, die ich niemals vergessen werde, hat mit dem Iran zu tun: Der Verhandlungsführer des Atomprogramms besucht mit einer großen iranischen Delegation den Außenausschuss des Europaparlaments. Seit Tagen schon bereite ich ein Dokument mit Fragen vor in der Hoffnung, dass die Parlamentarier der iranischen Delegation diese Fragen stellen. Da die Abgeordneten sehr beschäftigt sind, ist es üblich, dass sie vor ihren Arbeitstreffen entsprechend vorbereitete Dokumente erhalten. Ich bin sehr früh vor Ort, da mir die Wichtigkeit dieser Veranstaltung sehr bewusst ist. Als die Parlamentarier eintreffen, gehe ich auf sie zu und die meisten nehmen meine Fragen sehr gerne entgegen.

Als alle sich an die langen Tische gesetzt haben, betritt die iranische Delegation den Raum. Ich weiß nicht, ob es den anderen auch so geht; doch ich spüre, wie eine kühle Brise in den Sitzungssaal weht und die Temperatur verändert. Obwohl es mir bis eben noch gut ging, überläuft mich ein eiskalter Schauer und meine Zähne fangen an zu klappern. Da ich eigentlich nicht zu starken körperlichen Symptomen neige und so etwas noch nie erlebt habe, ist mir dieser Moment sehr deutlich in Erinnerung geblieben.

Erst später wird mir bewusst, was in diesem Moment geschah: Die Delegation hatte keinerlei Absicht, die gestellten Fragen wahrheitsgemäß zu beantworten, und wusste das bereits bei ihrer Ankunft. Als das erste Mitglied der Delegation hereinkam, wurde es kalt.

Der Geist der Lüge hatte den Raum betreten.

Die iranische Kunst und Kultur sowie die Schönheit des iranischen Volkes sind weltberühmt. Viele Biographien von Menschen, die aus dem Iran geflohen sind,[350] zeugen von der ehrwürdigen Tradition, die dort bis 1979 blühte und wuchs. Das Leben war wunderbar, man konnte ungehindert ins Ausland reisen und war kulturell gesehen seiner Zeit voraus.

Da ich die alte persische Kultur des Iran sehr bewundere, habe ich eine Weile gezögert, ein Kapitel über den Iran in dieses Buch aufzunehmen. Trotz meines Zögerns habe ich mich aus zwei Gründen nun doch entschieden, über das Land zu schreiben: Erstens ist der Iran ein ziemlich bedeutender Faktor in der weltweiten Bewegung der Holocaustleugner. Zweitens bedroht der Iran Israel mit Atomwaffen und somit mit einem absoluten Völkermord.

Daher müssen wir untersuchen, wie dieses wunderschöne Land 1979 auf eine unbegreifliche und traurige Weise zur Kultur des 7. Jahrhunderts zurückkehrte. 1979 wurde es zu einem autoritären Gottesstaat und seine kulturelle, soziale und politische Vormacht wurde vom islamischen Extremismus verschlungen. Der Islam ist in nicht wenigen muslimischen Staaten eine kulturelle und soziale Kraft; doch gibt es nicht viele Länder, in denen er auch die politische Macht innehat.

Der Gründer der Islamischen Republik Iran *Ayatollah Khomeini* (1902–1989) glaubte an das islamistische Kalifat, in dem alle Muslime unter dem religiösen Scharia-Gesetz leben. Die islamische Revolution von 1979 war die erste Phase dieses Kalifats und stellt den bekanntesten Exportartikel des Iran dar. Als Staat begab sich der Iran auf einen Weg, der zu Ereignissen führte, welche die Anschläge vom 11. September 2001 beförderten. Bereits Jahre zuvor hatte das Land seinen Terrorismus durch die

Revolutionsgarden und die Hisbollah ins Ausland getragen, während es in unseren Tagen durch den Export von Terroristen, ideologischen Aktivitäten und Waffengeschäften die Situation im Irak verkompliziert.

Die vom Iran entwickelte Ideologie betrachtet alle nichtmuslimischen Menschen als Ungläubige. Aus diesem Grund ist seine antiisraelische Rhetorik zusätzlich voller Hass auf die westliche Welt. Die zutiefst antisemitischen Reden iranischer Politiker enthalten auch unzählige antiamerikanische Parolen, da die Vereinigten Staaten als Führer der westlichen Welt gelten. In der iranischen Propaganda werden Juden so dargestellt, als würden sie die Weltmedien kontrollieren und eine Hauptrolle spielen in allen Krisen, die man als Angriffe auf den Islam wertet.

Der islamische Aspekt dieses Hasses liegt in seiner Sicht nichtmuslimischer Menschen, die als *kafir* – «Ungläubige» bezeichnet werden. Der Islam kann mit Nichtmuslimen nur dann koexistieren, wenn sie unter seiner Autorität stehen, in einer Position der *dhimmis* – untergeordneter «Schutzbefohlener». Laut dieser Ideologie ist die Existenz eines unabhängigen jüdischen Staates Israel im ansonsten islamischen Nahen Osten ein Ding der Unmöglichkeit.[351]

Dem früheren iranischen Präsidenten *Mahmud Ahmadinedschad* gelang es, zur Unterstützung seiner antiisraelischen Kampagne die rückständigsten Elemente seiner Gesellschaft um sich zu scharen; über die antisemitischen und Holocaust-leugnenden

Aspekte dieses ideologischen Feldzugs ist in der internationalen Presse ausführlich berichtet worden.[352]

Leider beschränkt sich die Unterstützung, die er erfahren hat, nicht nur auf sein eigenes Land. Auch die UNO bot ihm eine Bühne, um seine Anklagen gegen Israel öffentlich vorzutragen. Natürlich ist der Iran ein Mitgliedsstaat der UNO, doch es widerspricht sämtlichen Prinzipien der Vereinten Nationen, einem anderen Mitgliedsstaat mit Völkermord zu drohen, während man fieberhaft an der Entwicklung einer Atombombe arbeitet, die genau dies ermöglichen würde.[353] Natürlich kann niemand abschätzen, welchen Preis der Iran zu zahlen bereit wäre, um seine Pläne umzusetzen, insbesondere was die Opfer unter der eigenen Bevölkerung betrifft.[354]

Der Iran hat Israel also vor der Weltöffentlichkeit mit der Atombombe gedroht. Auch Hitler hatte seine Absichten kundgetan, um ihm zu wehren, opferte Europa die Tschechoslowakei; als dies geschah, war bereits erkennbar, wohin die Entwicklung führen würde. Sind die Parallelen zum Iran nicht verblüffend?

Wie ich schon erwähnt habe, hat Teheran eine umfangreiche Kampagne gegen das Existenzrecht Israels losgetreten. Jeder Völkermord erfordert eine bestimmte Art von Propaganda, bevor man zur Tat schreitet. Wie es scheint, hat der Iran seinen ideologischen Feldzug schon vor Jahren begonnen und ihn auch auf seine Verbündeten ausgeweitet. Für das iranische Regime und seine religiösen Führer ist die Leugnung des Holocaust ein Element von zentraler Bedeutung, da es die Zerstörung Israels zu seinem strategischen Ziel erklärt hat. Mit anderen Worten: Das Existenzrecht Israels in Frage zu stellen ist eine ideologische Vorbereitung auf einen geplanten Völkermord; dasselbe gilt für den Vorwurf, der Zionismus habe Verbindungen zum früheren Schah von Persien unterhalten.

2012 erklärte der israelische Premierminister Benjamin Netanjahu in einem Interview: «Wir sehen uns einer Regierung gegenüber, die Israel mit der völligen Vernichtung bedroht; sie propagiert einen Völkermord und greift zu den schlimmsten antisemitischen Formulierungen, die wir in den letzten 50 Jahren gehört haben; diese Regierung droht damit, sich die ganze Welt zu unterwerfen. Die ganze Welt. Nicht nur den Nahen Osten, Nordafrika oder Europa, sondern die ganze Welt. Zu diesem Zweck arbeitet sie am Bau einer Atombombe.»[355]

Der frühere iranische Präsident *Ali Rafsandschani* hatte bereits im Jahr 2001 anlässlich des al-Kuds-Tages (Jerusalemtag) eine Erklärung abgegeben, die Netanjahus Einschätzung bestätigt: «Wenn die islamische Welt eines Tages mit solchen Waffen ausgestattet ist, wie Israel sie jetzt besitzt, dann wird die Strategie der Imperialisten zum Stillstand kommen. Denn der Einsatz nur einer Atombombe in Israel wird alles zerstören.»[356]

Hassan Nasrallah, Generalsekretär der schiitischen Terrororganisation Hisbollah, sagte, die Sammlung der Juden an einem Ort, in Israel, sei für die Hisbollah praktischer: «Dann müssen wir sie nicht an verschiedenen Orten auf der Welt verfolgen.»[357] Eine weitere islamische Führungspersönlichkeit, die den sunnitischen Islam vertritt, erklärte, die Sammlung der Juden in Israel sei der Wille Allahs, damit sie dort vernichtet würden; das behauptete auch *Mustafa Muslim*, ein Professor aus den Vereinigten Arabischen Emiraten, in einem Fernsehinterview.[358]

Machen wir uns bewusst, dass 2022 rund 15 Millionen Juden auf der ganzen Welt leben;[359] von Israels 9,5 Millionen Einwohnern sind rund 74 Prozent jüdischer Herkunft.[360]

Schon in ihrem Bericht vom November 2011 stellte die Internationale Atomenergiebehörde (IAEA) fest, dass der Iran seine Arbeit an der Entwicklung einer Atombombe nicht aufgegeben hatte. Als der IAEA-Bericht erstellt wurde, war Teheran nicht weit davon entfernt, eine Atombombe herzustellen, mit der Shahab-3-Raketen bestückt werden können. Laut der IAEA besitzt der Iran genug angereichertes Uran für die Produktion von Atomsprengköpfen – ein Umstand, über den die internationale Presse ausführlich berichtet hat.[361]

Gleichzeitig scheint die Welt unter einer gewissen Form von Apathie zu leiden. Im August 2012 trafen sich zahlreiche Regierungschefs der Bewegung der Blockfreien Staaten in Teheran. Allein die Tatsache, dass ein solches Treffen im Iran stattfand, der zur damaligen Zeit mit Sanktionen belegt war, spricht für sich – dieser Umstand schien nämlich keinen zu stören. Als der Oberste Führer des Iran fürchterliche, gewaltverherrlichende

Drohungen gegen Israel ausstieß, hielt es keiner der Staats- und Regierungschefs für angemessen, zu protestieren. Der nachträgliche Protest des damaligen UNO-Generalsekretärs *Ban Kimoon* wirkte auf mich recht schwach. Was sagt uns das über die Bereitschaft der Welt, sich einem Iran zu widersetzen, der über Atomwaffen verfügt?

Die Zeit vergeht wie im Fluge und nichts Entscheidendes ist passiert, um die Entwicklung einer Atombombe durch den Iran tatsächlich zu verhindern. Während die sogenannten 5+1-Staaten (China, Frankreich, Russland, Großbritannien, die USA und Deutschland) 2015 mit Teheran einen Atomdeal aushandelten, von dem US-Präsident Donald Trump 2018 wieder Abstand nahm,[362] stellte sich nun heraus, dass der Iran in den letzten Jahren ununterbrochen an der Anreicherung von waffenfähigem Uran weitergearbeitet hat. Der «National Council of Resistance of Iran» (Nationaler Widerstandsrat des Iran), dieselbe Oppositionsgruppe, die 2002 das Vorhandensein von Atomanlagen im Iran publik gemacht hatte, was zum Einschreiten der IAEA führte,[363] berichtete im Februar 2021 Folgendes: Der iranische Geheimdienstminister Mahmoud Alavi habe in einem ungewöhnlichen Schritt öffentlich zugegeben, dass sein Regime nach Atomwaffen strebe.[364] Damit widersprach er der langjährigen Behauptung, das Nuklearprogramm seines Landes diene nur friedlichen Zwecken.[365] Anfang März 2022 gab die IAEA bekannt, der Iran habe seinen Vorrat an hoch angereichertem Uran mit einem Reinheitsgrad von bis zu 60 Prozent im vergangenen Quartal weiter erhöht; diese Menge reiche bald für den Bau einer Atombombe aus.[366]

Laut der UNO-Völkermordkonvention ist die Aufhetzung zum Genozid ein Verbrechen. Trotz dieser Tatsache war der frühere iranische Präsident Ahmadinedschad bei den Vereinten Nationen und in anderen internationalen Foren zu Gast – ein solches Entgegenkommen kann nur zu einer Stärkung des Selbstbewusstseins der iranischen Regierung führen.

Auch seine beiden Nachfolger *Hassan Rohani* (2013–2021), der Israel als eine «Wunde» bezeichnete, die entfernt werden müsste,[367] und der aktuelle Präsident *Ebrahim Raeissi,* ein berüchtigter konservativer Kleriker,[368] setzen die israelfeindliche Tradition des Mullah-Regimes fort. Die atomare Bedrohung richtet sich zuallererst gegen Israel, doch sie wird dort nicht Halt machen.

Dass der Iran auch die islamische Terrororganisation Hamas unterstützt, ist kein Zufall. Bei Konflikten mit der Hamas in Gaza gab und gibt sich Israel große Mühe, sowohl israelische als auch palästinensische Zivilisten zu schützen,[369] was oft zulasten der IDF geht;[370] die Hamas hingegen versteckt sich immer wieder hinter der eigenen Zivilbevölkerung.[371]

Richard Kemp, der frühere Kommandant der britischen Truppen in Afghanistan, hat erklärt, er kenne keine andere Armee, die so sehr auf Zivilisten Rücksicht nehme wie die IDF.[372] Der ehemalige bulgarische Außenminister und frühere Europaparlamentarier *Nikolaj Mladenow* sagte 2012: «Die Europäer neigen dazu, die

Dinge sehr zu vereinfachen, da Krieg, Konflikte und Terrorismus für viele keine alltäglichen Bedrohungen darstellen … Zahlreiche Länder haben das Verständnis für die Sicherheitslage verloren, in der Israel sich befindet.»[373]

Der Iran ist auch ein starker Unterstützer der Hisbollah. Daher ist es sehr wichtig, die Rolle dieser schiitischen Terrororganisation in der sich verschärfenden Lage im Nahen Osten zu verstehen: Von Anfang an war es die Absicht des Iran, die islamische Revolution auf andere Länder auszuweiten; insbesondere im Libanon ist es Teheran gelungen, durch die Hisbollah Fuß zu fassen. Letztere konnte durch die iranische Unterstützung eine beängstigende Schlagkraft aufbauen, die viele andere Terrororganisationen nicht besitzen.

Dank iranischer Förderung verfügt die Hisbollah über riesige Waffenarsenale, Ausbildungsprogramme für Terroristen und einen eigenen Geheimdienst. Das Jahresbudget der Organisation wird auf 100 Millionen Dollar geschätzt, ein Betrag, der nur durch staatliche iranische Unterstützung möglich ist. Die Hisbollah ist also keine kleine Gruppierung, sondern eine große militärische Organisation, die sehr schnell eine Kriegssituation an der israelischen Nordgrenze herbeizuführen in der Lage ist; dabei kann der Iran jederzeit alles abstreiten und sich als Unschuldslamm darstellen.

Bemerkenswert ist auch, dass die Hisbollah mit dem Einsatz von Selbstmordattentätern begonnen hat und die «Kunst» der

Entführung meisterhaft beherrscht. Obwohl sich Israel im Jahr 2000 aus dem Libanon zurückgezogen hat, verfügt die Hisbollah dort immer noch über ein riesiges Netzwerk. 2006 initiierte sie einen Krieg gegen Israel.

Von Zeit zu Zeit hat die Hisbollah ihre Schlagkraft selbst in großer Entfernung vom Libanon unter Beweis gestellt. Ein Beispiel dafür ist der Bombenanschlag auf das jüdische Gemeindezentrum AMIA 1994 im argentinischen Buenos Aires; das Gebäude wurde vollkommen zerstört und 85 Menschen starben. Man geht davon aus, dass die Hisbollah auch weiterhin höchst zerstörerische Anschläge durchführen könnte, wie es bereits in Europa geschehen ist.[374]

Hinter all diesen Aktivitäten steht ihr staatlicher Sponsor, der Iran. Sollte der Iran in den Besitz einer Atombombe kommen, ist es nicht unwahrscheinlich, dass diese von Terrororganisationen genutzt werden könnte.

Anzunehmen, dass sich die Bedrohung nur gegen Israel richtet, wäre also eine tragische Fehleinschätzung; der Iran bedroht Israel, die Golfstaaten, Europa und letztlich die gesamte Welt. Auch wenn ein Teil des Westens glaubt, Verhandlungen könnten zu einem angemessenen Ergebnis führen, lehrt uns der Zweite Weltkrieg etwas anderes; um es frei nach Churchill 1938 zu formulieren: «Die Entscheidung lautete Krieg oder Schande. Sie wählten die Schande. Den Krieg bekommen sie dazu.»

Schon oft habe ich von Gelehrten gehört, am Ende werde sich

die politische Führung des Iran vernünftig verhalten; doch gegenüber Israel und den Vereinigten Staaten hat der Iran durchgängig seine stark theologische, nationalistische und irrationale Seite gezeigt. Wir sollten uns daher fragen, wie weit das Land bei der Gefährdung seiner eigenen Bürger gehen würde, um Israel zu zerstören. Angesichts der apokalyptischen Prägung des Regimes und der Tatsache, dass die Mullahs die Zerstörung Israels als göttliches Gebot betrachten, können wir nicht einfach auf die Vernunft zählen, wenn es um Atomwaffen geht. Die iranische Führung hat verlauten lassen, der Iran könnte bei einem israelischen Gegenschlag eine große Anzahl von Bürgern verlieren und sich dennoch als Gewinner betrachten.[375]

Demgegenüber verheißt der Prophet Joel: «Mächtig wie das Brüllen eines Löwen erklingt die Stimme des HERRN vom Berg Zion in Jerusalem, Himmel und Erde erbeben! ‹Aber für die Menschen meines Volkes bin ich, der HERR, wie eine starke Festung, in der sie Zuflucht finden!›»[376]

Der Herr ist ein Zufluchtsort und eine Festung für sein Volk. Er ist Israels wahrer Schutz.

In diesem Kontext sollten wir auch die Lage der verfolgten Christen im Iran etwas näher betrachten. Die Menschenrechte iranischer Bürger wurden in den letzten Jahren immer stärker eingeschränkt, wobei Angriffe auf Frauen, die Beschlagnahme von Pässen und andere staatliche Schikane zugenommen haben. 2007 ließ der Iran fast genauso viele Menschen hinrichten wie China. Auch

2020 liegt Teheran in der Länderübersicht der meisten staatlichen Exekutionen auf Rang 2 hinter der Volksrepublik.[377] Zwar erlaubt die Landesverfassung es sowohl Juden als auch Christen, ihren Glauben zu praktizieren; doch die Praxis sieht anders aus: Beide Minderheiten sind betroffen von ständiger staatlicher Einmischung, Arbeits- und Studienbeschränkungen sowie die gesonderte Ausweisung der Religion in ihren Ausweispapieren.[378] Das Gleiche gilt für die verfolgte Minderheit der Bahai.[379]

Ab Anfang Mai 1993 wurden Läden besonders markiert, um potenziellen Kunden anzuzeigen, dass der Inhaber kein Muslim ist. Die staatliche Christenverfolgung beschränkt sich nicht nur auf das Schließen von Gemeinden; Pastoren werden gefoltert und ermordet.[380] Die EU hat in Resolutionen des Europäischen Parlaments wiederholt auf Menschenrechtsverletzungen hingewiesen, diesen Erkenntnissen jedoch keine Taten folgen lassen.

Der Iran behandelt verhaftete Christen in seinen Gefängnissen mit äußerster Grausamkeit.[381] Seit Jahren verfolgt er Gläubige, die sich in verbotenen Gemeinden treffen.[382] *Christian Solidarity Worldwide*, eine internationale Organisation in England, die sich für verfolgte Christen einsetzt, äußert seit mehreren Jahren ihre Sorge über die wachsende Christenverfolgung im Iran. Inhaftierte Christen werden häufig gewaltsam über lange Zeiträume verhört, manche sogar monatelang. Dadurch sollen sie dazu gebracht werden, ihrem Glauben abzuschwören, auch wenn sie sich dann immer noch vor Gericht verantworten müssten.

Laut dem iranischen Recht ist es verboten, Muslime zu evangelisieren; der Übertritt zu einer anderen Religion gilt als Abfall vom Glauben und wird mit dem Tod bestraft.[383] Wie wir wissen, enttarnte die persische Nachrichtenagentur *Fars,* die den iranischen Sicherheitskräften nahesteht, Hauskirchen im Untergrund und bezeichnete sie als kriminell;[384] diese Gemeinden wurden geschlossen, ihre Leiter verhaftet. Doch die westliche Welt schenkt weder der iranischen Bedrohung noch der düsteren Menschenrechtslage im Land große Beachtung; noch schlimmer: Die Mehrheit der Christen im Westen scheint in eine Art Dornröschenschlaf verfallen zu sein, während ihre Geschwister im Iran und in anderen Ländern unter Verfolgung leiden.

Ich habe zahlreiche Pastoren predigen hören über den Iran und die Bedrohung, die das Land für den Staat Israel darstellt. Dabei erklärten sie, der Iran könne seine Pläne nur umsetzen, wenn er zuvor Gott entmachten würde; der Gott Israels garantiere Israels Sicherheit. Das ist zweifellos wahr! In der Bibel gibt es unzählige Verheißungen, dass Gott seinen Augapfel vor feindlichen Angreifern bewahren wird. Gleichzeitig glaube ich jedoch auch, dass die Feinde Israels eine echte Gottesoffenbarung brauchen, bevor es für sie zu spät ist.

Und schließlich sollten wir Christen im Westen, die wir oft so unbekümmert sind, keinesfalls wie Dornröschen schlummern, während unsere Geschwister auf der ganzen Welt verfolgt werden. Wir alle sollten unseren Teil beitragen, d. h. nicht nur unseren

Glauben bezeugen, sondern auch für die Lage im Iran beten. Die Bibel fordert uns eindringlich dazu auf:

> «Im ganzen Volk suchte ich nach jemandem, der in die Bresche springen und die Mauer um das Land wieder aufbauen würde, damit ich es nicht zerstören muss. Doch ich fand niemanden.»[385]

Der Iran hat 2015 dem langfristigen Atomabkommen mit den Weltmächten, einschließlich der USA, zugestimmt; aber bereits im Mai 2019 nahm das Land von seinen Verpflichtungen wieder Abstand. Die IAEA hat unterdessen wiederholt festgestellt, dass das Mullah-Regime seine Urananreicherung weiter intensiviert hat. Dennoch schloss sich seit Anfang 2020 eine wachsende Zahl von EU-Mitgliedsstaaten dem INSTEX-Mechanismus an, der es ihnen erlaubt, mit dem Iran Handel zu treiben, ohne US-Sanktionen fürchten zu müssen.[386]

Wohin wird uns diese Entwicklung führen?

Im Mai 2022 verhandelten Washington und Teheran über eine Rückkehr zum Abkommen von 2015. Obwohl die USA diesen Deal aufgekündigt hatten, betrachtet die aktuelle amerikanische Regierung ihn als die sicherere Option. Allerdings besteht der Iran darauf, dass seine Revolutionsgarden nicht länger als Terrorgruppe eingestuft werden; laut zahlreicher Medienberichte ist diese Bedingung für Washington nur sehr schwer zu akzeptieren.

Israel lehnt das Abkommen ab, da es gegenüber dem Iran zu viel Nachsicht zeige. Vermutlich als Reaktion auf diese Bedenken hat der amerikanische Botschafter in Israel Folgendes bestätigt: Das Abkommen würde Israel keinesfalls daran hindern, alles Nötige zu unternehmen, um seine Bürger zu schützen.[387]

Im Juni 2022 kam es zu einem Abbruch der Verhandlungen zwischen Teheran und Washington. Auf Antrag der USA erließ die IAEA eine Resolution, die den Iran dafür kritisierte, Beweise für seine Urananreicherung aktiv zu verschleiern.[388]

12. | Jerusalem – Die Offenbarung der Herrlichkeit

«Denkt nach und kommt zur Besinnung, ihr treulosen Israeliten! Erinnert euch an das, was ich vor langer Zeit getan habe, und nehmt es euch zu Herzen! Ich bin der einzige wahre Gott. Keiner dieser Götter ist mir gleich. Noch bevor etwas seinen Anfang nimmt, weiß ich, wie es ausgeht; ich allein kündige an, was in der fernen Zukunft geschieht. Meine Pläne verwirkliche ich, und was mir gefällt, das führe ich aus … Doch ich bin euch nah, ich will euch retten, und zwar jetzt! Meine Hilfe lässt nicht länger auf sich warten. Ich will Jerusalem Heil und Frieden schenken und in Israel meine Herrlichkeit zeigen.»[389]

Ein typischer Morgen in Jerusalem: Die Luft ist kühl und frisch, denn in der Nacht wehte der Wind zwischen den Hügeln, die die Stadt umgeben. Die Sonne ist noch nicht ganz aufgegangen, doch Lichtstrahlen liebkosen bereits die Steine, die golden schimmern. Ein Hauch von Zypressen und Rosmarin liegt in der Luft.

Als ich mit dem Auto ins Büro fahre, schaue ich kurz nach oben.

Auf einem Balkon über mir sehe ich einen Mann, der einen Tallit trägt, einen Gebetsschal. Er ist ins Gebet versunken. Plötzlich wird mir erneut mit wunderbarer Klarheit bewusst, wo ich lebe: in Jerusalem. Seit Tausenden von Jahren gehört das Gebet unverrückbar zum Alltag dieser Stadt. Der blau-weiße Tallit ist ebenfalls seit vielen Jahren Teil dieser Metropole. Man kann in Jerusalem in Sicherheit leben – in einer Stadt, in der Gott selbst unter seinem Volk wohnt.

Später am selben Tag bin ich bei meinem Frisör. Wir sprechen über die Stadt, in der seine Familie seit mehreren Generationen lebt. «Mein Freund», sage ich zu ihm, «vergiss es nie: Es ist nicht schwer, in dieser Stadt zu beten, weil sie Gottes Wohnung auf Erden ist.» Später wiederholt er meine einfachen Worte immer wieder. Wie so viele nicht-religiöse Juden versteht er tief in seinem Herzen immer noch, dass es eine tiefe Verbindung gibt, eine besondere Beziehung zwischen Gott und seinem Volk. Ich kann sehen, dass meine Worte ihn sehr bewegt haben, da er nicht aufhören kann, sie wieder und wieder auszusprechen.

Nach meinem Frisörbesuch gehe ich mit einer Freundin an die Kotel, die Westmauer. In der Jerusalemer Abendstimmung reflektiert sie ein eigentümliches weißes Licht. Ich kann mich der Mauer nicht nähern, ohne mir bewusst zu machen, wo ich bin. Weiße Tauben sitzen in ihren Rissen und Spalten. Plötzlich kommt mir der Gedanke: Diese Vögel haben die Mauer zu ihrem Wohnort gemacht, was bedeutet, dass sie permanent in Gottes Gegenwart leben. Ich betrachte die Frau, die neben mir betet, und verspüre plötzlich den Impuls, ihr meine Gedanken mitzuteilen: «Diese Vögel sehen jeden Tag Gottes Angesicht.» Sie lächelt mich an und streitet die Realität dessen, was ich gerade gesagt habe, nicht ab. Mir wird bewusst: Nur hier kann ich so etwas laut sagen. Nur in Jerusalem kann ich fortwährend über Gott sprechen, ohne als Verrückte abgetan zu werden. Ich kenne kaum einen anderen Ort auf der Welt, wo man auf die Frage, wie es um die eigene Gesundheit steht, mit «Baruch Ha-Schem» antwortet: «Gelobt sei der Herr». Nirgendwo sonst versehen Menschen ihre Pläne ständig mit dem Zusatz «Be-Esrat Ha-Schem», «mit Gottes Hilfe». Dies ist Gottes Land, und es ist sein Volk. Nur hier gehören Gottes heiliger Name und sein Wort zum Alltag dazu.

Das ist Jerusalem, die Stadt des großen Königs.

> «Herr, ich liebe die Wohnung deines Hauses und den Wohnort deiner Herrlichkeit.»[390]

Die Aussagen der Bibel über Gottes Volk sind eindeutig. Viele Bibellehrer haben über Israel und Gott geschrieben, und ich beabsichtige nicht, die in diesem Buch getroffenen Feststellungen zu wiederholen.[391] Außer Frage steht: Gottes Treue und seine Vertrauenswürdigkeit sind die Grundlage seiner Verheißungen, die er in der Bibel offenbart hat. Sollte Gott seine Verheißungen zurücknehmen oder seine Bündnisse aufheben, könnte man seinen Charakter anzweifeln. Er selbst bestätigt seine Bündnisse mit seinem

Volk und sagt über sich: «Ich, der HERR, habe mich nicht geändert.»[392] Jesus bekräftigt dieses grundlegende biblische Prinzip, als er die Gültigkeit des Gesetzes und der Propheten betont:

> «Meint nur nicht, ich sei gekommen, das Gesetz und die Worte der Propheten aufzuheben. Nein, ich will sie nicht aufheben, sondern voll zur Geltung bringen! Ich versichere euch: Nicht der kleinste Buchstabe im Gesetz Gottes – auch nicht ein Strichlein davon – wird je an Gültigkeit verlieren, solange Himmel und Erde bestehen. Alles muss sich erfüllen.»[393]

Wenn dies zutrifft, wie ist es dann zu erklären, dass verschiedene Bibelausleger zu so unterschiedlichen Schlussfolgerungen über die Natur der biblischen Bündnisse gelangen? Warum versucht man, die Gültigkeit der Bundesschlüsse Gottes abzustreiten? Zweifellos ist es sehr menschlich, in Texte hineinzuinterpretieren, was wir gerne lesen würden. Mit anderen Worten: Die Bibel wird dann für uns zu einem Buch, das unsere bereits vorgefasste Meinung bestätigt. Andererseits ist es auch möglich, dass der Zeitgeist uns beim Bibelstudium beeinflusst. Die Bibel als alleingültige Wahrheit zu bezeichnen wird immer unpopulärer. Wirft man Christen immer häufiger Engstirnigkeit und die Diskriminierung Andersdenkender vor, wenn es um biblische Grundsätze geht, so wird es immer leichter, diese allesamt über Bord zu werfen.

Das Problem besteht darin, dass Gottes Wort absolut gilt. In der Bibel finden wir keine Rechtfertigung dafür, irgendeines ihrer grundlegenden Prinzipien abzuwandeln, auch wenn sich die Zeiten ändern. Die Bibel spricht sehr deutlich und prägnant über die Zeit, in der wir leben. Sie beschreibt, wie alle Nationen Jerusalem angreifen werden und wie Gott sich erhebt, um für sein Volk zu kämpfen. Gott hat in den Kriegen von 1948, 1967, 1973, 1991, 2006 und 2014 für sein Volk gestritten, ebenso wie bei vielen Terroranschlägen. Genau das wird in der Zukunft erneut geschehen. Die Bibel richtet sich explizit an uns. Daher sollten wir für Gottes Seite Partei ergreifen.

> «Doch dann werde ich auch den Menschen in Jerusalem beistehen und sie vor den Feinden beschützen. Selbst der Schwächste von ihnen wird kämpfen wie einst König David, und die Nachkommen von David werden das Volk führen, als wäre Gott selbst an seiner Spitze, ja, so wie der Engel des HERRN, der vor den Israeliten herzog. An jenem Tag sorge ich dafür, dass die Völker vernichtet werden, die gegen Jerusalem angerückt sind.»[394]

Zu den Propheten, die über dieses Thema gepredigt haben, gehört der Prophet *Joel.* Sein Name im Hebräischen bedeutet «Der Herr ist Gott». Wir wissen nur sehr wenig über seine Herkunft, uns ist noch nicht einmal bekannt, wann er gelebt hat. In einer seiner

Weissagungen gebraucht er das Bild von Heuschrecken, um einen schicksalsträchtigen militärischen Angriff zu beschreiben. Aus der Landwirtschaft wissen wir, dass Heuschrecken die gesamte Ernte vernichten können, wenn sie über eine Region herfallen.

Joel sprach über die Teilung des Landes Israel – Gottes Land zu teilen würde dazu führen, dass der Herr höchstpersönlich die Verantwortlichen richtet. Gott wird die Nationen der Welt danach beurteilen, wie sie mit seinem Land, d. h. seinem Eigentum, umgegangen sind. Ganz allgemein ist uns bewusst, dass wir nur dann auf einem Stück Land bauen dürfen, wenn es ein Dokument gibt, das unsere Rechte als Eigentümer bestätigt. Genau so hat Gott ein Stück Land für sich ausgewählt und es dann für sein Volk Israel bestimmt. Wir haben bereits festgestellt, dass Gott die ganze Welt unter die Völker aufteilte, wobei jedes sein eigenes Territorium erhielt: «Der höchste Gott gab jedem Volk ein Land und teilte die Erde unter ihnen auf. Er zog die Grenzen dabei so, dass Israel genügend Land bekam.»[395] Das Neue Testament bestätigt diesen Grundsatz: «Aus dem einen Menschen, den er geschaffen hat, ließ er die ganze Menschheit hervorgehen, damit sie die Erde bevölkert. Er hat auch bestimmt, wie lange jedes Volk bestehen und in welchen Grenzen es leben soll.»[396]

Joel erklärt, dass Nationen in das Tal Joschafat geführt werden, das Tal des Gerichts, weil sie die Prinzipien des Landeigentums verletzt haben. Joel spricht hier wortwörtlich über das Tal des Gerichts, denn das hebräische Wort *Joschafat* bedeutet «Der Herr richtet». Jesus betont diesen Punkt, als er zu seinen Jüngern über das Völkergericht spricht: «Alle Völker werden vor ihm versammelt werden, und er wird die Menschen in zwei Gruppen teilen, so wie ein Hirte die Schafe von den Ziegen trennt …»[397]

Der wichtigste Punkt, den wir verstehen müssen, ist: Warum geht Gott mit den Nationen ins Gericht? Laut Joel eindeutig wegen der Teilung des Landes, das Gott gehört:

> «‹In jener Zeit›, sagt der Herr, ‹werde ich das Schicksal Judas und Jerusalems wieder zum Guten wenden. Dann rufe ich alle Völker zusammen und führe sie in das Tal, das man Joschafat (‹Der Herr richtet›) nennt. Dort gehe ich mit ihnen ins Gericht für das, was sie Israel angetan haben, dem Volk, das zu mir gehört! Sie haben die Israeliten in fremde Länder verschleppt und mein Land unter sich aufgeteilt.›»[398]

Wenn es heute tatsächlich einen Zeitgeist gibt, wie verhält er sich gegenüber Israel? Wie erkennen wir ihn? Können wir zu Recht behaupten, dass es sich um einen Geist handelt, der sich nicht nur gegen den Staat Israel wendet, sondern auch gegen das Judentum? Hier werde ich an ein Ereignis erinnert, das den Geist unserer Tage zutreffend beschreibt: Die Vereinten Nationen haben den 27. Januar für ihre Mitgliedsstaaten zum Internationalen Holocaustgedenktag bestimmt in Anerkennung der Tatsache, dass am 27. Januar 1945 Auschwitz-Birkenau von der Roten Armee befreit wurde. Dieses Datum ist tatsächlich zu einem weltweiten Gedenktag geworden – und genau an diesem Tag ließ die renommierte britische Zeitung «The Sunday Times» im Jahr 2013 eine Karikatur des berühmten Künstlers *Gerald Scarfe* veröffentlichen. Auf diesem Bild war zu sehen, wie der israelische Premierminister Benjamin Netanjahu eine Mauer baute. Allerdings errichtete er sie nicht nur aus Ziegelsteinen, sondern auch aus dem Blut und den Leichen von Palästinensern.

Viele Menschen auf der ganzen Welt protestierten gegen die Veröffentlichung eines solchen Bildes, insbesondere zu diesem Datum. Die Sunday Times behauptete jedoch in einer ersten Stellungnahme, die Veröffentlichung der Karikatur stehe in keinerlei Zusammenhang mit dem Internationalen Holocaustgedenktag.

Moshe Kantor, der Präsident des Europäischen Jüdischen Kongresses, kommentierte den Vorfall so: «Erstaunlicherweise … wurde dieser Cartoon veröffentlicht, nachdem die einzige Demokratie im Nahen Osten, Israel, nur Tage zuvor absolut demokratische Wahlen abgehalten hatte.»[399] Tatsächlich ist die Karikatur ein verblüffender Schlüssel zum Verständnis des Judenhasses, der heute den jüdischen Staat attackiert.[400] Es gibt viele weitere Beispiele dafür.

Ein aufschlussreiches Hauptmerkmal des modernen Israelhasses ist die Art und Weise, wie er sich selbst sieht. Sehr oft wird behauptet, antiisraelische Haltungen oder exzessive Kritik an (tatsächlichen oder angeblichen) israelischen Maßnahmen richteten sich nicht gegen Juden, sondern nur gegen den Staat Israel. Da die Anklagen gegen den einzigen jüdischen Staat auf der Welt jedoch exakt den Verleumdungen entsprechen, die schon immer gegen die Juden geltend gemacht wurden, ist dies völlig unglaubhaft. Die Symbolik, die gegen Israel gebraucht wird, entstammt dem klassischen Antisemitismus und ist an und für sich leicht zu erkennen. Scarfes Karikatur, die kein Einzelfall ist, dient als nur ein Beispiel für zahlreiche Zeichnungen dieser Art mit traditionell antijüdischen Motiven.

Wie wir in diesem Buch bereits erläutert haben, gehört die sogenannte Ritualmordlegende zu den ältesten und beständigsten Falschbehauptungen gegen die Juden. Sie sagt aus, Juden würden Christen, bevorzugt christliche Kinder, entführen, um ihr Blut für schaurige religiöse Riten zu verwenden. Jeder Analphabet aus dem Mittelalter würde Scarfes Karikatur problemlos verstehen – natürlich könnte er in der Person Netanjahus nicht den israelischen Premierminister erkennen, doch er würde ihn als Juden einordnen. Dieses Bild hätte auch in der antijüdischen Nazipropaganda hervorragend funktioniert. Wenn dies zutrifft, wem dienen die Medien dann mit ihren antiisraelischen Artikeln und Bildern? Für wen arbeiten sie, wenn sie ihre Talente auf diese Weise einsetzen? Leider gibt es dafür in den heutigen westlichen Medien viele weitere Beispiele.

> «Wehe denen, die Böses gut und Gutes böse nennen, die Finsternis als Licht bezeichnen und Licht als Finsternis …»[401]

Gegen Ende des Jahres 2013 veröffentlichte die Europäische Union einen Bericht, der auf einer Umfrage der FRA (Agentur der Europäischen Union für Grundrechte) in den EU-Mitgliedsstaaten beruht. Laut diesem Bericht gibt es in Europa Juden, die aufgrund von Antisemitismus bereits eine Auswanderung nach Israel in Erwägung ziehen; dabei bewegen sich die antisemitischen Vorfälle von weniger publik gemachten verbalen Kommentaren über Brandstiftung und Mord bis hin zu Terroranschlägen, über die ausführlich berichtet wurde.

All dies geschieht, weil verschiedene Sektoren der europäischen Gesellschaft zu antijüdischen Haltungen ermutigen und diese aktiv befördern. Laut der EU-Umfrage glauben zirka 40 Prozent der Europäer, die Israelis würden Palästinenser ermorden; gleichzeitig wird in verschiedenen Mitgliedsstaaten darüber diskutiert, das Schächten von Tieren sowie die Beschneidung zu verbieten.

Zudem bringt der radikale Islam ein völlig neues Maß an sozialem Druck mit sich.[402]

Robert Wistrich, der weltbekannte Antisemitismusexperte und Professor an der Hebräischen Universität von Jerusalem, forderte kurz vor seinem frühzeitigen Tod die Juden Europas auf, den Kontinent zu verlassen.[403]

Bedenkt man, dass die meisten europäischen Juden von den Opfern oder Überlebenden des Holocaust abstammen, sind solche Aufforderungen mehr als erschütternd. Bedeutet es, dass die europäischen Juden jetzt wieder vor derselben Entscheidung stehen, die ihre Urgroßeltern treffen mussten? Besteht diese Situation nur in Europa, oder werden sich die Juden in anderen westlichen Ländern, einschließlich der Vereinigten Staaten, bald mit demselben Druck und denselben Entscheidungen auseinandersetzen müssen?

Laut der Antisemitismusbefragung der FRA vom Dezember 2018,[404] die in 12 EU-Mitgliedsstaaten unter der erstaunlich hohen Anzahl von 16.500 Einzelpersonen durchgeführt wurde, verdienen drei Trends besondere Beachtung:

1) Der Antisemitismus **untergräbt das Sicherheitsgefühl von Juden in Europa,** sie werden zum Ziel von Belästigungen und Angriffen;
2) **Regelmäßige Belästigungen** sind für die Befragten zum Alltag geworden;
3) **Diskriminierung** in wichtigen Alltagsbereichen wird nicht gemeldet;
4) Der Antisemitismus ist tief verwurzelt und wird **immer üblicher.**

Im Oktober 2021 stellte die Europäische Kommission erstmals eine europaweite Strategie vor, um Antisemitismus zu bekämpfen und jüdisches Leben in Europa zu fördern. In diesem Zusammenhang wurde offenbar, dass so gut wie alle europäischen Juden den Antisemitismus als einen wachsenden Trend in ihren Heimatländern wahrnehmen. 85 Prozent der Juden Europas betrachten Antisemitismus als ein ernstes Problem ihrer Herkunftsländer.[405]

Mir scheint, dass Covid-19 und der Ukraine-Krieg zu einem deutlichen Anstieg des Antisemitismus geführt haben, insbesondere im Internet. Laut der proisraelischen Organisation *Stand with Us*[406] gab es 2021 in den Sozialen Netzwerken über 3,5 Millionen antisemitische Posts.

Fast 80 Jahre nach dem Ende des Zweiten Weltkriegs können wir definitiv ein historisches «goldenes Zeitalter» erkennen, eine Zeit von beispiellosem Frieden, Toleranz und Wohlstand nach 1945 in Westeuropa. Die Europäische Union unternahm große Anstrengungen, den Kontinent aus der Asche des Krieges wiederaufzubauen und neu zu ordnen, was eine bis dato unbekannte Toleranz gegenüber den jüdischen Gemeinden Europas zur Folge hatte. In den Vereinigten Staaten hat die Zeit des Friedens und des Wohlstands viel länger gedauert und Minderheiten, einschließlich der gut integrierten jüdischen Gemeinschaft, beispiellose Rechte beschert.

Fast 80 Jahre später müssen wir beunruhigende Trends und Zeichen eines Wandels feststellen. Das Misstrauen und der Hass, die jetzt dem jüdischen Staat entgegenschlagen, sind nur eines dieser

Signale. Selbst christliche Kirchen und Gemeinden sind als Ganzes in den Bann dieses Hasses geraten, der sich gegen den Staat Israel richtet.

Bibellehrer beschreiben diese Trends sehr treffend, indem sie auf die Aussagen Jesu über die Tage Noahs verweisen: Vor der Sintflut hatten viele Menschen keine Ahnung, was in ihrer Gesellschaft geschah, doch andere wussten und verstanden es. Mit anderen Worten: Wenn wir zurück in die Vergangenheit blicken, können wir die Möglichkeiten und Gefahren unserer eigenen Zeit erkennen.

Ein Problem, das in unserer heutigen Welt deutlich erkennbar ist, ist der Zusammenbruch jüdisch-christlicher Werte. Diese Entwicklung hat überall in der westlichen Welt stattgefunden, selbst in Ländern, die diese Werte teilen und deren Kultur auf ihnen fußt. Dieser umfassende kulturelle Trend kann leicht Eingang finden in christliche Gemeinden und gesellschaftliche Gruppen. Unternehmen wir nichts dagegen, dann unterstützen und befördern wir als Christen den Kampf gegen unsere eigenen Werte, statt für sie einzutreten.

Die Popkultur, die Medien und neue Gesetze sind ausnahmslos Faktoren, die dazu dienen, das jüdisch-christliche Erbe zu schwächen, wobei diese Phänomene nicht in einem Vakuum geschehen – der Zusammenbruch der erwähnten Werte hängt zusammen mit dem Druck, unter dem sich der jüdische Staat befindet. Die ablehnende oder gleichgültige Haltung vieler Gemeinden zu Israel rührt daher, dass sie den Zeitgeist in sich aufgesogen und ihm erlaubt haben, ihre Auffassung zu prägen.

Was hat dies alles nun mit unserer Einstellung zur Bibel zu tun? Es ist durchaus möglich, dass künftig immer mehr Gemeinden die biblischen Werte verwerfen, da sie ihnen in der heutigen Zeit zu unbequem werden. Sollte dies eintreffen, wird sich die Ablehnung der Bibel ganz sicher am Thema «Israel» zeigen. Israel zu unterstützen wird immer schwieriger, da die politische Weltlage sich in eine problematische Richtung entwickelt; dass dieselben Kirchen und Gemeinden, die Ersatztheologie lehren, ganz offen antiisraelisch eingestellt sind, kann man keinesfalls als Zufall bezeichnen.[407]

Genau wie die antijüdische Theologie im Mittelalter zu einer gesellschaftlichen Gesetzmäßigkeit wurde, so entwickelt sich die antiisraelische Theologie heute zur politischen Praxis. Akzeptieren Gemeinden diesen Trend, um gesellschaftlich anerkannt zu sein, begehen sie einen schweren Fehler und verhalten sich höchst kurzsichtig. Dieselben Gruppen, die sich gegen Israel einsetzen, engagieren sich auch gegen bibelgläubige Christen; daher wird es unmöglich sein, es ihnen in irgendeiner Form recht zu machen.

In der kulturellen Auseinandersetzung werden bibelgläubige Christen nicht nur wegen ihrer Ansichten an den Rand gedrängt, sondern auch wegen ihrer Unterstützung des jüdischen Staates. Es versteht sich von selbst, dass es zur biblischen Weltsicht dazugehört, an der Seite Israels zu stehen; interessanterweise kommt der Druck, sich in diesem Bereich dem Zeitgeist anzupassen, nicht länger nur aus außerkirchlichen Kreisen, sondern immer stärker auch von innen.

Man kann diese Situation auch betrachten im Lichte der Befreiung Europas im Zweiten Weltkrieg: Warum waren die alliierten Soldaten bereit, nach Europa in den Kampf zu ziehen, auch wenn es für sie in unter Umständen den Tod bedeutete? Warum sollte irgendjemand in den Konflikt anderer Völker eingreifen? Die Antwort ist sehr einfach: Die Befreier kamen zuallererst in das vom Krieg zerrissene Europa, weil sie wussten, wofür sie kämpften. Natürlich reichte es nicht aus, einfach nur nach Europa zu reisen; die Befreier hätten den Krieg niemals gewonnen, wären sie nicht in der Lage gewesen, ihren Feind als solchen zu erkennen – Verbrüderung mit dem Feind hätte zu einer sicheren Niederlage geführt.

Was bedeutet das nun für uns? In der hebräischen Sprache gibt es ein Konzept, das *Jirat Elohim* genannt wird, «Gottesfurcht». Der Talmud wiederum kennt den Begriff *Jirat Schamajim* – «Ehrfurcht vor dem Himmel». Beide Konzepte bezeichnen den Respekt, den wir vor Gott empfinden sollten. Laut der alten jüdischen Weisheit ist diese Ehrfurcht vor Gott der tiefste Ausdruck unserer Liebe zu ihm; in der Praxis drückt sie sich dadurch aus, wie wir mit Gottes Wort umgehen.

Der Schlüssel, um Gottes Willen zu erkennen, liegt in seinem Wort. Die Bibel muss daher den höchsten Stellenwert in unserem

Leben einnehmen. Als Christen in diesen herausfordernden Zeiten sollten wir Gottes Wort mit einer Ehrfurcht und einem Respekt behandeln, die keine Grenzen kennen.

> «Selbst ein Storch weiß, wann er zurückkehren muss; Taube, Schwalbe und Drossel kommen zur rechten Zeit wieder. Nur mein Volk weiß nicht, welche Ordnungen ich ihm gegeben habe. Ihr behauptet: ‹Wir sind weise, wir besitzen ja das Gesetz des HERRN!› Aber eure Gesetzeslehrer haben es durch ihre Auslegung völlig verdreht. Eure Weisen werden sich schämen und zu Tode erschrecken, wenn das Unheil sie einholt. Denn sie haben mein Wort abgelehnt – welche Weisheit bleibt ihnen da noch?»[408]

> «Das Gesetz des HERRN ist vollkommen, es belebt und schenkt neue Kraft. Auf seine Gebote kann man sich verlassen. Sie machen auch den klug, der bisher gedankenlos in den Tag hineinlebte. Die Weisungen des HERRN sind zuverlässig und erfreuen das Herz. Die Befehle des HERRN sind klar; Einsicht gewinnt, wer auf sie achtet. Die Ehrfurcht vor dem HERRN ist gut, nie wird sie aufhören. Die Gebote, die der HERR gegeben hat, sind richtig, vollkommen und gerecht. Sie lassen sich nicht mit Gold aufwiegen …»[409]

Angesichts der Tatsache, dass traditionell antijüdische Haltungen und Anschuldigungen immer öfter gegen den jüdischen Staat geäußert werden, erkennen wir auch, dass viele Gemeinden beschlossen haben, sich von dieser Strömung treiben zu lassen, statt gegen den Strom zu schwimmen. Das ist äußerst beunruhigend, da dieser Hass in vielerlei Hinsicht eine Feindschaft ist, die sich gegen Gottes Wort richtet. Sie hat nichts mit Politik zu tun, sondern betrifft Gottes Pläne in der Gegenwart. Als Gemeinde Jesu tragen wir eine Verantwortung, nicht nur für unsere eigenen Gemeinschaften, sondern auch für die uns umgebende Gesellschaft – ihr gegenüber sollen wir Gottes Wahrheit bezeugen.

Natürlich weiß ich, was die Kritiker Israels behaupten – Israel sei nicht dasselbe wie die Juden; daher könne man Israel hassen, ohne die Juden zu verabscheuen. Damit ist man nie ein Antisemit, was auch immer man sagen mag. Diese Behauptung entbehrt jedoch jeglicher Grundlage, da man sie sehr leicht widerlegen kann: Das Schicksal des Staates Israel und das Schicksal der Juden in der Diaspora sind eng miteinander verknüpft; selbst Schulkinder in Israel, die weder den Holocaust noch irgendeine Diaspora erlebt haben, betrachten Holocauststudien als etwas, das mit dem Judentum und ihrer jüdischen Identität zu tun hat.

Wenn ich in christlichen Gemeinden spreche, betone ich eher die allgemeingültigen, ethisch-moralischen Lehren aus dem Holocaust; gegenüber israelischen Jugendlichen sind die Schlussfolgerungen jedoch zuallererst jüdischer Natur. Die wissenschaftliche

Forschung hat bewiesen, dass der Holocaust die ultimative Erfahrung von Hilflosigkeit in der Diaspora war; daher ist die Schoah für die jüdische Identität dieser jungen Leute von zentraler Bedeutung. Jede Person jüdischer Herkunft muss sich mit dem Holocaust und seinen Opfern identifizieren, selbst wenn sie ihn niemals erlebt hat.[410] In vielerlei Hinsicht repräsentiert Israel heute alles, was jüdische Identität ausmacht; daher ist es unmöglich, die künstliche Trennung zwischen jüdischen Gemeinden auf der ganzen Welt und dem Staat Israel aufrechtzuerhalten – Kritik an Israel geht in vielen Fällen über in die uralte Feindseligkeit des Antisemitismus. Die Bibel macht keinerlei Unterschied zwischen Juden, die in der Diaspora leben oder aber im Land Israel.

Israel als Land ist eine geographische Größe, ein Stückchen Erde, das Gott seinem Volk gegeben hat; Herz und Seele dieses Landes ist Jerusalem. Gott hat in seinem Wort gesagt, dass er in Jerusalem wohnt.

Das Wort *Jeruschalajim* hat viele Bedeutungen, und alle sind wichtig für unser Verständnis der Zukunft: Jerusalem ist eine Stadt des *schalom,* des Friedens, eine Stadt, die *schalem* ist, d. h. unversehrt, heil, sowie *muschlam,* perfekt. Es ist auch Gottes Erbteil. So kann man sagen, dass Jerusalem sowohl die sehr reale und physische Hauptstadt des modernen Staates Israel ist als auch gleichzeitig die Stadt Gottes. Es ist der Ort, an dem ich heute lebe, doch auch die Stadt Gottes im Sinne einer messianischen Vision. In diesem Kontext wird Jerusalem in der gesamten Bibel mit seinem hebräischen Namen *Zion* bezeichnet; das hebräische Wort bedeutet wörtlich «kennzeichnen»; deshalb ist Jerusalem tatsächlich der geographische Ort, den Gott für sich zum ewigen Besitz gekennzeichnet hat.

«Der Mann führte mich wieder zum Osttor des Tempelbezirks. Plötzlich erblickte ich den Gott Israels in seiner Herrlichkeit. Er kam von Osten her nach Jerusalem. Das ganze Land erstrahlte in seinem Glanz, und ich hörte ein Rauschen, ein Brausen wie von gewaltigen Wassermassen … Dann hob der Geist Gottes mich empor und brachte mich in den inneren Vorhof. Von dort konnte ich zusehen, wie der HERR in seiner Herrlichkeit den ganzen Tempel erfüllte. Der Mann, der mich geführt hatte, stand neben mir, als ich plötzlich eine Stimme aus dem Tempel zu mir sprechen hörte: ‹Du Mensch, an diesem Ort stehen mein Thron und mein Fußschemel. Für alle Zeiten will ich hier mitten unter meinem Volk Israel wohnen.›»[411]

Gott, der Schöpfer des Himmels und der Erde, dem die gesamte Schöpfung gehört, hat einen Ort für sich selbst bestimmt: die Stadt, die *Jeruschalajim*, Jerusalem heißt. Diese Stadt Gottes ist das Vermächtnis des Friedens. Es ist eine perfekte Stadt, die unversehrt und heil ist. Sie ist Gottes Erbteil für Zeit und Ewigkeit. So soll es sein. Amen.

Anmerkungen

Die Anmerkungen enthalten hauptsächlich die Fundstellen direkter Zitate. Es gibt viele Gedichte und Lieder in diesem Buch; entweder wird ihr Fundort im Text angegeben oder mit einer Endnote bezeichnet.

Wird ein Museum oder eine Ausstellung erwähnt, so findet sich der Name der entsprechenden Einrichtung entweder im Text oder in den Endnoten.

Für allgemein bekannte oder akzeptierte Fakten wurde auf Endnoten grundsätzlich verzichtet. Ist eine Information umstritten oder gibt es verschiedene Ansichten dazu, ist dies durch Endnoten gekennzeichnet. Ist es dem Leser möglich, die relevante Information mithilfe einer Internet-Suchmaschine problemlos selbst zu finden, wurde keine Endnote angegeben.

Sind weitere Informationen über eine Geschichte oder eine Person verfügbar, die für den Leser interessant sein könnten, habe ich mich bemüht, die Fundstellen dazu anzugeben, selbst wenn die von mir erwähnten Fakten allgemein anerkannt und unstrittig sind.

[1] 1. Mose 1,26–27.

[2] 1. Mose 3,1.

[3] 1. Mose 2,16–17.

[4] 1. Mose 3,3.

[5] 1. Mose 3,6 (LUT).

[6] 1. Mose 3,9.

[7] Yaakov Meir, Ha'aretz Magazine, 4. September 2013.

[8] Jesaja 55,7.

[9] 1. Mose 4,7.

[10] 1. Mose 20,6.

[11] 1. Mose 4,9 (LUT).

[12] Ebenda.

[13] 1. Mose 22,2.

[14] 4. Mose 22–24.

[15] 4. Mose 23,8.20.

[16] Siehe Jeremia 27,6 (LUT).

[17] Esra 1,2.

[18] Nehemia 2,8 (LUT).

[19] 2. Mose 17,16.

[20] 1. Samuel 15.

[21] Esther 9,13.

[22] 2. Mose 20,2.

[23] Irving Greenberg, *The Jewish Way. Living The Holidays*, Jason Aronson: Northvale, NJ, und Jerusalem, 1998, S. 2.

[24] Jesaja 43,1 (LUT).

[25] 1. Mose 35,16–19.

[26] 1. Mose 12,2–3 (LUT).

[27] 1. Mose 14.

[28] Psalm 110,4.

[29] 1. Mose 15,11–12.

[30] 1. Mose 15,17 (LUT).

[31] 1. Mose 23.

[32] 1. Mose 13,18.

[33] 1. Mose 18,1–19.

[34] Jesaja 41,8.

[35] 1. Mose 26,24–25.

[36] 1. Mose 28,13–14.

[37] 1. Mose 37–46.

[38] 1. Mose 45,5.

[39] «The Good Pope John XXIII», deutsche Fassung: «Johannes XXIII. – Für eine Welt in Frieden».

[40] Siehe z. B. Alex Woolf, *A Short History of the World: The Story of Mankind from Prehistory to the Modern Day.* Metro Books, New York, 2008.

[41] 2. Mose 2,24–25.

[42] 2. Mose 2,5–6.

[43] Apostelgeschichte 7,21–22.

[44] 2. Mose 6,6–7.

[45] 4. Mose 13,30.

[46] 4. Mose 14,24.

[47] https://www.israelmagazin.de/historisches/tel-hazor; Zugriff am 16.06.2022.

[48] 2. Samuel 2,1; 5,4–7.10.

[49] Ruth 4,11.

[50] Daniel Gavron, «History of Jerusalem: Myth and Reality of King David's Jerusalem», https://www.jewishvirtuallibrary.org/myth-and-reality-of-king-david-s-jerusalem; Zugriff am 16.06.2022.

[51] 1. Könige 2,10 (ELB).

[52] 1. Könige 15,11.

[53] 1. Könige 16,25a.

[54] 1. Könige 15,4–5 (ELB).

[55] 1. Könige 18.

[56] 2. Könige 10,32 (LUT).

[57] Stephen M. Miller, *Illustrated Bible Dictionary*, Barbour Publishing Inc., 2013, S. 48.

[58] Jeremia 18,7–8.

[59] Daniel 9,1–2.

[60] Esra 1,3.

[61] Nehemia 4,10–11.

[62] Woolf, S. 64.

[63] Daniel 11.

[64] 1. Johannes 2,18.

[65] Apostelgeschichte 3,2–6.

[66] Philipper 4,22.

[67] *Talmud,* Ta'anit 2a.

[68] Weiterführende Informationen zur Christenverfolgung bei Patrick Sookhdeo, *Grundlos gehasst. Die bemerkenswerte Geschichte der Christenverfolgung durch die Jahrhunderte*, Chris-Media, Staufenberg, 2020.

[69] https://diercke.westermann.de/content/die-ausbreitung-des-christentums-im-r%c3%b6mischen-reich-978-3-14-100770-1-125-5-0; Zugriff am 16.06.2022.

[70] Jacob R. Marcus, *The Jew in the Medieval World: A Source Book, 315–1792,* Sinai Press, Cincinnati, 1983, S. 3–4.

[71] Karen Spector, «God on the Gallows: Reading the Holocaust through Narratives of Redemption», Research in the Teaching of English, Vol. 42, No. 1, August 2007, S. 7–55.

[72] 1. Johannes 1,5.

[73] «Kirche und Judentum. Von der Lehre der Verachtung zu einer Theologie des Respekts», https://www.kirche-schule.de/nachrichten/2019/2019-11-25; Zugriff am 16.06.2022.

[74] Derek Prince, *The Destiny of Israel and the Church: Understanding the Middle East Through Biblical Prophecy,* Derek Prince Ministries, Charlotte, 1992, S. 23.

[75] Matthäus 26,54.56.

[76] Matthäus 20,19 (ELB).

[77] Siehe zum Beispiel Merrill Bolender, *Als das Kreuz zum Schwert wurde – Ursprung und Folgen der Ersatztheologie*, Ebenezer Operation Exodus, Chavornay, 2012.

[78] Dr. Adolph Kohut, *Ritual-Mordprozesse. Bedeutsame Fälle aus*

der Vergangenheit, Basch, Berlin-Wilmersdorf, 1913; Online-Ausgabe: Frankfurt am Main: Univ.-Bibliothek, 2009, https://sammlungen.ub.uni-frankfurt.de/freimann/urn/urn:nbn:de:hebis:30:1-102218; Zugriff am 16.06.2022.

[79] David Nirenberg, «The Impresarios of Trent: The long and frightening history of the blood libel», The Nation, 16. November 2020, https://www.thenation.com/article/culture/blood-libel-history-magda-teter-review/; Zugriff am 16.06.2022.

[80] Anna Gann, «Wortgewaltiger Prediger mit einer dunklen Seite», Deutschlandfunk, 14.09.2007, https://www.deutschlandfunk.de/wortgewaltiger-prediger-mit-einer-dunklen-seite-100.html; Zugriff am 16.06.2022.

[81] Saint John Chrysostomos, *On the Incomprehensible Nature of God,* trans. Paul W. Harkins, The Catholic University of America Press, Washington, DC, 2010, S. 163; deutsche Übersetzung Lisa Schmid.

[82] Johannes Chrysostomos, *Acht Reden gegen Juden,* Eingeleitet und erl. von Rudolf Brändle, übersetzt von Verena Jegher-Bucher, Hiersemann, Stuttgart, 1995, Erste Rede, S. 85 ff.

[83] Ebenda.

[84] Chrysostomos, Sechste Rede, S. 185.

[85] Chrysostomos, Erste Rede, S. 96–97.

[86] Ebenda.

[87] St. Augustine, *Reply to Faustus the Manichaean,* in *Nicene and Post-Nicene Fathers of the Christian Church,* Edited by Philip

Schaff, First Series, Vol. 4, Book XII, T.& T. Clark, Edinburgh, 1872; https://www.sacred-texts.com/chr/ecf/104/1040160.htm, deutsche Übersetzung Lisa Schmid, Zugriff am 04.07.2022.

[88] Römer 11,25–26.29.

[89] https://www.luther.de/kontext/juden.html; Zugriff am 16.06.2022.

[90] Martin Luther, *Von den Juden und ihren Lügen*, Hans Lufft, Wittenberg 1543; https://archive.org/stream/VonDenJudenUndIhrenLgen/VonDenJudenUndIhrenLgen_djvu.txt; Zugriff am 16.06.2022.

[91] Siehe «Aus dem Prozessprotokoll gegen Julius Streicher», https://schulprojekte-reformation.de/wp-content/uploads/2017/07/Prozess_Streicher.pdf; Zugriff am 16.06.2022.

[92] Siehe Randy Weiss, *The Passion Conspiracy: Did the Jews Kill Christ or was Jesus the Victim of Identity Theft?* EICB, Cedar Hill, TX, 2004.

[93] Johannes 4,22.

[94] Johannes 7,10.14.

[95] Johannes 7,37–38.

[96] Jesaja 12,3 (ELB).

[97] Johannes 10,22–23.

[98] Johannes 10,22–42.

[99] Matthäus 26,17–29; Markus 14,12–15; Lukas 22,14–20.

[100] Yair Ettinger, «The Day Chabad Came to the Last Supper», Haaretz, 20. April 2012, https://www.haaretz.com/jewish/

2012-04-20/ty-article/the-day-chabad-came-to-the-last-supper/0000017f-e8ea-df5f-a17f-fbfe31470000; Zugriff am 16.06.2022.

[101] Jakobus 3,10.

[102] Prince, S. 15.

[103] Jeremia 31,37.

[104] Jeremia 33,23–26.

[105] Römer 11,20–21.

[106] 1. Mose 1; Johannes 1,1–3.

[107] Jesaja 59,8.

[108] Woolf, S.114–115.

[109] Für eine leicht verständliche und doch tiefgehende Behandlung dieses Themas siehe https://www.planet-wissen.de/geschichte/mittelalter/leben_im_mittelalter/pwiediekreuzzuegekriegumdieheiligestadt100.html sowie https://www.mdr.de/geschichte/weitere-epochen/mittelalter/juden-im-mittelalter-100.html; Zugriff am 16.06.2022.

[110] Woolf, S. 126–127.

[111] Daniel 3,17–18.

[112] Charles Garcia, «Was Columbus secretly a Jew?», CNN, 24. Mai 2012, https://edition.cnn.com/2012/05/20/opinion/garcia-columbus-jewish/index.html; Zugriff am 16.06.2022.

[113] Ausführlichere Informationen zum jüdischen Leben in Spanien auf Deutsch: Mark Wischnitzer, *Die Juden in der Welt. Gegenwart und Geschichte des Judentums in allen Ländern,* Reiss,

Berlin, 1935, auszugsweise abgedruckt auf https://www.hagalil.com/galluth/sp1.htm; Zugriff am 16.06.2022.

[114] Ebenda.

[115] Weitere grundlegende Informationen zur Spanischen Inquisition, siehe Berthold Seewald, «Auf die Streckbank folgten Autodafé und Scheiterhaufen», Die Welt, 06.02.2020, https://www.welt.de/geschichte/article205639371/Spanische-Inquisition-Streckbank-Autodafe-Scheiterhaufen.html; Zugriff am 16.06.2022.

[116] 1. Mose 2,2.

[117] Jacob Keegstra, *Gottes prophetische Feste,* Tsur Tsina Publications, Jerusalem 2013, S.16–17.

[118] J. L. Klein, *Geschichte des Dramas, VIII. Das spanische Drama, Erster Band,* Leipzig, T. O. Weigel, 1871, S. 741–742; https://archive.org/details/geschichtedesdra08kleiuoft/page/741/mode/1up?q=Montoro; Zugriff am 16.06.2022.

[119] Luis Roniger, *Antisemitism, Real or Imagined? Chàvez, Iran, Israel, and the Jews,* The Hebrew University of Jerusalem, Jerusalem, 2009.

[120] Jehuda Halevi, *Zweiundneunzig Hymnen und Gedichte. Deutsch, mit einem Nachwort und mit Anmerkungen [von] Franz Rosenzweig. Der sechzig Hymnen und Gedichte zweite Ausgabe;* Verlag Lambert Schneider, Berlin, 1900, https://archive.org/details/jehudahalevizwei00judauoft/page/128/mode/2up; Zugriff am 16.06.2022.

[121] Prediger 3,1–2,8.

122 Für grundlegende Informationen zur Aufklärung siehe z. B. https://universal_lexikon.de-academic.com/209144/Aufkl%C3%A4rung%3A_Ihre_Grundgedanken; Zugriff am 16.06.2022.

123 Siehe https://universal_lexikon.de-academic.com/316529/Voltaire; Zugriff am 16.06.2022.

124 Elke-Vera Kotowski, «Der Fall Dreyfus und die Folgen», Bundeszentrale für politische Bildung, 29.11.2007, https://www.bpb.de/shop/zeitschriften/apuz/30051/der-fall-dreyfus-und-die-folgen/; Zugriff am 16.06.2022.

125 Für weitere Informationen empfehle ich einen Besuch des Herzl-Museums in Jerusalem.

126 Die Rassenhygiene wird hier erklärt: https://www.t4-denkmal.de/Eugenik-Rassenhygiene; https://www.t4-denkmal.de/Rassenhygiene-im-Nationalsozialismus; Zugriff am 16.06.2022.

127 «Die Konservativen machen sich den Antisemitismus zu eigen: Das Tivoli-Programm der Deutsch-Konservativen Partei (1892)», Die Deutsche Geschichte in Dokumenten und Bildern (DGDB), https://ghdi.ghi-dc.org/sub_document.cfm?document_id=758&language=german; Zugriff am 16.06.2022.

128 Johannes Leicht, «Theodor Fritsch 1852–1933», Deutsches Historisches Museum, Berlin, 14. September 2014, https://www.dhm.de/lemo/biografie/theodor-fritsch; Zugriff am 16.06.2022.

129 Rink in *Die Wannsee-Konferenz und der Völkermord an den eu-*

ropäischen Juden. Katalog der ständigen Ausstellung, Haus der Wannsee-Konferenz, Gedenk- und Bildungsstätte, Berlin 2006, S. 22.

[130] 1. Thessalonicher 5,4–6.

[131] Amos Elon, *The Pity of It All: A Portrait of the German–Jewish Epoch, 1743–1933,* Picador, New York, 2002.

[132] Rink, *Die Wannsee-Konferenz,* S. 16.

[133] Bärbel Schrader und Jürgen Schebera, *The Golden Twenties: Art and Literature in the Weimar Republic,* trans. Katherine Vanovitch, Yale University Press, New Haven, 1990; Rink, *Die Wannsee-Konferenz,* S. 23.

[134] Mehr dazu von Arnulf Scriba, «Die Dolchstoßlegende», Deutsches Historisches Museum, Berlin, 1. September 2014, https://www.dhm.de/lemo/kapitel/weimarer-republik/innenpolitik/dolchstoss/; Zugriff am 16.06.2022.

[135] Adolf Hitlers Schreiben an Adolf Gemlich vom 6. September 1919, in *Die Wannsee-Konferenz,* S. 261.

[136] Weitere Informationen über die Zeit nach dem Ersten Weltkrieg und den Aufstieg der NSDAP, siehe https://www.yadvashem.org/de/holocaust/about/introduction/weimar-republic.html#narrative_info; Zugriff am 16.06.2022.

[137] Arnulf Scriba, «Die Nationalsozialistische Deutsche Arbeiterpartei (NSDAP)», Deutsches Historisches Museum Berlin, 20. Januar 2015, https://www.dhm.de/lemo/kapitel/weimarer-republik/innenpolitik/nsdap.html; Zugriff am 16.06.2022.

[138] Rink, *Die Wannsee-Konferenz,* S. 38.

[139] Erwin W. Lutzer, *When a Nation forgets God: 7 Lessons We Must Learn From Nazi Germany,* Moody Publishers, Chicago, 2010, S. 41–42.

[140] Daniel 8,24–25.

[141] Hitlers Machtergreifung wird hier leicht verständlich erklärt: «Wie kam Adolf Hitler an die Macht? Eine Chronik», 30. Januar 2022, https://www.mdr.de/geschichte/ns-zeit/nsdap-aufstieg-adolf-hitler-macht-deutsches-reich-100.html; Zugriff am 16.06.2022.

[142] Hermann Göring an den Reichsminister des Innern Wilhelm Frick, 24. Januar 1939, *Die Wannsee-Konferenz,* S. 48.

[143] *Die Wannsee-Konferenz,* S. 45.

[144] Bella Gutterman und Avner Shalev, Hrsg., *To Bear Witness: Holocaust Remembrance at Yad Yashem,* Yad Vashem, Jerusalem, 2005, S. 98.

[145] Michael Berenbaum in *The Holocaust and the Christian World: Reflections on the Past, Challenges for the Future,* Hrsg. Carol Rittner, Stephen David Smith, Irena Steinfeldt, Yehuda Bauer, Continuum, 2000, S. 71.

[146] Siehe «Euthanasieprogramm», Holocaust-Enzyklopädie, United States Holocaust Memorial Museum, https://encyclopedia.ushmm.org/content/de/article/euthanasia-program; zuletzt bearbeitet am 6. Mai 2020, Zugriff am 16.06.2022.

[147] Zitiert in Leah Goldstein, «Justice on Trial», Yad Vashem Magazine, Vol. 44, Winter 2007, S. 7.

[148] Ebenda.

[149] Siehe «Austria», Holocaust-Enzyklopädie, United States Holocaust Memorial Museum, https://encyclopedia.ushmm.org/content/en/article/austria; Zugriff am 16.06.2022.

[150] Israel Gutman, Hrsg., *The Righteous of Austria: Heroes of the Holocaust*, Außenministerium der Republik Österreich, Wien 2006, S. 16–17.

[151] Zitiert von Josef Joffe, «Erst die Schande, dann der Krieg», Die ZEIT, 16. Oktober 2019, https://www.zeit.de/politik/ausland/2019-10/us-truppen-donald-trump-syrien-krieg-verrat; Zugriff am 16.06.2022.

[152] Miller, S. 184.

[153] Siehe Hubertus Guske, «… die Synagoge ist auch ein Gotteshaus», Neues Deutschland, 18.06.1996, https://www.nd-aktuell.de/artikel/615056.die-synagoge-ist-auch-ein-gotteshaus.html; Zugriff am 16.06.2022.

[154] Geschlossene Grenzen, Die internationale Flüchtlingskonferenz von Évian 1938, https://evian1938.de/australien/; Zugriff am 16.06.2022.

[155] Siehe Claus Leggewie, «Deutsche Juden: ‹Keiner will sie› – Zur Konferenz von Évian vor 82 Jahren», Aktion Sühnezeichen Friedensdienste, Erstabdruck in Die ZEIT, 20.06.2018, https://www.asf-ev.de/de/kirchengemeinden/materialien-fuer-kirchengemeinden/27-januar-internationaler-holocaust-gedenktag/deutsche-juden-keiner-will-sie/; Zugriff am 16.06.2022.

[156] Abgedruckt als Abendgebet für den Jom Kippur in: J. Magonet/W. Homolka (Hrsg.), *Seder ha-tefillot. Das jüdische Gebetbuch*, Bd. 2. Gebete für die hohen Feiertage, Gütersloh 1997, S. 297.

[157] Daniel 10,7–10.14.

[158] Zitat aus der Sunday Times vom 21. Oktober 1945, siehe auch Raphael Lemkin, «Genocide», American Scholar, Volume 15, No. 2, April 1946, S. 227–230.

[159] Resolution der UN-Generalversammlung 96 (I), englisches Original: https://undocs.org/en/A/RES/96(I).

[160] Norman L. Friedman, «Teaching about the Holocaust», Teaching Sociology, Vol. 12, No. 4, 1985, S. 449–461.

[161] Eckhardt Alice L. and Roy, «The Holocaust and the Enigma of Uniqueness: A Philosophical Effort at Practical Clarification», The Annals of the American Academy, 450, July 1980, S. 165–178.

[162] Safira Rapaport, Hrsg., *Yesterdays and Then Tomorrows: Holocaust Anthology of Testimonies and Readings for Holocaust Study Through Literature, Excursions to Poland and Holocaust Memorial Ceremonies,* Yad Vashem, Jerusalem, 2002, S. 44–46.

[163] Bis hierher aus einer adaptiven Übersetzung aus dem Polnischen von Richard C. Lukas, https://de.abcdef.wiki/wiki/Henryka_%C5%81azowert%C3%B3wna; Zugriff am 16.06.2022.

[164] Adaptive Übersetzung aus dem Englischen von Lisa Schmid.

[165] Janusz Korczak, *Ghetto Diary,* Holocaust Library, New York, 1978.

[166] Johannes 15,13.

[167] Siehe https://judentum.hagalil.com/dreizehn-glaubenssaetze/; 12. Glaubenssatz; Zugriff am 16.06.2022.

[168] Moshe Breslavski (Hrsg.), *Hannah Szenes - Her Life, Mission and Death,* 1966, S. 9; https://www.yadvashem.org/yv/de/exhibitions/through-the-lens/hannah-szenes.asp; Zugriff am 16.06.2022.

[169] Peter Klein, *Die Wannsee-Konferenz,* 73–74.

[170] Matthis Pöhm, «Rede: Unterhausrede von Churchill», Rhetorik-Netz, letztes Update 09. September 2021; https://www.rhetorik-netz.de/churchil/; Zugriff am 16.06.2022.

[171] Lars Westerlund, Suomalaiset SS-vapaaehtoiset ja väkivaltaisuudet 1941–1943, Kansallisarkisto, Helsinki, 2019.

[172] Abschrift des Befehls in der Dokumentensammlung von Gerd R. Überschär, Wolfgang Wette (Hrsg.), *Unternehmen Barbarossa. Der deutsche Überfall auf die Sowjetunion 1941: Berichte, Analysen, Dokumente,* Schöningh, Paderborn 1984, S. 343–344.

[173] Westerlund, S. 288, mit Verweis auf *Verbrechen der Wehrmacht. Dimensionen des Vernichtungskrieges 1941–1944,* Hamburg, 2002.

[174] Kurt Werner, Mitglied des Sonderkommandos 4a, zitiert in *How Was It Humanly Possible? A Study of Perpetrators and Bystanders during the Holocaust,* Yad Vashem, Jerusalem, 2002, S. 64.

[175] Aussagen von Schröder aus dem Polizeibatallion 332, zitiert von Steinfeldt, *The Holocaust and the Christian World,* S. 65.

[176] Steinfeldt, *The Holocaust and the Christian World,* S. 118.

[177] Reinhard Heydrichs Einladung zur Wannseekonferenz, die am 29. November 1941 verschickt wurde, veröffentlicht in *Die Wannsee-Konferenz,* S. 88.

[178] Generalgouverneur Hans Frank in Krakau, am 16. Dezember 1941. *Das Arbeitstagebuch des deutschen Generalgouverneurs in Polen 1939–1945,* veröffentlicht in *Die Wannsee-Konferenz,* S. 91.

[179] Marcus Gryglewski, *Die Wannsee-Konferenz,* S. 122–124.

[180] Hier beziehe ich mich auf Informationen der Holocaustgedenkstätte Yad Vashem in Jerusalem. Im dazugehörigen Museum kann man sowohl Modelle dieser Lager sehen als auch die erwähnten Zahlen.

[181] Christa Schikorra, *Die Wannsee-Konferenz,* S. 148.

[182] Dan Pagis: *Mit Bleistift geschrieben im verplombten Waggon, An beiden Ufern der Zeit.* Ausgew. Gedichte und Prosa, hebräisch-deutsch, übers. v. Anne Birkenhauer, Straelener Manuskripte Verlag, Straelen, 2003, S. 38–39, zitiert auf https://www.yadvashem.org/de/education/educational-materials/lesson-plans/dan-pagis.html; Zugriff am 16.06.2022.

[183] Klagelieder 2,13.

[184] Kampe, *Die Wannsee-Konferenz,* S.100–101.

[185] Joseph Wulf in einem Brief an seinen Sohn 1974, *Die Wannsee-Konferenz,* S. 178.

[186] Corrie ten Boom mit John und Elizabeth Sherrill, *Die Zuflucht.*

Corrie ten Boom erzählt aus ihrem Leben 1892–1945, SCM Hänssler, 34. Gesamtauflage.

[187] Obadja 11–12.15.

[188] Daniel Schatz and Ruth Deech, «Ghosts of the Past», 17. August 2021, Ynetnews, https://www.ynetnews.com/articles/0,7340,L-4273450,00.html; Zugriff am 16.06.2022.

[189] Die Autorin war anwesend, als diese wertvollen Dokumente in einer besonderen Zeremonie in Yad Vashem überreicht wurden.

[190] Siehe Steinfeldt, *The Holocaust and the Christian World*, S. 7.

[191] Für weitere Informationen siehe *Auschwitz von A bis Z. Eine illustrierte Geschichte des Lagers,* Auschwitz-Birkenau State Museum, Oswiecim, 2013.

[192] Dieses Zitat ist im Museum von Yad Vashem zu finden in der Halle der Namen.

[193] https://www.yadvashem.org/de/about/pope-visits/francis/presentation.html; Zugriff am 18.08.2022.

[194] Die gesamte Veranstaltung wurde dokumentiert in dem Film «Eagles over Auschwitz» von Ephraim und Stephanie Kaye, Jerusalem, 2005; adaptive Übersetzung der Rede aus dem Englischen von Lisa Schmid.

[195] http://zionismus.info/grundlagentexte/frauen/szenes.htm.

[196] Matthäus 25,45.

[197] Übersetzung aus dem Jiddischen ins Hochdeutsche, Übersetzer unbekannt. Zitiert in https://www.volksliederarchiv.de/jiddische-lieder-und-klezmer/; Zugriff am 16.06.2022.

[198] 5. Mose 30,19.

[199] Die Geschichte Adolf Eichmanns ist Gegenstand zahlreicher Bücher, Filme etc. geworden. Auf der Website von Yad Vashem gibt es eine Fülle von Informationsmaterial, z. B. eine Biographie Eichmanns: https://www.yadvashem.org/yv/de/exhibitions/eichmann/biography.asp; Zugriff am 16.06.2022.

[200] Siehe z. B. https://plato.stanford.edu/entries/adorno/; Zugriff am 16.06.2022.

[201] Ein klassisches Beispiel ist Christopher Browning, *Ordinary Men: Reserve Police Battalion 101 and the Final Solution in Poland,* Harper Perennial, 2017.

[202] Steinfeldt, *The Holocaust and the Christian World,* S. 130–135.

[203] Zusätzlich zur Fernsehdokumentation findet man Bauers Gedanken auch in der National Post vom 4. Juni 2005.

[204] Walter Stier, der für die Zugfahrpläne der Reichsbahn in Osteuropa zuständig war, Düsseldorf 1946, veröffentlicht bei Steinfeldt, *The Holocaust and the Christian World,* S. 111.

[205] Hans Pietsch, Bahnhofsvorsteher im polnischen Białystok, Düsseldorf 1946, veröffentlicht bei Steinfeldt, *The Holocaust and the Christian World,* S. 111.

[206] Egon Weber, Eisenbahningenieur, der den Zug von Białystok nach Treblinka führte, Düsseldorf 1946, veröffentlicht bei Steinfeldt, *The Holocaust and the Christian World,* S. 111.

[207] Anti-Defamation League, Survivors of the Shoa Visual History

Foundation and Yad Vashem, *Echoes and Reflections: A Multimedia Curriculum of the Holocaust*, 2005, S. 23.

208 Elie Wiesel, auszugsweise zitiert von Pfarrer Frank Matthias Hofman in seiner Rede zum Gedenken der Reichspogromnacht von 1938 am 9. November 2016 in Homburg, http://pfarrerblatt.de/frank-matthias-hofmann/wieder-die-gleichgueltigkeit-des-zuschauers-elie-wiesel/; Zugriff am 16.06.2022; weitere Gedanken von Elie Wiesel zitiert in Carol Rittner, Sandra Myers, *Mut zur Einmischung – Die Rettung von Juden während des Holocaust,* New York University Press, 1986.

209 Elie Wiesel in *Our Living Legacy,* Yad Vashem, Jerusalem, 2003.

210 Zvi Gill in *Our Living Legacy.*

211 Nathan Alterman, «Aus allen Völkern», https://momentmag.com/poem-of-all-the-peoples-by-nathan-alterman/; Zugriff am 16.06.2022; übersetzt aus dem Englischen von Lisa Schmid.

212 «Yad Vashem hält weiterhin an seiner Texttafel über Papst Pius fest», 19.10.2008, https://www.israelnationalnews.com/news/12801, Zugriff am 16.06.2022.

213 Franklin H. Littell in *The Holocaust and the Christian World,* S. 45; Doris L. Bergen in *The Holocaust and the Christian World,* S. 52.

214 *The Holocaust and the Christian World,* S. 49 und 62.

215 Paul C. Martin, «Hitler ließ die Bibel umschreiben», BILD, https://www.bild.de/news/2006/hitler-bibel-umschreiben-

694206.bild.html, 06.08.2006; Wolfram Nagel, «Die unrühmliche Geschichte des kirchlichen ‹Entjudungsinstituts›», MDR KULTUR, 21. September 2019, https://www.mdr.de/kultur/ausstellungen/entjudungsinstitut-eisenach-100.html; Zugriff auf beide am 16.06.2022.

[216] Eine der bekanntesten Forscherinnen zu diesem Thema ist Susannah Heschel, die 2012 in Yad Vashem darüber referierte.

[217] Lutzer, S. 43–44.

[218] Lutzer, S. 15–16; Lutzer ist Pastor emeritus der Moody-Gemeinde in Chicago und ein bekannter Autor zu Holocaust-relevanten Themen, siehe https://clv.de/und-wo-war-Gott/256206; Zugriff am 16.06.2022.

[219] Römer 13,1–2.7.

[220] Bergen in *The Holocaust and the Christian World,* S. 49.

[221] Matthäus 22,21.

[222] http://martin-niemoeller-stiftung.de/martin-niemoeller/als-sie-die-kommunisten-holten; Zugriff am 16.06.2022.

[223] Barmer Theologische Erklärung, EKD, https://www.ekd.de/11295.htm.

[224] Lutzer, S. 62, 67.

[225] John K. Roth und Carol Ritter in *The Holocaust and the Christian World,* S. 39.

[226] Bergen zitiert Helen Fein in *The Holocaust and the Christian World,* S. 54.

[227] Kurt Meier, *Kirche und Judentum. Die Haltung der evangelischen*

Kirche zur Judenpolitik des Dritten Reiches, Vandenhoeck & Ruprecht, Göttingen, 1968, S. 115 f.

[228] Bergen in *The Holocaust and the Christian World,* S. 49, 63.

[229] Ger van Roon in *The Holocaust and the Christian World,* S. 93.

[230] Babylonischer Talmud, Traktat Sanhedrin 37a.

[231] Dieses Zitat ist ausgestellt im Museum von Yad Vashem in der Abteilung für die Gerechten unter den Völkern.

[232] Irena Steinfeldt, «Paying the Ultimate Price», Jerusalem Post, 8. April 2009, https://www.jpost.com/Opinion/Columnists/Essay-Paying-the-ultimate-price; Zugriff am 16.06.2022.

[233] Das Zitat von Elie Wiesel ist zu finden auf der Website von Yad Vashem, https://www.yadvashem.org/de/righteous/about-the-program.html; Zugriff am 16.06.2022.

[234] Mordechai Paldiel, der ehemalige Direktor der Abteilung für die Gerechten unter den Völkern in Yad Vashem, hat diese Fragen detaillierter analysiert: «The Face of the Other: Reflections on the Motivations of Gentile Rescuers of Jews», https://www.yadvashem.org/righteous/resources/the-face-of-the-other-reflections-on-the-motivations-of-rescuers.html; Zugriff am 16.06.2022.

[235] Gutman, S. 38.

[236] Auf Deutsch ist von Eva Fogelman erschienen*: Wir waren keine Helden. Lebensretter im Angesicht des Holocaust; Motive, Geschichten, Hintergründe,* dtv, 1998.

[237] Stephen D. Smith zitiert Karski in *The Holocaust and the Christian World,* S. 236.

[238] Die vollständige Geschichte von Aristides de Sousa Mendes auf der Website von Yad Vashem: https://www.yadvashem.org/yv/de/exhibitions/righteous/mendes.asp; Zugriff am 16.06.2022.

[239] Ebenda.

[240] 2. Mose 2,5–6.

[241] Josua 2,3–4.

[242] 2. Chronik 22,10–11.

[243] Esther 2,10.

[244] Die Geschichten der Helfer sind auf der Website von Yad Vashem zu finden. Der Film «Schindlers Liste» (1993) erzählt die Geschichte von Oskar Schindler.

[245] Corrie ten Boom mit John und Elizabeth Sherrill, *Die Zuflucht. Corrie ten Boom erzählt aus ihrem Leben 1892–1945,* SCM Hänssler, 34. Gesamtauflage.

[246] Weitere Informationen zu Chambon Sur Lignon bei Thomas Schmid, «Helden, die keine sein wollten», Berliner Zeitung, 03.06.2013, https://www.thomasschmid.com/index.php?option=com_content&id=330:helden-die-keine-sein-wollten&catid=55:geschichte&Itemid=41; Zugriff am 16.06.2022.

[247] Bonhoeffers Geschichte ist in unzähligen Artikeln, Büchern und Filmen dokumentiert worden. Um seine Gedanken besser zu verstehen, empfehle ich seine Werke, die immer noch erhältlich sind, z. B. *Nachfolge.*

[248] Eric Metaxas, *Bonhoeffer. Pastor, Agent, Märtyrer und Prophet,* SCM Hänssler, 2021, S.132–145.

[249] Ralf Retter, *Theological-Political Resistance: The role of Dietrich Bonhoeffer and Hans-Bernd von Haeften in the German Resistance against Hitler,* Logos Verlag, Berlin 2008, S. 34–35.

[250] *Dietrich Bonhoeffer Werke* (DBW), 17 Bände, Gütersloher Verlagshaus, 2015, DBW 12, S. 257 ff.

[251] Edwin Robertson, *The Shame and the Sacrifice – The Life and Martyrdom of Dietrich Bonhoeffer,* MacMillan Publishing Company, NYC, S. 89.

[252] Römer 13,1–2; siehe auch *Dietrich Bonhoeffer: Selected Writings,* Hrsg. Edwin Robertson, Fount, London, 1995, S. 45–47.

[253] Metaxas, S. 259.

[254] Metaxas, S. 233–234.

[255] Metaxas, S. 372.

[256] Metaxas, S. 389–391.

[257] Matthäus 26,52 (LUT).

[258] Retter, S.46, 48.

[259] Dietrich-Bonhoeffer-Portal, https://www.dietrich-bonhoeffer.net/leben/widerstand/; Zugriff am 16.06.2022.

[260] Metaxas, S. 441.

[261] Eine Kurzbiographie von Stauffenberg, erstellt von Susanne Eckelmann, Deutsches Historisches Museum, Berlin, 14. September 2014, ist hier zu finden: https://www.dhm.de/lemo/biografie/claus-stauffenberg; Zugriff am 16.06.2022.

[262] Metaxas, S. 601.

[263] Metaxas, S. 662.

[264] Peter Zimmerling (Hrsg.), Dietrich Bonhoeffer, *Nachfolge,* Brunnen, Gießen, 4. Auflage 2021, S. 40–41.

[265] Ebenda.

[266] https://www.ekd.de/Von-guten-Machten-wunderbar-geborgen-11493.htm; Zugriff am 16.06.2022.

[267] Jesaja 45,3.

[268] Henry R. Huttenbach, «Locating the Holocaust on the Genocide Spectrum: Towards a Methodology of Definition and Categorization», Holocaust and Genocide Studies Vol. 3, No. 3, 1988, S. 289–303.

[269] Die Rolle der Juden und die einzigartige Position des Holocaust in der Weltgeschichte wird diskutiert z. B. von Gavriel D. Rosenfeld, in «The Politics of Uniqueness: Reflections on the Recent Polemical Turn in Holocaust and Genocide Scholarship», Holocaust and Genocide Studies, Vol. 13, No. 1, Spring 1999, S. 28–61.

[270] Eine klare und deutliche Präsentation dieser Gedanken ist z. B. bei Gunnar Heinsohn zu finden, in «What makes the Holocaust a Uniquely Unique Genocide?», Journal of Genocide Research Vol 2, No. 3, 2000, S. 411–430.

[271] Samuel Baks Kunstwerke werden überall auf der Welt ausgestellt, auch im Museum für Holocaust-Kunst in Yad Vashem. Ich empfehle zur weiteren Lektüre Donna Nolan Fewell, Gary

A. Philipps und Yvonne Sherwood, Hrsg., *Representing the Irreparable; The Shoah, The Bible, and the Art of Samuel Bak,* Plucker Publications, Boston, 2008.

[272] Emil L. Fackenheim, «The Holocaust and Philosophy», The Journal of Philosophy Vol. 82, No. 10, October 1985, S. 505–514.

[273] Ebenda.

[274] Jacob Neusner, «The Implications of the Holocaust», The Journal of Religion, Vol. 53, July 1973, S. 293–308, 293.

[275] Johannes 4,24.

[276] Michael McGarry in *The Holocaust and the Christian World,* S. 3.

[277] Jobst Bittner, *Die Decke des Schweigens,* TOS Verlag, Tübingen, 1. Auflage 2011, S. 68 ff.

[278] Bittner, S. 96.

[279] Ebenda.

[280] F.A.Z. vom 04.03.2008, Nr. 54, S. 37.

[281] Ebenda.

[282] Bittner, S. 156–157.

[283] Siehe auch Haynes in *The Holocaust and the Christian World,* S.174–176.

[284] Englische Version, siehe https://www.ajcf.fr/IMG/pdf/Seelisberg.pdf ; Zugriff am 16.06.2022.

[285] Deutscher Text, siehe https://www.vatican.va/archive/hist_councils/ii_vatican_council/documents/vat-ii_decl_19651028_nostra-aetate_ge.html?msclkid=0e749648c6fc11eca4628516bc55f6c6; Zugriff am 16.06.2022.

[286] Von der Deutschen Bischofskonferenz bereitgestellte Version dieses Dokumentes. HTML-Fassung, aktualisiert von Dr. Josef Spindelböck, https://stjosef.at/dokumente/shoah-reflexion.htm?msclkid=aeb124c5c63b11ec88df8ccc840c6b47; Zugriff am 16.06.2022.

[287] Synode der Evangelischen Kirche im Rheinland: Synodalbeschluß «Zur Erneuerung des Verhältnisses von Christen und Juden» vom 11. Januar 1980, in: Rolf Rendtorff, Hans Hermann Henrix (Hrsg.): *Die Kirchen und das Judentum. Dokumente von 1945–1985,* 2. Auflage, Chr. Kaiser, München 1989, S. 593–596.

[288] Landessynode der Evangelischen Landeskirche in Baden, Erklärung zum Thema «Christen und Juden», 3. Mai 1984, https://www.ev-kirchenbezirk-kraichgau.de/media/download/integration/261707/synodenerklaerung_baden_1984__christen_und_juden.pdf?msclkid=3d2fd2f1c63e11ec9e742ae0c39e7ab5; Zugriff am 16.06.2022.

[289] Berliner, Deutsche und Österreichische Bischofskonferenz, «Die Last der Geschichte annehmen», 20. Oktober 1988, https://www.dbk.de/fileadmin/redaktion/veroeffentlichungen/deutsche-bischoefe/Db43.pdf?msclkid=b681a4b9c63e11ec8bff7bacbd22df79; Zugriff am 16.06.2022.

[290] Moshe Aumann, *The Protestant Churches and Israel,* Jerusalem, 2008, S. 8–9.

[291] Reinhold Niebuhr, «Anger and Forgiveness», in *Discerning the Signs of the Times: Sermons for Today and Tomorrow,* Charles Scribner's and Sons, New York, 1946, S. 21–38.

[292] 1. Mose 6,6.

[293] Hiob 5,8–9.

[294] Eine akademische Abhandlung zu diesem Thema liefert z. B. Walter Brueggemann, «Theodicy in a Social Dimension», Journal for the Study of the Old Testament, Vol. 33, 1985, S. 3–25.

[295] Henry Abramson, «The Esh Kodesh of Rabbi Kalonimus Kalmish Shapiro: A Hassidic Treatise on Communal Trauma from the Holocaust», Transcultural Psychiatry Vol. 37, No. 3, September 2000, S. 321–335.

[296] Robert Eisen, «A.J. Heschel's Rabbinic Theology as a Response to the Holocaust», Modern Judaism Vol. 23, No. 3, 2003, S. 211–225. Siehe auch Abraham J. Heschel, *God in Search of Man: A Philosophy of Judaism,* Farra, Straus and Giroux, New York 1976, Neuausgabe.

[297] Ebenda.

[298] Hiob 42,12.

[299] Neusner, S. 293–308.

[300] Lukas 21,29–31.

[301] Interview mit der Autorin in New York am 21. August 2013. Die Lebensgeschichte von Luna Kaufman ist in ihrer Autobiographie zu finden: *Luna's Life: A Journey of Forgiveness and Triumph,* ComteQ Publishing, Margate NJ, 2009.

[302] Hesekiel 37,1–14.

[303] Die gleichnamige Biographie von Leesha Rose, *Tulpen sind rot: Das versteckte Leben der Leesha Rose,* ist im Oktober 2012 auf Deutsch im Verlag SCM Hänssler erschienen.

[304] Diese Zahlen sind in der Holocaustgedenkstätte Yad Vashem dokumentiert.

[305] Siehe die Doktorarbeit der Autorin, «Jewish Refugees in Post-War Italy, 1945–1951», Hebrew University of Jerusalem, 2004.

[306] Ebenda.

[307] Ebenda.

[308] Ausführlichere Informationen zum Sykes-Picot-Abkommen: Bundeszentrale für politische Bildung, https://www.bpb.de/kurz-knapp/hintergrund-aktuell/227750/vor-100-jahren-grossbritannien-und-frankreich-vereinbaren-das-sykes-picot-abkommen/; Zugriff am 16.06.2022.

[309] Diese Schätzungen sind u. a. in Yad Vashem dokumentiert.

[310] Hebräer 11,37.

[311] Jesaja 66,8.

[312] Jesaja 60,1–4.10.

[313] Die Zahlen stammen aus der Sonderbeilage der Jerusalem Post «Breaking the Barrier» vom August 2013.

[314] Die Phasen des Unabhängigkeitskrieges sind in zahlreichen Quellen zu finden, zum Beispiel auf hagalil.com, https://www.hagalil.com/israel/independence/unabhaengigkeit/1948-5.htm; Zugriff am 16.06.2022.

[315] Lukas 21,24.

[316] Matthäus 16,3; 1. Thessalonicher 5,4.

[317] Siehe dazu Ed Morgan, Gerd Seidel, «Stand der Sechstagekrieg im Einklang mit dem Völkerrecht?», Jüdische Allgemeine vom 07.06.2007, https://www.juedische-allgemeine.de/allgemein/stand-der-sechstagekrieg-im-einklang-mit-dem-voelkerrecht/; Zugriff am 16.06.2022.

[318] 3. Mose 25.

[319] Ludwig Schneider, ein bekannter messianisch-jüdischer Bibellehrer, hat dies in der Zeitschrift «Israel Today» vom Januar 2013 kommentiert.

[320] Jesaja 49,25.

[321] 5. Mose 32,8, direkt aus der englischen New King James Version übersetzt; Apostelgeschichte 17,26.

[322] Ben Menahem in Maariv, März 2012.

[323] 5. Mose 32,7.

[324] Dwight D. Eisenhower, *Crusade in Europe*, Doubleday, New York, 1948, S. 409. Mehr über die Befreiung der Konzentrationslager ist z. B. zu finden auf https://www.dw.com/de/29-april-1945-die-us-armee-befreit-das-konzentrationslager-dachau/a-53258909; https://www.br.de/nachricht/inhalt/kriegsende-1945-befreiung-konzentrationslager-schock-100.html; Zugriff auf beide am 16.06.2022.

[325] Interview mit Israel Charny, Jerusalem Post Christian Edition, August 2012.

[326] Sprüche 12,17.19.

[327] Manfred Gerstenfeld, *The Abuse of Holocaust Memory: Distortions and Responses*, Jerusalem Center for Public Affairs/Anti-Defamation League, Jerusalem, 2009. Artikel von Manfred Gerstenfeld auf Deutsch sind auf seiner Website zu finden: http://www.manfredgerstenfeld.com/category/articles-in-german/; Zugriff am 16.06.2022.

[328] Siehe z. B. Colin Shindler, «The European Left and Its Trouble With Jews», New York Times, Oktober 27, 2012.

[329] Siehe die Untersuchungen von Manfred Gerstenfeld. Auf Deutsch z. B. http://www.manfredgerstenfeld.com/war-million-cuts-kapitel-14-sozialdemokratische-hetzer-german/; Zugriff am 16.06.2022.

[330] Ynetnews, «Morsi aide: Holocaust a US hoax», 30. Januar 2013, https://www.ynetnews.com/articles/0,7340,L-4338799,00.html; Zugriff am 16.06.2022.

[331] Israel Today, Dezember 2012.

[332] Der SPIEGEL, «Abbas gibt Juden Schuld am Holocaust», 01.05.2018, https://www.spiegel.de/politik/ausland/mahmoud-abbas-gibt-juden-schuld-am-holocaust-a-1205676.html; Zugriff am 16.06.2022.

[333] Israelnetz, «Hamas-Politiker: Holocaust ist erfunden», 8. Juli 2019, https://www.israelnetz.com/hamas-politiker-holocaust-ist-erfunden/; Zugriff am 16.06.2022.

[334] Über die Konferenz haben alle westlichen Medien berichtet, so

der SPIEGEL, 11.12.2006, https://www.spiegel.de/politik/ausland/holocaust-leugner-konferenz-braune-reisegruppe-in-teheran-a-453842.html, und die Deutsche Welle, 11.12.2006, https://www.dw.com/de/holocaust-konferenz-in-teheran-wissenschaft-unerw%C3%BCnscht/a-2264205; 2015 fand eine zweite Konferenz in Teheran statt, die ebenfalls auf viel Kritik stieß, siehe Focus, 09.09.2015, https://www.focus.de/politik/ausland/holocaust-konferenz-eroeffnet-teheran_id_1769242.html; Zugriff am 16.06.2022.

[335] Taz, «Iran akzeptiert Israel nicht», 21.01.2022, https://taz.de/Verhandlungen-zum-Atomprogramm/!5825918; Zugriff am 16.06.2022.

[336] Deutsche Wirtschaftsnachrichten, «Iran hat endgültig die Atombombe, China mischt sich ein: Wie explosiv ist die Lage im Nahen Osten?», 05.06.2021, https://deutsche-wirtschafts-nachrichten.de/512381/Iran-hat-endgueltig-die-Atombombe-China-mischt-sich-ein-Wie-explosiv-ist-die-Lage-im-Nahen-Osten; Zugriff am 16.06.2022.

[337] Den «Opfern zum Gedenken», Bern 27.01.2013, https://www.admin.ch/gov/de/start/dokumentation/medienmitteilungen.msg-id-47568.html; Zugriff am 16.06.2022.

[338] SRF, «Juden kritisieren Maurers Geschichtsbild», 28.01.2013, https://www.srf.ch/news/schweiz/juden-kritisieren-maurers-geschichtsbild; Zugriff am 16.06.2022.

[339] Alice L. Eckardt und A. Roy Eckardt, «The Holocaust and the

Enigma of Uniqueness: A Philosophical Effort at Practical Clarification», Annals of the American Academy of Political and Social Sciene Vol. 450, Juli 1980, S. 165–178. Eine ausführliche Auseinandersetzung mit israelbezogenem Antisemitismus auf Deutsch von Lars Rensmann ist hier zu finden: https://www.bpb.de/themen/antisemitismus/dossier-antisemitismus/326790/israelbezogener-antisemitismus/; Zugriff am 16.06.2022.

340 Times of Israel, «Human Rights Watch boots UN Palestinian rights official from one of its panels»,19.12.2012, https://www.timesofisrael.com/human-rights-watch-boots-un-palestinian-rights-official-from-one-of-its-panels/; Zugriff am 16.06.2022.

341 Hannes Stein, «Kritik an Menschenrechtsorganisation», Die Welt, 20.08.2009, https://www.welt.de/welt_print/politik/article4358559/Kritik-an-Menschenrechtsorganisation.html; Zugriff am 16.06.2022.

342 Zitiert von Prof. Dr. Werner Bergmann in «Was heißt Antisemitismus?», Bundeszentrale für Politische Bildung, 27.11.2006, https://www.bpb.de/themen/antisemitismus/dossier-antisemitismus/37945/was-heisst-antisemitismus/; Zugriff am 16.06.2022.

343 European Commission, «Definiton of Antisemitism», https://ec.europa.eu/info/policies/justice-and-fundamental-rights/combatting-discrimination/racism-and-xenophobia/

combating-antisemitism/definition-antisemitism_en; Zugriff am 16.06.2022.

344 International Holocaust Remembrance Alliance, «Arbeitsdefiniton von Antisemitismus», https://www.holocaustremembrance.com/de/resources/working-definitions-charters/arbeitsdefinition-von-antisemitismus; Zugriff am 16.06.2022.

345 Sprüche 12,26, direkt aus der englischen New King James Version übersetzt.

346 Psalm 51,8.

347 Johannes 8,32.

348 Jesaja 21,6.

349 Jesaja 54,17.

350 Siehe z. B. Azar Nafisi, *Reading Lolita in Teheran: A Memoir in Books,* Random House, New York und Toronto, 2013; Mahbod Seraji, *Rooftops of Teheran,* Berkley, New York, 2009.

351 Bundeszentrale für politische Bildung, «Die umstrittene Rede Ahmadinedschads», 22.04.2008, https://www.bpb.de/themen/antisemitismus/dossier-antisemitismus/37989/die-umstrittene-rede-ahmadinedschads/?msclkid=f34952eed03c11ec9eb6cf58c257f799; Zugriff am 16.06.2022.

352 Ebenda und Die Welt, «Mahmud Ahmadinedschad will Israel ‹auslöschen›», 26.08.2011, https://www.welt.de/politik/ausland/article13567609/Mahmud-Ahmadinedschad-will-Israel-ausloe

schen.html?msclkid=f347c0cdd03c11eca33795a68dd2c10f; Zugriff am 16.06.2022.

[353] Claus Christian Malzahn, «Israels Angst vor Ahmadinedschads Holocaust», Die Welt, 12.11.2011, https://www.welt.de/politik/ausland/article13713449/Israels-Angst-vor-Ahmadinedschads-Holocaust.html?msclkid=3ef7b09bd03e11eca1eeacb7b0d888a8; Zugriff am 16.06.2022.

[354] Chuck Freilich, «The United States, Israel, and Iran: Defusing an ‹Existential› Threat», Arms Control Association, 5. November 2008.

[355] Herb Keinon, Interview mit Premierminister Benjamin Netanjahu, Jerusalem Post Christian Edition, November 2012.

[356] Jerusalem Post Christian Edition, November 2012.

[357] Ebenda.

[358] Ebenda.

[359] «Vital Statistics: Jewish Population of the World», https://www.jewishvirtuallibrary.org/jewish-population-of-the-world?msclkid=fcf8a4c1d04411ecba81e0f02e5888e8; Zugriff am 16.06.2022.

[360] Jüdische Allgemeine, «Bevölkerung wächst auf 9,5 Millionen Einwohner», 04.05.2022, https://www.juedische-allgemeine.de/israel/bevoelkerung-waechst-auf-95-millionen-einwohner/?msclkid=a5692247d04711ec8ba676614de2ceae; Zugriff am 16.06.2022.

[361] Paul Anton Krüger, «Iran entwickelt Atomsprengkopf», Süddeutsche Zeitung, 17. Mai 2010, https://www.sueddeutsche.de/

politik/atomwaffen-iran-entwickelt-atomsprengkopf-1.77101?msclkid=782ce381d06211ec9d696d4bb02233a2; Zugriff am 16.06.2022.

362 Charles Bybelezer, «From 1979 to 2021: A Timeline of Iran's Nuclear Weapons Program», the algemeiner, https://www.algemeiner.com/2022/02/22/from-1979-to-2021-a-timeline-of-irans-nuclear-weapons-program/?msclkid=4d9ea966d05e11ecbaeeea1070504b94; Zugriff am 16.06.2022.

363 Ebenda.

364 Amir Taghati, «Iran's Minister of Intelligence Contradicts Longstanding Claim of Peaceful Nuclear Intentions», NCRI, 10. Februar 2021; https://www.ncr-iran.org/en/news/nuclear/irans-minister-of-intelligence-contradicts-longstanding-claim-of-peaceful-nuclear-intentions/; Zugriff am 16.06.2022.

365 Ebenda.

366 «Iran könnte bald genug Uran für den Bau von Atomwaffen haben», Die ZEIT, 3. März 2022, https://www.zeit.de/politik/ausland/2022-03/iaea-bericht-iran-uran-atomwaffen-usa-europa?msclkid=d743438ad04811ec8b966c88184e27f7; Zugriff am 16.06.2022.

367 «Agentur entschärft Rohanis Zitat zur ‹Wunde› Israel», Die Welt, 02.08.2013, https://www.welt.de/politik/ausland/article118628420/Agentur-entschaerft-Rohanis-Zitat-zur-Wunde-Israel.html?msclkid=b3e5e97bd07911ecb5c4b1f9c60afb74; Zugriff am 16.06.2022.

[368] «Scharfe Kritik aus Israel nach Iran-Wahl», DW, https://www.dw.com/de/scharfe-kritik-aus-israel-nach-iran-wahl/a-57972507?msclkid=ebd6c89ad07811ecab391f5f02c94b79; Zugriff am 16.06.2022.

[369] Siehe z.B. Alex Feuerherd, «Experten-Kommission: Israels Armee hat alles Mögliche zum Schutz von Zivilisten getan», mena-watch, 15.12.2015, https://www.mena-watch.com/experten-kommission-israels-armee-hat-alle-moegliche-zum-schutz-von-zivilisten-getan/?msclkid=56485d7cd10811ec9a8112452341239c; Zugriff am 16.06.2022.

[370] «Exklusiv: Moral und Ethik der IDF, oder was Sie über die israelische Armee nicht wussten», Audiatur Online, 14. September 2017, https://www.audiatur-online.ch/2017/09/14/exklusiv-moral-und-ethik-der-idf-oder-was-sie-ueber-die-israelische-armee-nicht-wussten/?msclkid=564896cfd10811ec9310856c251d588f; Zugriff am 16.06.2022.

[371] Inga Rogg, «Die Hamas macht die Zivilbevölkerung in Gaza zu Geiseln», Neue Zürcher Zeitung, 3. Juli 2021, https://www.msn.com/de-ch/nachrichten/other/die-hamas-macht-die-zivilbev-c3-b6lkerung-in-gaza-zu-geiseln/ar-AALIxTU?msclkid=ba7a9b81d10711ecbcfef621df339c4c; Zugriff am 16.06.2022.

[372] Israel Today, Dezember 2012.

[373] Jerusalem Post Christian Edition, November 2012.

[374] Dr. Shaul Shay, «Die Terrorgefahr durch den Iran und die His-

bollah in Europa», Audiatur Online, 9. Januar 2019, https://www.audiatur-online.ch/2019/01/09/die-terrorgefahr-durch-den-iran-und-die-hisbollah-in-europa/?msclkid=a216c59ed08111eca6715f51c67bb462; Zugriff am 16.06.2022.

[375] Siehe dazu die grundlegende Überzeugung des Revolutionsführers Ajatollah Chamenei: «Entweder schütteln wir einander voller Freude die Hände über den Sieg des Islam auf der Welt, oder alle von uns wenden uns dem ewigen Leben und dem Martyrium zu. In beiden Fällen gehören uns der Sieg und der Erfolg», zitiert in https://blogs.timesofisrael.com/israel-iran-and-ideology-at-play/?msclkid=f777ac0cd11411ec9efe6323ec4636cb, sowie Prof. Bernard Lewis, «For Ahmedinejad ‹Mutual Assured Destruction› is not a deterrent, but an inducement to him», https://www.imra.org.il/story.php?id=32574&msclkid=6d94b733d11511ecb6aebd894690f1ff; Zugriff auf beide am 16.06.2022.

[376] Joel 4,16.

[377] Amnesty International – Länderübersicht, Todesurteile und Hinrichtungen 2020; https://www.amnesty.de/sites/default/files/2021-04/Todesstrafe-2020-Todesurteile-Hinrichtungen-Laenderuebersicht-April-2020.pdf?msclkid=ffb43d68d12e11eca542ddab071c8fa3; Zugriff am 16.06.2022.

[378] Länderprofil Iran im Weltverfolgungsindex 2022 von Open Doors, https://www.opendoors.de/christenverfolgung/weltverfolgungsindex/laenderprofile/iran?msclkid=9ff79cf8d13011

ecb3778afcc6b0b206; zur Lage der Juden im Iran: https://www.zeit.de/2019/26/isfahan-iran-waffenproduktion-nuklearwaffen-usa-atomabkommen/komplettansicht; Zugriff auf beide am 16.06.2022.

379 Menschenrechtslage der Bahai im Iran, https://iran.bahai.de/lagebericht-4/#:~:text=Seit%20%C3%BCber%20vier%20Jahrzehnten%20wer den%20die%20Bah%C3%A1%E2%80%99%C3%AD%20vom, Bildung%20und%20die%20freie%20Aus%C3%BCbung%20ihrer%20Religion%20verwehrt.?msclkid=e3f428bbd13111ec83e7bc3fb2473db4; Zugriff am 16.06.2022.

380 Maryam Rostampour, Marziyeh Amirizadeh, *Verurteilt im Iran. Der hohe Preis des Glaubens,* SCM Hänssler, Holzgerlingen, 2. Auflage 2014.

381 Ebenda.

382 Jerusalem Post Christian Edition, November 2012.

383 «Apostasy as a crime in Islam», CSW, 17. April 2014, https://www.csw.org.uk/2014/04/17/feature/2137/article.htm; Zugriff am 16.06.2022.

384 Jerusalem Post Christian Edition, November 2012.

385 Hesekiel 22,30.

386 Peter Kapern, «Ist Instex ein Rohrkrepierer?», Deutschlandfunk, 09.01.2020, https://www.deutschlandfunk.de/zahlungskanal-fuer-irangeschaefte-ist-instex-ein-100.html; Zugriff am 12.08.2022.

[387] Kali Robinson, «What Is the Iran Nuclear Deal?», Council on Foreign Relations, https://www.cfr.org/backgrounder/what-iran-nuclear-deal; letztes Update am 28. April 2022; Zugriff am 16.06.2022.

[388] «Iran still hopeful for nuclear deal despite UN watchdog rebuke», The Times of Israel, 14. Juni 2022, https://www.timesofisrael.com/iran-still-hopeful-for-nuclear-deal-despite-un-watchdog-rebuke/; Zugriff am 16.06.2022.

[389] Jesaja 46,9–10.13.

[390] Psalm 26,8 (ELB).

[391] Weiterführend und ausführlicher dazu: Malcolm Hedding, *Biblischer Zionismus I–V*, ICEJ-Deutscher Zweig e.V., Stuttgart, 1. Auflage 2009.

[392] Maleachi 3,6.

[393] Matthäus 5,17–18.

[394] Sacharja 12,8–9.

[395] 5. Mose 32,8.

[396] Apostelgeschichte 17,26.

[397] Matthäus 25,32.

[398] Joel 4,1–2.

[399] «EJC: Sunday Times cartoon ‹sickening›», Ynetnews, 28. Januar 2013, https://www.ynetnews.com/articles/0,7340,L-4337679,00.html; Zugriff am 16.06.2022.

[400] Die Karikatur ist im Internet unter Suchbegriffen wie «Gerald Scarfe, Netanyahu caricature» zu finden.

[401] Jesaja 5,20.

[402] Michael Gurfinkel, «You only Live Twice», Mosaic Magazine, August 2013.

[403] Ebenda.

[404] «Anhaltender Antisemitismus in der EU», FRA, 10. Dezember 2018, https://fra.europa.eu/de/news/2018/anhaltender-antisemitismus-der-eu; Zugriff am 16.06.2022.

[405] EU Strategy on combating antisemitism and fostering Jewish life (2021–2030), European Commission, 5. Oktober 2021, https://ec.europa.eu/info/policies/justice-and-fundamental-rights/combatting-discrimination/racism-and-xenophobia/combating-antisemitism/eu-strategy-combating-antisemitism-and-fostering-jewish-life-2021-2030_en; Zugriff am 16.06.2022.

[406] www.standwithus.org.

[407] Vortrag von David Parsons, Sprecher der ICEJ, vom März 2013.

[408] Jeremia 8,7–9.

[409] Psalm 19,8–11.

[410] Yair Auron, Jack Katznell und David Silberklang, «The Holocaust and The Israeli Teacher», Holocaust and Genocide Studies, Vol. 8, No. 2, Fall 1994, S. 225–257.

[411] Hesekiel 43,1–2.5–7.